TARDE te AMEI

Matthias J. A. Ham

TARDE *te* AMEI

Formação de adultos
ao ministério ordenado

Paulinas

Dados Internacionais de Catalogação na Publicação (CIP)
Angélica Ilacqua CRB-8/7057

Ham, Matthias J. A.
    Tarde te amei : formação de adultos ao ministério ordenado / Matthias J. A. Ham. – São Paulo : Paulinas, 2022.
    384 p. – (Coleção tendas)

    ISBN 978-65-5808-169-2

    1. Vocação sacerdotal – Adultos – Igreja Católica 2. Igreja Católica – Ministério ordenado I. Título

22-2755   CDD 248.83

Índice para catálogo sistemático:

1. Vocação sacerdotal – Adultos – Igreja Católica

1ª edição – 2022

Direção-geral:	*Flávia Reginatto*
Editores responsáveis:	*Vera Ivanise Bombonatto*
	Antonio Francisco Lelo
Copidesque:	*Ana Cecilia Mari*
Coordenação de revisão:	*Marina Mendonça*
Revisão:	*Sandra Sinzato*
Gerente de produção:	*Felício Calegaro Neto*
Capa e diagramação:	*Tiago Filu*
Imagem de capa:	*@Noppharat_th/depositphotos.com*

Nenhuma parte desta obra poderá ser reproduzida ou transmitida por qualquer forma e/ou quaisquer meios (eletrônico ou mecânico, incluindo fotocópia e gravação) ou arquivada em qualquer sistema ou banco de dados sem permissão escrita da Editora. Direitos reservados.

Paulinas
Rua Dona Inácia Uchoa, 62
04110-020 – São Paulo – SP (Brasil)
Tel.: (11) 2125-3500
http://www.paulinas.com.br – editora@paulinas.com.br
Telemarketing e SAC: 0800-7010081
© Pia Sociedade Filhas de São Paulo – São Paulo, 2022

TARDE TE AMEI

"Tarde te amei,
ó Beleza tão antiga e tão nova,
tarde demais eu te amei!
Eis que habitavas dentro de mim
e eu te procurava do lado de fora!
Eu, disforme, lançava-me sobre as belas formas das tuas criaturas.
Estavas comigo, mas eu não estava contigo.
Retinham-me longe de ti as criaturas
que não existiriam se em ti não existissem.
Tu me chamaste e teu grito rompeu minha surdez.
Fulguraste e brilhaste e tua luz afugentou a minha cegueira.
Espargiste tua fragrância e, respirando-a, suspirei por ti.
Eu te saboreei e agora tenho fome e sede de ti.
Tu me tocaste e agora estou ardendo no desejo de tua paz."[1]

"... entrei no íntimo do meu coração sob tua guia, e o consegui,
porque tu te fizeste meu auxílio.
Entrei e, com os olhos da alma, acima destes meus olhos
e acima de minha própria inteligência, vi uma luz imutável.
[...] Quem conhece a verdade conhece esta luz,
E quem a conhece, conhece a eternidade.
O amor a conhece.
Ó eterna verdade,
verdadeira caridade e querida eternidade!
És o meu Deus, por ti suspiro dia e noite.
Desde que te conheci, tu me elevaste
para me fazer ver que havia algo para
ser visto, mas que eu era incapaz de ver."[2]

---

[1] Agostinho, Santo. *Confissões*. Tradução Maria Luiza Jardim Amarante. Livro X, Capítulo XXVII, p. 173. São Paulo: Paulus, 1984. (Coleção Patrística.)

[2] Ibid., Livro VII, Capítulo X, p. 111.

Agradecimentos

Agradeço de coração às várias pessoas que me auxiliaram com sugestões e correções na realização desta obra. Não posso deixar, porém, de mencionar a pessoa sem a qual eu não teria conseguido terminar este livro. Foi realmente muito trabalho para o Padre Hélio Guimarães, da diocese de Ponta Grossa, fazer do "meu português" de estrangeiro um português legível e compreensível. Ele colocou-se a minha disposição com paciência, perspicácia intelectual, humor e perseverança; reviu e corrigiu – muitas e muitas vezes – todo o conteúdo, por ele chamado de "nosso projeto".

Dedicatória

Dedico o conteúdo de *Tarde te amei*, em primeiro lugar, a todos os adultos que se sabem chamados ao ministério ordenado e que iniciaram uma caminhada formativa. Foram e ainda são eles que, com sua motivação e dedicação, fizeram-me ver a importância da existência de institutos talhados especificamente para a formação de adultos. Igualmente dedico o texto aos formadores, de modo especial àqueles que assumiram o desafio de trabalhar com adultos.

Sumário

Apresentação 15
O clamor por novas estruturas 16
Divisão do texto 26

1 | Vocação como processo na Sagrada Escritura: Deus chama 29
Decidir sobre vocação 29
Falar sobre vocação 34
Introdução à espiritualidade bíblica
da vocação cristã individual 36

2 | Vocação: o homem responde em crescente liberdade 59
Introdução 59
Limitações são inerentes à condição humana 62
Conversão e processo vocacional 67
Autotranscendência teocêntrica: sair de si, ir além 69
Santo ou pecador, normal ou patológico? 72
O que nos interessa do subconsciente 80
Crescer em consistência 84
Patologias da alma: sete pecados capitais 88
Conflitos pessoais internos 91
Autotranscendência na consistência 99
O eu é dinâmico 102
Motivações 105

3 | Um modelo formativo para adultos 117
Introdução 117
Quem é "o adulto"? E quem é considerado "vocação adulta"? 118
Adultos vocacionados 127

Voltar a ser aprendiz...129
Aprofundamento contínuo..130
Realismo e praticidade..134
Vocação adulta ou vocação madura..135
Um instituto especificamente para vocacionados adultos..........137
Um modelo que novamente deve conquistar seu espaço.............138
Fundação de Bovendonk...140
A preparação: definir o modelo formativo e estruturar................142
Descrição geral do Plano Formativo..146
Adquirir o senso de pertença à própria diocese.............................152
Sobre as responsabilidades dos membros da coordenação
e dos docentes...154
Importância de colaboradores seniores..154
Importância de colaboradoras femininas..156
Um modelo aprovado pela prática...158

4 | Trabalhar na prática com formandos adultos...............................159
Transferência, contratransferência e complacência....................159
Ser formador: oportunidade de santificação..................................167
Apenas boa vontade não é suficiente,
é preciso preparar formadores..169
Integrar vida de oração e vida social..170
Habilidade em confrontar..171
Formandos também são educadores
e formadores uns dos outros..174
Fases do discernimento...177
Aspectos práticos e de discernimento durante
a caminhada formativa..192

5 | Engajamento e estágio pastoral...237
Introdução...237
Objetivos gerais do engajamento pastoral
durante todo o caminho formativo..240

6 | Os vários tipos de acompanhamento 267
Introdução 267
O que diz a Igreja sobre o acompanhamento 273
A prática geral atual do acompanhamento 274
O propósito do acompanhamento personalizado 278
Acompanhamento pré-admissão 280

7 | Modelo de acompanhamento integral 305
Colóquio de crescimento vocacional segundo a escola de Rulla..... 305
Literatura recomendada para facilitar os colóquios 363
Literatura recomendada para maior compreensão
da direção espiritual 363

Anexo 1: Critérios para a admissão no Instituto Bovendonk 365
Anexo 2: Conteúdo formativo por área (exemplo) 369
Referências 373

APRESENTAÇÃO

Cada vez mais se ouve falar em vocações adultas e, com maior frequência, são organizados encontros e reuniões para tratar do assunto. Embora tal fenômeno possa até ser julgado interessante ou considerado como um desafio que exige uma resposta prática, a verdade é que não se sabe muito bem o que fazer com pessoas de certa idade que não se enquadram em nossas atuais estruturas eclesiásticas formativas.

Em seus documentos, a Igreja revela estar ciente da necessidade de um cuidado especial para com os adultos que desejam tornar-se presbíteros.

No Código de Direito Canônico, cân. 233, § 2, lê-se: "... Além disso, os sacerdotes e principalmente os bispos diocesanos sejam solícitos para que os homens de idade mais madura, que se julgarem chamados aos ministérios sagrados, sejam prudentemente ajudados por palavras e fatos e devidamente preparados".

Na Exortação apostólica pós-sinodal *Pastores Dabo Vobis* (PDV), n. 64, o Papa São João Paulo II afirma que, "como sempre aconteceu na história da Igreja, e com algumas características de reconfortante novidade e frequência nas circunstâncias atuais, deve-se registrar o fenômeno das *vocações sacerdotais que se verificam em idade adulta*, já depois de uma longa experiência de vida laical e de empenhamento profissional. Nem sempre é possível, e muitas vezes nem sequer é conveniente, convidar os adultos a seguir o itinerário educativo do Seminário Maior. Deve-se antes providenciar, depois de um cuidadoso discernimento acerca da autenticidade de tais vocações, no sentido de programar uma forma específica de acompanhamento formativo que consiga assegurar, por meio de oportunas adaptações, a necessária formação espiritual e intelectual. Um reto relacionamento com os outros candidatos ao sacerdócio e períodos de presença na comunidade do Seminário Maior poderão garantir a plena integração dessas vocações no único presbitério e a sua íntima e cordial comunhão com ele".

A Congregação para o Clero, na *Ratio Fundamentalis Institutionis Sacerdotalis*, intitulada "O dom da vocação presbiteral" (CNBB, n. 24, 2017), afirma que: "aqueles que descobrem o chamado ao sacerdócio ministerial em idade avançada, normalmente apresentam-se com uma personalidade mais estruturada e um percurso de vida caracterizado por experiências diversificadas. [...] Cuide-se de acompanhar estes candidatos mediante um caminho sério e completo que, no âmbito de uma vida comunitária, deverá incluir uma sólida formação espiritual e teológica, *de acordo com um oportuno método pedagógico e didático que leve em consideração o seu perfil pessoal*" (grifo meu).

O clamor por novas estruturas

Em muitas dioceses e congregações religiosas, existe a tentativa de se adaptar programas formativos já existentes para acolher os adultos que se apresentam. O ato de "remendar" indica, normalmente, uma tentativa de se consertar algo, com aquilo que está disponível à mão, por não haver outra alternativa para fazer diferente. A tentativa de inserir "vocações adultas" nas estruturas já existentes é como remendar, adaptar, improvisar; sempre, porém, a partir de uma maneira já conhecida de se pensar e trabalhar, tendo como base, ainda, estruturas "antigas". Por isso, "é preciso ter a coragem de levar a fundo uma revisão das estruturas de formação e preparação do clero e do laicato da Igreja que está no Brasil", como afirmou o Papa Francisco aos bispos do Brasil, no Rio de Janeiro, em 27 de julho de 2013.

A boa notícia é que não precisamos começar do zero. Nos anos 80 do século passado, Dom Hubertus C. A. Ernst, então bispo da diocese de Breda, Holanda, já pensava assim, ao fundar o Instituto Bovendonk: "no início, em 1983, o Seminário Bovendonk era considerado como uma maneira especial de dar oportunidade à formação de candidatos ao ministério eclesial a quem, de outro modo, seria inatingível. Seria um jeito singular de abrir mais portas pelas quais interessados poderiam ter acesso ao ministério presbiteral e a Igreja poderia ter mais padres". Assim, o instituto deveria abrir as portas "para adultos que exercem uma profissão na sociedade e que, a partir de uma consciência vocacional, desejam passar para o ministério presbiteral ou diaconal na Igreja".

Em outubro de 2018, o Instituto Bovendonk celebrou os seus 35 anos de existência. Foram ordenados 101 presbíteros e 15 diáconos permanentes para várias dioceses e congregações – número significativo para um país de 17 milhões de habitantes, dos quais, em 2016, apenas 3,8 milhões (22,4%) eram inscritos como católicos e, desses, 173.500 eram considerados frequentadores regulares da igreja, com uma participação mínima de uma vez por mês, conforme a página da Província Eclesiástica da Holanda. Tive o privilégio de ser reitor desse instituto, entre os anos de 1995 e 2007. É certo que, inicialmente, estava hesitante e carregava a mesma pergunta que muitos se faziam: "Um instituto assim, para pessoas com mais de 28 anos de idade, poderá dar bons frutos?". Todavia, à medida que fui trabalhando com a estrutura já encontrada, adaptando-a e aprimorando-a, com a ajuda de uma boa equipe de colaboradores, aprendi muito com os colegas da coordenação, com os professores e, mais ainda, com os próprios formandos, todos homens maduros, comprometidos e fortemente motivados.

É interessante e marcante Dom Ernst ter pensado em primeiro lugar nas pessoas vocacionadas ("... a quem, de outro modo seria inatingível. [...] uma oportunidade singular de abrir mais portas pelas quais interessados poderiam ter acesso ao ministério presbiteral") e, em segundo lugar, na necessidade da Igreja ("para que a Igreja pudesse ter mais padres").

Esse aparente pormenor de colocar os vocacionados em primeiro lugar é de grande importância, pois mostra claramente que o bispo entendeu que a Igreja deve assumir a responsabilidade pela realização do plano divino na vida dessas pessoas, não as vendo predominantemente como "mão de obra" para manter suas instituições funcionando.

Outra observação do fundador reforça que se deve ter "atenção especializada e sintonizada com as necessidades e possibilidades do candidato", tendo a Igreja, também, corresponsabilidade sobre sua autorrealização. Embora sejamos comumente inclinados a ver somente a partir do nosso ponto de vista, devemos também nos perguntar se "esta pessoa poderá se realizar como padre/diácono/religioso...".

Não raramente se encontra na Pastoral vocacional uma mentalidade já bastante antiga e persistente, embora sutil, inclinada a pensar e agir com os parâmetros do mundo empresarial: "esta pessoa serve para nós", "irá nos trazer lucro", "vai dar problemas", "gosto dela"... Parece-me que, às vezes, consideramos ter a pessoa em nossas mãos, de tal modo que nos é dado todo poder sobre ela, que podemos decidir sobre sua vida como bem entendermos, e que ela depende totalmente de nós – o que não deixa de ser uma atitude autoritária. Além disso, julgamos ser sempre o vocacionado quem deve entrar nos modelos formativos existentes e normalmente não nos questionamos se tal modelo eficazmente o ajuda, de fato, a se formar da melhor maneira possível.

Após trabalhar por mais de 35 anos no mundo formativo, estou claramente consciente da importância e, cada vez mais, da gritante necessidade de um bom discernimento, para que se possa conhecer a pessoa, suas motivações e as possibilidades de que ela se torne um ministro ordenado. Frequentemente observamos problemas, escândalos, depressões e outras doenças morais e sintomáticas demais. Por outro lado, é justo também olharmos para nós mesmos, batendo no peito e assumindo a carência de agentes de Pastoral vocacional, de formadores e de outros responsáveis pelas vocações bem preparados para esse serviço tão delicado e importante na Igreja.

Outrossim, é muitas vezes por falta de autoconhecimento e profissionalismo que emergem inseguranças e moralismos nos educadores, para não falar da sempre existente preocupação com números, nas casas de formação. Muitos dos responsáveis pensam e esperam que sejam os próprios vocacionados os encarregados pelo oferecimento dos dados e "provas" de sua dignidade e idoneidade à própria admissão, tirando, assim, dos formadores, boa parte da sua responsabilidade pelo discernimento. No entanto, cabe a nós o trabalho de fazer surgir e de obter os dados necessários para considerar se o indivíduo está apto para ser um bom ministro e, ainda, se poderá ser alguém realizado e feliz como tal.

Na maioria das vezes, os vocacionados chegam com boas intenções, conscientes, além de outras possíveis motivações secundárias, utilitaristas. Porém, ainda não se conhecem a fundo, não têm total compreensão do que exatamente os move a pedir admissão à casa de formação. "Sinto que tenho vocação" é uma expressão frequente, mas que, na verdade, contém dois grandes possíveis equívocos: em primeiro lugar, "vocação" não é algo predominante do "sentir" e, em segundo lugar, ninguém "tem" vocação; veremos isso no capítulo sobre "Vocação na Sagrada Escritura". É, por isso, nossa responsabilidade, enquanto educadores e formadores, propiciar ocasiões ou oferecer meios para fazer vir à tona suas reais motivações e, assim, ajudá-los a se conhecerem melhor, para juntos desenvolvermos um reto processo de discernimento.

Penso que já passou, e muito, da hora de descermos do pedestal de "julgadores (inseguros) de vocações" e tocarmos o chão da realidade, para reconhecermos que indivíduos vocacionados podem de fato ser enviados pelo próprio Deus, e que ele nos manda cuidar deles, filhos seus, para que possa realizar, neles e por eles, seus desígnios e não os nossos. Quanto ao agir de Deus no indivíduo, destacamos a afirmação de Ban, Gasperowicz e Godinho, segundo os quais, ao invés de a pessoa ter de se adaptar a Deus, é Deus que "se adapta a nós para que possamos entrar em um diálogo profundo com ele. Para se fazer interceptar, Deus – em sua infinita condescendência – adapta-se à nossa linguagem, ao nosso estilo de personalidade. Com Abraão, usa o diálogo afetuoso; com Jacó, coloca-se em luta; com Moisés, mostra-se ciumento; com Oseias, faz-se dócil... com Inácio de Loyola, o diálogo é batalhador e sistemático; com Teresa d'Ávila, a relação é passional e fortemente erótica; com Teresa de Lisieux, a relação é fundada sobre a simplicidade e a ingenuidade da infância".[1]

---

[1] Ban, Nicola; Gasperowicz, Krzysztof; Godinho, Fátima. Oração e estilos de personalidade. *Revista Tre Dimensioni*, Ancona, ano VII, jan./abr. 2010, pp. 17-33. (Psicólogos comprometidos no campo da formação, respectivamente, na Itália, Polônia e Uruguai. O artigo é uma síntese de um projeto comum realizado junto ao Instituto de Psicologia da Pontifícia Universidade Gregoriana de Roma.)

Vale-nos, então, questionar: a Igreja também se adapta à pessoa, quando exige de um adulto conviver alguns anos em um ambiente no qual predominam jovens com mentalidade totalmente diferente e sem a experiência própria do adulto? Penso que refletir sobre essa realidade pode nos ensinar muito sobre um novo modo de conceber a Pastoral vocacional e a formação para e com adultos. Enquanto não passarmos da mentalidade de que a pessoa e sua vocação pertencem à congregação, ao bispo ou aos responsáveis pela formação, para uma concepção de que essa pessoa é vocacionada por Deus, que ela é de Deus, e que nós somos apenas instrumentos auxiliares para, em nome do Senhor e com sua graça, dela cuidarmos e ajudarmos para que cresça e se torne tal qual ele a concebeu, não faremos uma pastoral vocacional de verdade, mas estaremos apenas preocupados em ter mais pessoas para fazer o "trabalho" nas paróquias e nas muitas outras áreas de serviço pastoral e social.

Quando Deus nos enviar um possível vocacionado, ele deve poder esperar o melhor tipo de acompanhamento, feito por pessoas não somente de boa vontade ou que aceitaram, por obediência, trabalhar na formação porque outros não quiseram. De fato, trabalhar na formação exige muito de si, não traz popularidade e não oferece muitas compensações. Quando o clero é jovem, como acontece em muitas dioceses, acrescenta-se ainda o fator medo ou receio de trabalhar com adultos, pessoas muitas vezes mais velhas que o próprio responsável pelas vocações. Padres novos, ainda eles mesmos em formação, preferem que os colegas seniores assumam essa responsabilidade, e não sem razão. O argumento para se nomear padres jovens como formadores seria de que "jovens entendem jovens". Isso é verdade, mas nem sempre quer dizer que "jovem pode ajudar jovem", pois ambos, em muitos casos, vivem os mesmos conflitos ainda não resolvidos. Sempre defendi a tese, também quando eu era formador mais jovem, de que deveria haver pelo menos uma pessoa com mais experiência na equipe formativa. Ser educador/formador é, sem dúvida, uma vocação dentro da vocação. Lembro-me de que, durante um almoço com todos os reitores maiores e o Núncio Apostólico, na Holanda, este comentou: "Senhores, muitas vezes é mais difícil achar um bom reitor do que um candidato para ser bispo". Um colega respondeu, brincando: "Então podemos voltar satisfeitos para casa". E o Núncio falou, por sua vez, muito sério: "Eu disse um bom reitor".

O que escrevo pode até parecer crítico demais, para com os responsáveis pelas vocações – dentre os quais também eu me incluo. Mas existe ainda o outro lado da moeda. Refiro-me a alguns interessados, vocacionados, principalmente com mais idade, que julgam "ter Deus no bolso" e veem os responsáveis pela formação como um estorvo, um obstáculo em seu caminho, pois têm a certeza de serem chamados por Deus, restando-nos apenas aceitá-los do jeito que são e não os incomodar demais com exigências e programas formativos. São aqueles do tipo "cheios de si", com uma personalidade narcisista e/ou extremamente dominante, manipuladora, autônoma. O fato de, às vezes, terem tido sucesso em suas profissões ou serem muito bajulados em suas paróquias, não lhes dá o direito de se apropriarem da vocação, como se verifica com certa frequência. Esses traços, essa mentalidade, são mais fáceis de se detectar e observar já nos primeiros contatos – ao menos é o que se espera. Entretanto, como será que muitos passam por tantos anos de formação e acompanhamento sem que isso seja percebido? E, depois, ficam as queixas por conta de padres problemáticos ou pelo número insuficiente daqueles que podem assumir serviços de maior responsabilidade. Não precisamos de responsáveis pela Pastoral vocacional e formadores do tipo paranoide, que desconfiam de tudo e de todos, mas sim de pessoas alertas, observadoras, com um "olhar humano e espiritual clínico", e que, principalmente, não tenham medo de dizer "não". E aqui esbarramos numa outra dificuldade: a coragem de confrontar e de tomar decisões que, no mínimo, não nos farão ser muito populares.

O que desejo destacar com tudo isso é que o assunto "vocação adulta" é complexo e exige uma abordagem diferente daquela que costumamos ter com os jovens; é um tema que grita por estruturas novas. E nova quer dizer nova mesmo! As tentativas de inserir adultos em programas adaptados já existentes, que vi e vejo serem feitas, não são algo novo, e consistem em um tipo de "remendo". A grande questão é que o adulto não deveria deixar tudo para trás, sem ter sido antes testado em sua vocação. Tendo já uma profissão na sociedade, estabilidade social, e, mesmo sendo adulto na vivência da fé em uma comunidade paroquial ou outra, é um grande risco, tanto para o vocacionado quanto para a diocese/congregação, que ele deixe tudo para trás de uma vez só. E se não der certo? Seria espiritualizar dizer que, "se a pessoa realmente quer, ela pode deixar tudo". E se, mesmo que tudo pareça estar "em ordem", a verdadeira motivação de fundo vier a aparecer somente depois de alguns anos de acompanhamento? Precisamos, é claro, admitir que alguns conseguiram e estão conseguindo. Temos exemplos que "deram certo". Mas, de quantos foi exigido deixar tudo para entrar em nossas estruturas, mesmo com adaptações, e que depois foram dispensados, muitos deles feridos, também porque nunca lhes foi explicado com sinceridade os verdadeiros motivos do *Consilium Abeundi*?[2] Novamente, podemos atribuir a

---

[2] Orientação para deixar o seminário ou o processo formativo.

causa da revolta ao vocacionado e espiritualizar, dizendo que é a pessoa que não consegue ver os desígnios de Deus (porque só nós podemos ler os seus desígnios, enquanto, na verdade, não soubemos apontar exatamente por que não se quer continuar com a pessoa ou não se teve a coragem de dizer-lhe), entretanto, esquecemos que fomos nós que lhe permitimos entrar num processo que conhecemos de antemão, mas ela não.

É, portanto, realmente necessário uma fase de passagem, de transição, de transformação, desde a atual situação de vida profissional e social, para um ingresso paulatino em uma outra vida, que lhe permita assimilar, com o tempo, uma nova mentalidade e, principalmente, torne-o capaz de passar de uma postura meramente eficiente para uma pastoralmente eficaz. Assim, vocacionado e diocese ou congregação, juntos, têm a possibilidade de discernir se este novo caminho de vida realmente será confirmado para o bem da Igreja e da pessoa em questão. E é justamente para isso que necessitamos de uma estrutura realmente nova, capaz de permitir que o indivíduo, durante alguns anos, continue com sua vida profissional e social, para que, a partir daí, ocorra uma *trans-forma-ação* gradual. E tal estrutura já existe há mais de 35 anos.

Quando assumi a reitoria, na Holanda, procurei por literatura sobre formação de adultos ao ministério ordenado, mas não encontrei. E, pelo que sei, ainda não existe. Então, decidi colocar minhas experiências no papel, para dividi-las com quem estiver interessado.

Há, ainda, um segundo motivo para se publicar tal experiência realizada em outro país. Vejo como sinal da iniciativa divina que isso ocorra exatamente no início do ano em que Bovendonk celebrou seus 35 anos e o arcebispo de Curitiba, no Paraná, Dom José Antônio Peruzzo, assinou o decreto de fundação do Instituto Discípulos de Emaús (IDE). Trata-se, também, de um instituto pioneiro no Brasil, aberto à acolhida de adultos, tanto para a formação ao diaconato permanente quanto para o presbiterado. O primeiro grupo de 17 vocacionados ao diaconato permanente, proveniente de três dioceses, junto com seis vocacionados ao presbiterado, de quatro dioceses, iniciou sua formação no dia 23 de fevereiro de 2019. No ano de 2020, foram admitidos 11 candidatos ao presbiterado, provenientes de três dioceses, de uma congregação religiosa e de uma nova comunidade; e sete candidatos ao diaconato permanente, provenientes de duas dioceses. Já em 2021, o terceiro ano de existência do instituto começou com o total de 46 formandos, dos quais 17 são para o presbiterado. Dois dos candidatos ao diaconato permanente pertencem a outras duas dioceses, que não ficam em Curitiba. Os 17 vocacionados ao presbiterado pertencem a seis dioceses, a uma congregação religiosa e uma Comunidade de Vida. A idade média dos que desejam ser presbíteros é de 33 anos; dos que se preparam para o diaconato permanente, 45 anos.

 O modelo IDE é muito similar ao modelo Bovendonk. Providencialmente, a Escola Diaconal existente na Arquidiocese de Curitiba já funcionava a partir de encontros formativos realizados aos finais de semana, de modo que se tornou relativamente fácil integrar, em uma nova e única estrutura, inclusive com novo nome, o processo formativo tanto para diáconos permanentes quanto para presbíteros. Outra diferença com relação a Bovendonk é que os vocacionados ao diaconato permanente não seguem o processo de formação de seis anos, como aqueles ao presbiterado, mas, sim, de quatro anos. Isso devido ao fato de que o diácono permanente, no Brasil, exerce seu ministério de modo "voluntário", ou seja, não remunerado, de modo que deve continuar a exercer sua profissão secular ou ser já aposentado.

Ao menos, assim o é na grande maioria dos casos. Na Holanda, porém, todos os diáconos permanentes também são remunerados e, portanto, disponíveis em tempo integral.

O Senhor está chamando pessoas de idade adulta e madura – homens ao presbiterado e ao diaconato permanente, e mulheres e homens para a vida consagrada. Nós precisamos ajudar essas pessoas no processo de discernimento de sua vocação e, se for o caso, auxiliá-las na realização dos desígnios de Deus em sua vida.

A formação em período parcial para o presbiterado, especificamente para homens mais maduros e com emprego fixo, é um modelo formativo não muito comum e nem muito conhecido na Igreja Católica. Entretanto, junto aos modelos convencionais de seminário em período integral (modelo francês) e com a possibilidade de residir em uma comunidade formativa e estudar numa universidade (modelo alemão), não é apenas um modelo a mais, mas se apresenta como um dos possíveis novos caminhos desejados pela Igreja como proposta a homens adultos.

Divisão do texto

O primeiro capítulo trata da vocação na Sagrada Escritura, que se desenvolve por um processo, com elementos "fixos", comuns e reconhecíveis em todas as histórias vocacionais. O segundo considera a resposta do homem, com todas as qualidades, e também as limitações, próprias do ser humano, ao chamado de Deus. Esses dois capítulos são refletidos com os alunos do primeiro ano.

No terceiro capítulo, discorro sobre quem propriamente é "o adulto", o que o diferencia do jovem, descrevendo o processo de fundação de um instituto específico para oferecer aos adultos o que, de fato, precisam para crescer em sua vocação. No quarto capítulo, descrevo os aspectos que me chamaram a atenção na prática cotidiana do trabalho com candidatos adultos, e procuro, com base na experiência vivida nos 12 anos como reitor do instituto na Holanda, indicar quais poderiam ser os pontos que merecem especial atenção no processo formativo de homens maduros. Optei por tratar de alguns assuntos recorrentes, considerando-os na ordem cronológica em que aparecem no processo formativo: seleção e admissão; o itinerário dos seis anos de formação; o término, e a conclusão destes seis anos. Estou convicto de que o grau de integração psicoespiritual, ou seja, a maturidade geral do candidato ao presbiterado e ao diaconato permanente exerce forte e direta influência sobre sua futura efetividade pastoral. É ela a base sobre a qual se pode construir um ministro ordenado responsável, capaz e realizado. Por isso que as minhas considerações, nesse quarto capítulo sobre o processo formativo, são de cunho predominantemente psicoespiritual. Deixo para que outros colegas tratem, em outras publicações e de modo mais específico, da dimensão da formação intelectual.

O quinto capítulo trata do engajamento e do estágio pastoral; os capítulos seis e sete, dedico à descrição de vários tipos de acompanhamento realizados durante todo o processo, destacando, no sexto, aqueles já conhecidos, mas nem sempre explorados, e, no sétimo, o colóquio de crescimento vocacional – uma proposta baseada na teoria e na prática do Padre L. M. Rulla, sj. Foram incluídos, ainda, dois anexos para maior compreensão da prática cotidiana do Instituto Bovendonk.

1 | Vocação como processo na Sagrada Escritura: Deus chama

"Àquele, cujo poder, agindo em nós, é capaz de fazer muito além, infinitamente além de tudo o que nós podemos pedir ou conceber, a ele seja a glória na Igreja e em Cristo Jesus, por todas as gerações dos séculos dos séculos! Amém" (Ef 3,20-21).[1]

Decidir sobre vocação

Falar sobre vocação não é muito fácil. Decidir sobre ela é ainda mais difícil. Quando alguém "tem" vocação? Quando não tem? Quem é chamado, quem não é? A meu ver, é impossível que os agentes da Pastoral vocacional e os responsáveis pela formação consigam, de fato, dizer se Deus realmente chamou a pessoa para um ministério ordenado. E nem precisam fazer isso! É até um alívio não ter de responder a essa pergunta. Contudo, com o passar do tempo, poderão e deverão dizer algo sobre a aptidão da pessoa que se diz chamada por Deus, com base na resposta que ela dá ou se esforça para dar quanto à vivência dos valores inerentes ao chamado que diz ter. Jamais poderemos conhecer as intenções de Deus, a sua lógica, mas podemos e devemos entender a intenção, a motivação e a lógica da pessoa, na vivência concreta do dia a dia de sua vida.

Muitas vezes os formadores hesitam em tomar decisões a respeito de candidatos, por medo de ir contra a vontade divina.

---

[1] Optamos, neste livro, pela tradução da Bíblia de Jerusalém.

Apesar de terem sérias dúvidas em relação ao candidato, falta-lhes coragem para dizer, evidentemente após um determinado tempo de observação e discernimento, que ele não deve iniciar ou permanecer, pois sempre fica aquela dúvida: "E se ele for alguém chamado por Deus?". O medo de errar pode até chegar ao ponto do escrúpulo. Entretanto, diria eu, é preciso se preocupar não com a questão de ser chamado por Deus, mas, sim, com o "se" e o "como" a pessoa responde a esse chamado.

Em meio a tantos que se apresentam, há diversas situações nas quais é muito evidente que a pessoa não preenche os critérios objetivos de admissão e, depois de uma primeira conversa, já se pode dizer que ela não deve começar o caminho formativo. Isso não quer dizer que a pessoa em questão sempre concorde com a nossa decisão; provavelmente, tentará novamente em outra ocasião ou em outro lugar.

Há situações nas quais os interessados estão tão convictos de que Deus os chama, que todos que afirmarem o contrário, ou que ousarem duvidar ou fizerem algum questionamento crítico, serão considerados inimigos. Eles decidiram que devem tornar-se, por exemplo, padre, diácono permanente ou consagrado, porque Deus os chama, e ninguém poderá questionar, intervir ou, muito menos, opor-se. Pelo contrário, a pessoa adulta e madura se coloca à disposição, para que seja possível realizar um processo de discernimento; não insiste nem "briga"; não tem pressa, pois quer acertar mais que "teimar"; sabe confiar nos formadores mais experientes e procura o bem – para si e da Igreja. Essas são as pessoas mais livres e desapegadas.

A maior parte dos que se nos apresentam já percorreu um longo e sério caminho. Aqueles que são mais maduros não entram em contato conosco depois de apenas uma noite em claro. Muitas vezes, há anos já vêm alimentando essa ideia, mas, descontentes e irritados consigo mesmos, não conseguem dar o último passo. Há, por exemplo, situações familiares que os impedem. Ou outras razões, como, por exemplo, não conseguir desligar-se de alguém ou de algo, como estabilidade social ou status profissional; insegurança em relação à sua própria capacidade e dignidade para exercer o ministério ordenado; dificuldade em enfrentar novamente um trajeto de estudos e formação. Pode haver, também, angústia pelo desconhecido, medo de perder amizades, de críticas externas devido ao fato de desejar se comprometer e se identificar com, ou até mesmo se tornar representante público, uma instituição já um tanto ou muito criticada; medo de pensar que perderá a autodeterminação e autonomia etc. Para muitos, a impotência de não conseguir dar o passo não está em decidir qual caminho tomar, pois em "algum lugar" já sabem que deveriam ter dado tal passo há muito tempo. Eles percebem que a impotência está muito mais em não conseguir desprender-se de sua situação atual e de si mesmos.[2] Dos que fazem parte desse grupo, alguns já conversaram regularmente com terceiros sobre suas dúvidas; outros, porém, nunca o fizeram. Somente na hora de se apresentarem como candidatos é que conseguem falar explicitamente e com profundidade, pela primeira vez, sobre suas aspirações.

A situação mais madura e consequentemente ideal é aquela de quando o interessado, a partir de uma convicção de fé e liberdade espiritual, está preparado para examinar com toda sinceridade sua vocação, sob orientação de pessoas mais experientes, tal como um diretor espiritual. Isso vale para o discernimento vocacional, antes de eventualmente se iniciar um

---

[2] Observe, por exemplo, a parábola do jovem rico: Mt 19,16-22. Lembro-me de um caso em que um homem culto, religioso, muito bem empregado, "sabendo" que devia ser padre, por três vezes escreveu a carta de demissão do seu emprego, e, também, por três vezes a retirou na última hora da mesa do diretor, antes que este a assinasse.

caminho formativo, mas também para todo o trajeto que se segue até o momento da confirmação interior do próprio candidato e da confirmação externa de outros, ou seja, da Igreja. Lembro-me de um formando meu, já há alguns anos um sacerdote muito respeitável, que todo ano repetia: "Todo fim de ano fico admirado de poder ir adiante. Não é que eu tenha de me tornar padre! Posso manifestar minha fé de várias maneiras, dentro e fora da Igreja. Estou bem inserido em minha paróquia e no movimento de leigos. Tenho uma residência, um bom salário; sinto-me realizado. Mas, quando vejo o quanto a Igreja necessita de sacerdotes e por acreditar que tenho um perfil que vem ao encontro dos critérios de admissão e, ainda, sabendo que vocês, formadores, me acham apto para tal, ofereço-me de todo coração". Num caso desses, ninguém precisa "decidir". Candidato e responsáveis crescem juntos em direção à Ordenação.

Nessa última categoria de pessoas, estão aqueles candidatos que penso poder incluir na lista dos que "evidentemente" possuem aptidões para serem aceitos. O seu desenvolvimento geral e suas carreiras profissionais foram e são positivos; durante períodos mais longos, já se provaram nas comunidades de fé, no que diz respeito à participação eclesial, aos trabalhos pastorais, em atitudes pessoais e mentalidade; fiéis e sacerdotes se perguntam há muito tempo por que essa pessoa não se dedica totalmente ao *labor da fé*.[3] Estamos nos referindo, aqui, aos assim chamados *viri probati*, aqueles que já foram experimentados e que têm experiência. Já se "provaram", mesmo sem que fosse essa sua intenção. Paradoxalmente, são muitas vezes pessoas que não se consideram dignas e, por isso, não se apresentaram antes.

---

[3] Expressão muito usada pelo fundador de Bovendonk, Dom Ernst.

Aos meus colegas, digo frequentemente que, na avaliação de pessoas de idade mais adulta, deveria ser possível dizer que "quanto à sua vida de fé e maturidade humana, essa pessoa poderia ser ordenada amanhã; ela, porém, ainda terá que aprender no que diz respeito à cultura eclesiástica e às habilidades pastorais". Por outro lado, os formadores devem ficar de olhos bem abertos para observar também os candidatos "evidentemente aptos". Não será a primeira vez que aqueles que aparentemente têm tudo para fazer um processo de formação impecável, esbarrem em alguma área da vida. Quero dizer, aqui, o seguinte: justamente porque as expectativas externas, por exemplo dos membros da própria paróquia, são altas, uma vez que sempre confirmaram e elogiaram (em demasia até) o candidato, que, para eles, é uma referência de segurança em quem se espelhar, poderá acontecer que esse candidato "ideal" nunca tenha sido confrontado criticamente com as suas próprias limitações. Nesses casos, as limitações poderão vir à tona durante o período de formação, e o candidato encontrará aspectos em si mesmo com os quais ainda não havia tido contato: as suas "sombras". Minha experiência diz que, na maioria desses casos, as perguntas não pertencem tanto ao nível psicológico, mas mais ao nível espiritual, o que faz com que o crescimento da pessoa seja menos complicado.

No decorrer dos anos, muitas decisões são tomadas: pelo candidato, que encontra confirmação em si mesmo, ao reconhecer os frutos do Espírito Santo; e pelos responsáveis, que reconhecem a árvore pelos frutos.[4] Um fator importante a se considerar em todo o processo é que deve haver um denominador comum para que todos, vocacionados, acompanhantes

---

[4] Gl 5,22-23: "Mas o fruto do Espírito é amor, alegria, paz, longanimidade, benignidade, bondade, fidelidade, mansidão, autodomínio. Contra estas coisas não existe lei".

e formadores, falem a mesma língua, tendo o mesmo entendimento no que se refere ao que vem a ser vocação cristã e quanto ao seu processo de desenvolvimento. Ao procurarmos por esse grande denominador comum, devemos, penso eu, aprofundar os relatos vocacionais na Sagrada Escritura e suas aplicações na Tradição da Igreja.

Nesse sentido, o que segue diz respeito a todos os cristãos, e não especificamente a esta ou aquela vocação, ministério ou estado de vida.

Falar sobre vocação

Há duas maneiras de falar com sensatez sobre vocação cristã, buscando compreender algo a respeito. A primeira, é ler a história da própria vida com os olhos da fé e exprimi-la em palavras. A segunda, ler a história de algum personagem da Sagrada Escritura, analisá-la, e falar com outros sobre o que essa história significou para você, diante da leitura. A linguagem utilizada na Escritura é narrativa, contada; não é abstrata. Desse modo, a pergunta "O que é vocação?" encontra, pastoralmente falando, na narrativa de histórias vocacionais, sua melhor forma de resposta. E isso tanto através de uma história bíblica quanto de nossa própria história. Respostas abstratas ou noções gerais não esclarecem nada. É muito compreensível, por isso, que a maioria das pessoas, nas entrevistas iniciais para admissão, (ainda) não conseguem narrar o que se passa no seu interior, não obstante, para elas, o chamado de Deus seja uma certeza.

Expressões como "estar a serviço da Igreja" e "servir ao próximo" ainda são vagas tentativas para se exprimir em palavras aquilo que está acontecendo no interior da pessoa. Alguns indivíduos podem até indicar momentos e lugares exatos onde "a coisa" aconteceu ou está acontecendo. Mas, muitas vezes, é um martírio para o interessado se ver questionado, pois até gostaria de dizer a todos o que experiencia interiormente, mas não encontra palavras para expressar isso. Não entende que o entrevistador (aparentemente) não o compreenda e continue a indagá-lo. Por isso, é necessário ter paciência, pois a intenção é de que a vocação adquira mais palavras, tome mais corpo, mesmo que o processo de conscientização verdadeira perdure por anos.

Quando falamos da vocação cristã, não falamos apenas sobre vocações à vida consagrada, ao presbiterado e ao diaconato – mesmo que nossa abordagem gire mais em torno desse conteúdo. Falamos, porém, da vocação em sentido amplo: todos são chamados.[5] Assim, primeiramente se pensa no chamado à vida: à vida do ser humano; à vida do ser humano enquanto cristão; à vivência da pessoa de fé em comunidade, enquanto membro do Corpo de Cristo. Isso nos leva a considerações sobre a relação que há entre todas as formas de vida; sobre a existência da dignidade humana, dos direitos humanos, do respeito a todo indivíduo, bem como ao meio ambiente e à coletividade. Nascer entre outras pessoas, fazer parte de um grupo, de um povo, faz com que os seres humanos estejam em relação uns com os outros e que sintam a necessidade de interagir entre si. Para isso, o indivíduo precisa, na medida do possível, crescer e se desprender, sair de si mesmo, elevar-se: transcender.

Esse chamado a formar um povo é um tema importante, tanto no Antigo quanto no Novo Testamento, de tal modo

---

[5] Documento final do Congresso Vocacional Europeu "Novas Vocações para uma Nova Europa". *Kerkelijke Documentatie* 121, ano 27, n. 1, fev. 1999.

que chamamos o povo de Deus também de *ecclesia*, Igreja. Na Sagrada Escritura, os termos empregados que designam vocação são: pedras vivas, comunidades santas, nação santa, povo conquistado por Deus, povo de Deus, herança, povo eleito/predileto. Todos são, como indivíduos, chamados a ser blocos na edificação da comunidade, da Igreja, e, pela fé e pelo Batismo, fazem parte do povo de Deus. Todos são chamados ao novo povo de Deus, para que todas as pessoas, em Cristo, formem uma só família e um só povo.[6] Assim, entendemos que Deus chama pessoas individualmente para formar o seu povo.

Introdução à espiritualidade bíblica da vocação cristã individual

A vocação de cada um

Cada vida tem razão de ser e necessita de um sentido. Na Bíblia, é um dom fundamental e não secundário que cada um descubra o sentido da própria vida. Por isso, é melhor pensar e falar em descobrir o sentido (já colocado por Deus, que nos conhece desde antes de nascermos), ao invés de em "dar sentido". Desse modo, o próprio "procurar" se iguala ao "descobrir" de sua própria e específica vocação. Não é demais afirmar que cada um entende o sentido da vida quando descobre sua vocação e prossegue em realizá-la.

Das vocações individuais e do modo de concretizá-las dependem, por outro lado, importantes consequências para a vida e o futuro do povo de Deus. A maior parte das vocações individuais dos personagens bíblicos fala sobre jovens e adultos e foi escrita de uma maneira na qual a glória, o heroísmo

---

[6] *Catecismo da Igreja Católica*, n. 804.

e a solenidade exercem fundamental importância. Geralmente, contar sobre a vida dos "heróis" do passado, ainda que às vezes de uma forma um tanto romantizada, tem por objetivo provocar uma reação nos dias atuais, pois, "se em tempos passados nossos avós conseguiram passar por momentos difíceis, nós, hoje, também conseguiremos". Frequentemente, as histórias, escritas muito tempo depois de os fatos terem acontecido, eram também lembradas e apresentadas nos tempos de crise de fé do povo de Deus. Desse modo, o autor narra os fatos para demonstrar o quanto esses personagens foram importantes no passado, e como eles, então, ajudaram o povo a sair da crise naquele momento. O autor procura fazer com que "seu povo", a quem escreve, perceba que a história atual também está chegando ou já chegou num ponto crucial, e que a Palavra de Deus, transmitida por pessoas – os enviados, os profetas –, merece ser ouvida. Os profetas, ao se dirigirem ao povo, nem sempre são muito gentis em suas exortações; na linguagem de hoje, poderiam até ser considerados autoritários e dominadores. Por outro lado, percebe-se que, à medida que o "enviado" se conscientiza de sua grande tarefa, ele se sabe indigno e se torna mais humilde diante da Palavra, vigiando-se para não transmitir sua própria palavra e para não ser presunçoso, apropriando-se de Deus, e considerando-se apenas um instrumento em suas mãos.

Elementos que retornam em todas as histórias individuais

Passamos, agora, a analisar uma série de histórias de indivíduos, a fim de perceber um fio condutor que perpassa todas elas. Depois, ao final da lista que contém os nomes, no Antigo Testamento, de Abraão, José, Moisés, Josué, Gideão, Sansão, Samuel, Saul, Davi, Elias, Isaías, Jeremias, Ezequiel, Oseias, Amós, Jonas, e no Novo Testamento, João Batista, Jesus,

Maria, Maria Madalena, os Doze, Mateus, os setenta e dois, Matias, os sete diáconos, Paulo, Barnabé, Timóteo e ainda muitos outros, poderíamos acrescentar nosso próprio nome. Além disso, ao estudarmos os textos que falam de cada uma dessas pessoas, podemos fazer várias perguntas: com quais palavras-chave a vocação é expressa no texto? Quais pessoas e grupos ou povos são nele mencionados? Que situações, circunstâncias e acontecimentos são descritos no texto? Por que e para que essa vocação? Ao elaborarmos as respostas, sendo fiéis ao que diz cada texto e sem interpretações pessoais, notaremos elementos fixos em praticamente todos os textos analisados, quais sejam: a Palavra que Deus dirige à pessoa, a garantia que sempre dá, a missão conferida por ele, a primeira reação da pessoa, o sujeito e o objeto da vocação, as pessoas e os grupos que aparecem no texto, o contexto sócio-histórico-político-religioso na época do chamado, o porquê dessa vocação (motivo), o para quê dessa vocação (finalidade).

Ao criarmos, em seguida, uma tabela com as respostas encontradas, verificaremos denominadores comuns em todos os textos das histórias vocacionais, inclusive no "texto" da nossa própria história. Não podemos imitar a vida, nem repetir a história dos outros, mas descobriremos, sim, que a *estrutura*, o *processo* de nossas próprias histórias vocacionais e os da Sagrada Escritura, em grande parte, são muito semelhantes. Por isso, a estrutura e os processos que se repetem são os que nos interessam para podermos "objetivar" um pouco mais a questão vocacional, nosso modo de compreender e de falar sobre "vocação". Isso ajuda bastante também no acompanhamento vocacional e nos processos formativos, inclusive na avaliação – se é que queremos usar este termo –, deixando de se tratar o assunto numa esfera predominantemente sentimental, emotiva. Objetivar um pouco mais a compreensão e, portanto, também o discernimento vocacional, faz com que ninguém mais possa vir a apelar para, ou se justificar com experiências totalmente subjetivas e afirmações do tipo: "mas eu sinto", "eu sei", "eu tenho certeza". Repito que nunca saberemos com certeza se Deus chama uma pessoa, mas podemos averiguar e encontrar na resposta que ela dá, se esta segue, *mutatis mutandi*, em linhas gerais, o mesmo processo, a mesma estrutura milenar e bíblica que apresentaremos a seguir.

Sujeito e objeto da vocação

Nos relatos bíblicos de vocação, o sujeito é sempre Deus (Senhor, Iahweh, Anjo do Senhor) e o objeto, a pessoa. Podemos, assim, afirmar que a pessoa, sendo objeto, padece, sofre a vocação, ao invés de "ter" vocação. No decorrer do tempo, na medida em que se vai aprofundando a relação, concretiza-se uma resposta efetiva à aliança proposta por Deus. Ele que vem ao encontro de cada pessoa para dialogar. E esse diálogo pode se dar de mil maneiras. Na Sagrada Escritura, "os diálogos formulados em termos de linguagem humana são a concretização daquilo que o povo, vivendo a sua amizade com Deus, foi percebendo a respeito dele". Uma vez que a pessoa aceita a presença de Deus na sua vida e nela crê, emerge um diálogo que tem as próprias leis, estranhas talvez a quem vive de fora, mas perfeitamente compreensíveis para quem vive tal presença.[7]

E quando a pessoa resolve não responder satisfatoriamente ou cessa de responder ao chamado? Há possibilidade de se "perder" a vocação? Na verdade, não é possível perder, mas ela poderá ser "retirada", porque a vocação não é uma posse, mas uma relação dialogal no âmbito da graça e do mistério. É nesse

---

[7] Mesters, C. *Deus onde estás? Uma introdução prática à Bíblia*. Petrópolis: Vozes, 2014, p. 35.

sentido que a Ordenação e o Batismo não poderão ser apagados, mas a missão ou jurisdição, sim; o Matrimônio poderá ser declarado nulo, mas a paternidade e a maternidade, não.

Da mesma forma, as habilidades que alguém "possui" ou pode ter adquirido em profissões anteriores não lhe pertencem, e poderão ou não serem "aproveitadas" por ele num novo estilo de vida. As habilidades técnicas que eram necessárias à profissão anterior, por exemplo, não mais ou nem sempre serão utilizadas, se o indivíduo se tornar presbítero ou diácono, ou se ingressar numa comunidade religiosa. Tais habilidades, portanto, não podem ser "usadas" como seguranças pessoais, às quais o indivíduo possa vir a se apoiar em sua nova vida. Um cozinheiro não se tornará simplesmente cozinheiro numa comunidade religiosa, bem como um organista não irá, como padre, tocar órgão durante a celebração da Eucaristia. Um técnico de informática não poderá exigir ser o responsável por essa área na congregação, procurando, quem sabe, uma zona de conforto ou obter com isso certo privilégio. A intenção é justamente, em princípio, deixar isso para trás. A partir de agora, a atenção vai para outro estilo de vida: não mais em primeiro lugar para o "produzir e fazer", mas para a busca de uma outra atitude de vida, um outro ideal, outra maneira de ser. Assim, entregar-se ao Senhor poderá significar, como muitas vezes de fato acontece, percorrer caminhos desconhecidos e inesperados, não mais escolhendo o próprio caminho, mas seguindo-o com um coração pobre, obediente e puro.

Se algum docente se tornar sacerdote, naturalmente usará suas habilidades pedagógicas para dar catequese, mas, se ele pregar como lecionava, tais habilidades poderão, paradoxalmente, tornar-se um obstáculo e terão de ser abandonadas. E convenhamos que isso nem sempre seja fácil.

Em torno desse assunto, pode-se abrir uma vasta discussão, assim como tivemos regularmente em nossa equipe de formadores. O ponto central das conversas era que, no Instituto Bovendonk, desde sua fundação, parte-se do *slogan*: "Tornar-se presbítero (e mais tarde também diácono permanente) a partir da sua profissão". Como se deve, então, interpretar esse "a partir da sua profissão"? Na Sagrada Escritura, as pessoas chamadas também tinham uma profissão (pastores, pescadores, cobradores de impostos), e tiveram que abandonar tudo para seguir o Senhor; deixando, inclusive, suas habilidades profissionais para trás ("a partir de agora, és pescador de homens"). Recordamos também Paulo, que fabricava tendas para não ser um peso oneroso para as comunidades.

Na situação atual, é assim: a Igreja espera que presbíteros dediquem sua vida integralmente ao labor da fé, como dizia o bispo Ernst. Para essa reflexão, é necessário entender que, na Holanda, também os diáconos permanentes estão totalmente à disposição da Igreja e, portanto, são remunerados. Tanto eles quanto os futuros presbíteros deixam suas profissões seculares para trás; também eles seguem o processo formativo de seis anos completos. Se, nesse contexto, "tornar-se presbítero ou diácono permanente a partir da profissão" for interpretado como "levar as aptidões profissionais para a formação e fazer uso delas no futuro ministério", estamos no caminho errado. A questão, conforme nós entendíamos o *slogan*, era que o candidato, durante quatro anos, permanecesse em um ritmo de vida social, profissional, de estudos e de formação, enquanto, ainda exercendo sua profissão, aprendia a se apropriar de um novo estilo de vida, o de presbítero ou diácono permanente.

Um dos muitos exemplos práticos nesse sentido é a vida de oração. O candidato terá de acrescentar e integrar uma vida de oração regular, dentro do ritmo atual de vida, pois, depois da Ordenação, também terá de encontrar um equilíbrio, nesse sentido. O pensamento por detrás disso tudo é que o futuro ministro deverá ser pastor e servidor no mundo, sem ter se tornado alheio ao mundo, sem se considerar pertencente a uma classe à parte ou a uma "casta" presbiteral, tentando, assim, evitar-se qualquer tipo de clericalismo. Além do mais, o formando, sem se desfazer de suas garantias de sustento e abdicar prematuramente de sua segurança social, tem a chance de se aprofundar na autenticidade da vocação. Após quatro anos, ou preferencialmente menos, formandos e responsáveis, juntos, terão de ter clareza a respeito do êxito da nova caminhada, a ponto de o formando poder decidir se abandonará definitivamente o emprego e iniciará o estágio pastoral de dois anos.

Evidentemente, não se pode fazer a mesma reflexão em relação aos que serão diáconos permanentes não remunerados, para se evitar de chamá-los de diáconos "voluntários". Eles devem continuar em suas profissões e "acrescentar" o estilo de vida de um diácono permanente à vida que continuam a levar. Esse tipo de diácono se tornará presença e representante oficial (mesmo que nem sempre explícito) da Igreja, seja no meio profissional, social, cultural, desportivo, no qual já vivia, além de exercer funções diaconais em sua comunidade de fé. O bispo que pensar em, se um dia for necessário, por falta de presbíteros, nomear diáconos permanentes como coordenadores de paróquias, como já acontece na Europa, poderia considerar a possibilidade de optar por diáconos permanentes remunerados, exigindo, porém, uma fase formativa complementar.

Sendo Deus o sujeito que chama e espera uma resposta de seu interlocutor, entende-se que nós recebemos a vocação gratuitamente, sem nos tornarmos proprietários daquilo que recebemos. Somos um instrumento nas mãos do artesão; um instrumento para a transmissão do que recebemos.

O sujeito tem um nome: Iahweh, Deus, Anjo do Senhor e, no Novo Testamento, Jesus, Espírito Santo. E a vocação tem uma dimensão trinitária. A vocação sempre é direcionada a pessoas e povos. Portanto, a dinâmica de comunicação não é mero diálogo, mas sim, também, um "triálogo", uma conversa com três envolvidos: Deus, a pessoa, o povo. Sem o "povo", Igreja, não há vocação.

É necessário que a pessoa tenha consciência e faça parte da situação histórica concreta do seu tempo, no lugar em que vive, para aí descobrir as necessidades concretas e atuais. Geralmente, Deus chama alguém que já vive nesse ambiente, e não alguém de fora. Em alguns casos, no entanto, ele chama alguém de fora do povo, mas para apresentar como exemplo. O povo de Deus, a *Ecclesia*, é um importante interlocutor na história vocacional. A Igreja auxilia no discernimento da vocação, evitando, assim, que a pessoa considere que a vocação de Deus seja propriedade sua e comece a "flutuar" e a desaparecer em êxtase, numa subjetividade, num romantismo individualista de uma espiritualidade privada, na qual existe apenas "Deus e eu", sem deixar lugar aos outros. Afinal, a vocação, através do vocacionado, é destinada aos outros. O vocacionado em si nunca é o destinatário da vocação/missão. Entre tantos exemplos, temos um muito claro, em Jr 1,7: "Porquanto irás procurar todos aqueles aos quais te enviar, e a eles dirás o que eu te ordenar". Em relação à convicção e à vivência subjetiva da vida de fé, no modo eu-Deus, o Papa Francisco, na catequese de quarta-feira, 13 de fevereiro de 2019,[8] explicando o "Pai-Nosso", disse:

---

[8] Disponível em: <http://www.vatican.va/content/francesco/pt/audiences/2019/documents/papa-francesco_20190213_udienza-generale.html>.

Há uma ausência impressionante no texto do "Pai-Nosso". Se eu vos perguntasse qual é a ausência impressionante no texto do "Pai-Nosso"? [...] Para poupar tempo, di-la-ei: falta a palavra "eu". Nunca se diz "eu". Jesus ensina a rezar, tendo nos lábios antes de tudo o "vós", porque a oração cristã é diálogo: "santificado seja o vosso nome, venha o vosso reino, seja feita a vossa vontade". Não o meu nome, o meu reino, a minha vontade. Eu não, não funciona. E depois passa para o "nós". Toda a segunda parte do "Pai-Nosso" é declinada na primeira pessoa do plural: "dai-nos o nosso pão de cada dia, perdoai-nos as nossas ofensas, não nos deixeis cair em tentação, livrai-nos do mal". Até os pedidos mais elementares do homem — como aquele de ter alimento para saciar a fome — são todos no plural. Na prece cristã, ninguém pede o pão para si mesmo: dai-me o pão de cada dia, não, dai-nos, suplica-o para todos, para todos os pobres do mundo. Não podemos esquecer isto, falta a palavra "eu". Reza-se com o vós e com o nós. É um bom ensinamento de Jesus, não o esqueçais!

Também o objeto sempre tem um nome. A pessoa é individualmente chamada pelo seu próprio nome (você, Moisés, Saulo). A relação é extremamente pessoal e atinge a dimensão ontológica do ser humano, não raras vezes se manifestando em reações físicas. A experiência de Deus pode ser acompanhada de palidez, calafrios, desmaios, choro; não conseguir comer ou beber; ficar temporariamente paralisado, mudo, cego ou surdo.[9] A mudança na pessoa pode ser tão profunda, que vem a ser expressa com uma troca de nome (Abrão-Abraão, Cefas-Pedro, Jorge-Francisco). Era e, às vezes, ainda é, um significado de mudança radical aceitar um novo nome ao se ingressar numa congregação religiosa. Significa que a pessoa tem a intenção de

---

[9] Cf., por exemplo: Dn 10; Is 21; Ez 8,3; At 9.

viver uma vida nova, pois foi "tocada" no seu mais profundo "ser". Mais que isso, há os que têm a experiência de quase perder a sua (nova) identidade, se a missão de Deus não for cumprida. Assim, diz Paulo: "Anunciar o Evangelho não é título de glória para mim; é, antes, uma necessidade que se me impõe. Ai de mim, se eu não anunciar o Evangelho! Se eu o fizesse por iniciativa própria, teria direito a um salário; mas, já que o faço por imposição, desempenho um encargo que me foi confiado" (1Cor 9,16-17). Parece até uma contradição com respeito àquilo que foi dito anteriormente sobre o triálogo e sobre a importância de outros na história vocacional. Paulo estava convicto da sua missão pessoal, inspirada por Deus, de se dirigir aos não judeus. No entanto, primeiramente expôs sua experiência, seu profundo desejo a Pedro, o primeiro dentre os pares, o qual, num primeiro momento, não concordou nem um pouco com a ideia. Somente após um processo de discernimento, Paulo aceitou a autoridade de Pedro, pedindo sua permissão; enquanto Pedro, por sua vez, reconheceu e confirmou a autenticidade da vocação (missão) de Paulo e o abençoou para que pudesse partir em viagem.

"Vai, eu te envio e te dou garantia"

O "partir em viagem" é outro elemento que sempre retorna. Em todos os textos, de uma forma ou de outra, o assunto reaparece: "Não temas diante deles, porque eu estou contigo para te salvar, oráculo de Iahweh" (Jr 1,8). Com essa garantia de um "Deus conosco", a pessoa sai a caminho. Afinal de contas, algo específico terá de ser feito, a pessoa terá de se colocar em movimento (cingir os rins). Disso, conclui-se que vocação é sinônimo de missão/envio. O que importa mesmo em cada história vocacional não é, em primeiro lugar, a reação ou o desejo do vocacionado, mas que a missão confiada seja realizada. Em muitas histórias, a primeira reação é de defesa, de lamento, de tentativa de fuga: "sou gago"; "ainda sou uma criança"; "preciso enterrar meus pais". Apesar de todas essas reações, a maioria das pessoas, ao final, parte a caminho para realizar a missão recebida. O Evangelho não depende de nós, mas da graça do Senhor, que "usa" todos os tipos de pessoas e em todas as possíveis situações de vida, para realizar o seu plano. Assim, ao assumir o nosso próprio lugar na comunidade, fazemos parte da realização do Corpo de Cristo (cf. 1Cor 12).

Deveria, por isso, tratar-se de algo naturalmente lógico, que cada fiel participasse ativamente da comunidade de fé e necessariamente fizesse algo para o bem dessa comunidade. Nesse sentido, a palavra "voluntário", quando trata de membros ativos e engajados na comunidade, é, na verdade, mal-usada. A partilha dos dons pessoais, dos carismas e talentos, para o benefício da comunidade, pertence à essência da vocação/missão de cada batizado, principalmente ao receber a Eucaristia. Entendendo assim, não é mais "voluntária".

Por que essa pessoa foi chamada

O porquê (motivo, razão) e o para quê (finalidade) da vocação estão ligados intrinsecamente à situação histórica. Já vimos que a pessoa jamais é destinatária final da vocação; nem muito menos o seu motivo. Ela é escolhida por Deus em função do bem do povo, numa determinada situação. É preciso compreender também que a situação na qual o povo de Deus se encontra (de clamores, lamentos e, às vezes, gritos, revoltas, injustiças, pecado, violações) não é desejada por Deus. Quando, por exemplo, um povo é oprimido, vemos na Sagrada Escritura que o Deus misericordioso ouve o clamor de seu povo e envia alguém para libertá-lo. Em nenhuma história bíblica, encontra-se uma resposta à pergunta do porquê dessa e não de outra pessoa ser chamada. A pessoa não foi chamada "porque" é inteligente, bonita, virtuosa, forte, esperta ou o que quer que seja. Não há resposta. Não se encontra resposta nos textos sagrados. O motivo do chamado, parece que o Senhor o guarda para si. Ele nos conhece totalmente e não presta contas dos seus motivos, pois: "ele faz tudo que quer" (cf. Sl 139 e 115,3). Afinal, as qualidades da pessoa são secundárias. Poderíamos dizer que o "porquê" do chamado de cada um está somente no amor de Deus, em seu coração.

Ao descobrirem que não há resposta para essa pergunta, alguns se sentem até aliviados, pois se questionam demais sobre "por que eu, se outros são mais isso ou aquilo". Não deixa de ser também um mecanismo de fuga, a fim de se encontrar um motivo para dizer "não, o outro é melhor". Procuravam por uma resposta que não existe e, finalmente, podem deixar essa preocupação de lado. Outros, porém, não desistem tão facilmente, e continuam procurando, em histórias bíblicas, a resposta à pergunta do porquê de seu chamado. Geralmente, são aquelas pessoas mais práticas e "solucionadoras de problemas", que sempre gostariam de, nas práticas pastorais, poder dar respostas às perguntas das pessoas, quando o assunto é, por exemplo, o sofrimento e a morte. Poder responder algo lhes dá a ideia de ter controle sobre a situação. Tentam até controlar e dominar o próprio Senhor. Não ter respostas, admitir não saber, conferem-lhes um sentimento de impotência e de insegurança e, às vezes, até de culpa. Aceitar que Deus não revela suas motivações fortalece ou deveria fortalecer no ser humano a confiança nele. E este é um ponto importante de aprendizagem na vida espiritual.

A finalidade da vocação é a situação concreta: o para quê

Se o "porquê" da vocação não tem resposta, a pergunta sobre o "para quê", ou seja, a finalidade do chamado, sempre tem. A finalidade da vocação coincide com a situação concreta atual. Na Sagrada Escritura, são apontadas situações de opressão, de deslealdade a Iahweh, de injustiças sociais e políticas, de infidelidades, doenças, dores, pecado, abominações, e tantas outras. No texto, sempre são indicadas situações bem concretas: povos e pessoas em situações contrárias àquilo que vem a ser o Reino de Deus.[10] Deus quer libertar seu povo de circunstâncias que não aceita. Alguém, tocado pela situação, percebe e se comove a responder. Nesse sentido, pode-se entender que Deus chama de dentro e a partir de uma situação.

A vocação não tem origem na pessoa, que não é também, em primeiro lugar, destinatária da missão à qual foi chamada a responder. Por isso, é necessário que tomemos cuidado com a avaliação da autenticidade das motivações que levam uma pessoa a dizer que "tem" vocação, para que não seja autorreferencial, como o Papa Francisco costuma repetir. Já vimos que a iniciativa é sempre de Deus. A vocação, na verdade, vem de Deus, passa pela pessoa, e se dirige aos destinatários indicados por Deus. Ninguém recebe uma bela voz apenas para cantar para si mesmo. Nada daquilo que temos e somos é somente para nós mesmos, como explicita o texto de um autor desconhecido: "Os rios não bebem sua própria água; as árvores não comem seus próprios frutos. O sol não brilha para si mesmo; e as flores não espalham sua fragrância para si. Viver para os outros é uma regra da natureza. [...] A vida é boa quando você

---

[10] "Porquanto o Reino de Deus não consiste em comida e bebida, mas é justiça, paz e alegria no Espírito Santo" (Rm 14,17).

está feliz; mas a vida é muito melhor quando os outros estão felizes por sua causa".

Se é verdade que nos textos bíblicos a pessoa é chamada individualmente e pelo nome, também é verdade que nos textos que narram histórias vocacionais sempre são mencionados povos, grupos de pessoas ou indivíduos – outro elemento recorrente em todos os textos. Alguém que se apresenta como vocacionado não pode ser um paraquedista, um solitário, alguém sem comunidade, sem contatos, sem amizades, sem vida social. A vocação não pertence à esfera privada, mas é um acontecimento comunitário. Mesmo o eremita, que vive nas montanhas, pertence a uma comunidade com a qual mantém contato.

Para que uma vocação seja completa como envio, missão, é necessário que a pessoa se identifique com uma situação existencial, que esteja voltada a ajudar a realizar a vontade de Deus naquela situação junto ao povo, para transformá-la: mudar, reverter, converter. É a situação concreta, é a face desfigurada de Cristo em uma situação que clama por uma resposta de tal modo, que alguém haverá de responder. É nos momentos de lamentações, mesmo quando estas são expressas sem palavras, que se implora por cura, justiça, paz; é nessa hora que se clama por Deus. Assim, enquanto um indivíduo permanecer obsessivamente preocupado em buscar sentido no "porquê" de sua "vocação" (olhando somente para si: "eu quero ser feliz") e não se perguntar "para que" quer ser ministro ordenado ou membro ativo da Igreja, não se pode falar, ainda, em uma vocação adulta, madura. "Senhor, quando foi que te vimos com fome e te alimentamos, com sede e te demos de beber? Quando foi que te vimos forasteiro e te recolhemos ou nu e te vestimos? Quando foi que te vimos doente ou preso e fomos te ver? [...] Em verdade vos digo: cada vez que o fizestes a um desses meus irmãos mais pequeninos, a mim o fizestes" (Mt 25,37b-40).

Durante o processo de discernimento vocacional, procura-se fazer a pessoa perceber para qual tipo de situação se sente mais atraída ou chamada a fazer a diferença. Além daquele sentir e daquela intuição inicial, virá à tona uma maior tomada de consciência, que se tornará mais e mais objetiva e, portanto, mais fácil de ser manifestada em palavras. É quando um indivíduo, vendo situações inaceitáveis, comove-se e diz: "Assim não pode ser!". De fato, começa a "co-mover"-se, põe-se em movimento, mexe-se, busca fazer algo. Assim, alguém pode passar noites em claro por causa da crise geral de fé de um povo; outro se sentirá especialmente impelido a responder às situações de clamores sociais, políticos e assistenciais; um terceiro sentir-se-á propenso a diminuir a dor física e psicológica do seu próximo. Outro, ainda, se comoverá com a falta ou escassez de sacerdotes; um outro poderá incomodar-se demais com o sofrimento de pessoas em países em desenvolvimento, com os povos que estão em guerra ou, até mesmo, com a situação dos migrantes, dos pecados cometidos em relação ao meio ambiente, da realidade da formação dos futuros ministros ordenados, da realidade das famílias ou com a falta de diretores espirituais etc. Muito provavelmente, a vocação se encontra exatamente ali onde a pessoa mais "se incomoda"; ali onde, em seu interior, ela se sente mais fortemente envolvida, comovida; enfim, ali onde há uma situação pela qual ela quer dar sua vida.

O fato, em si, de que ele ou ela, e não outra pessoa, "enxerga" a situação, já é um indicativo muito importante, um convite para que algo seja feito; e seja feito por ele ou por ela. No entanto, há outros que até conseguem ver e entender que algo deve ser feito, mas não por eles, pois não foram realmente tocados. Para que uma motivação seja forte e duradoura, faz-se necessário o envolvimento de três elementos: cognitivo (conhecer/saber), emotivo (sentir) e volitivo (vontade/querer). Posso admirar o Matrimônio, mas achar que é algo que não serve para mim (falta-me a parte emotiva); ou posso valorizar e admirar o ministério ordenado, mas acreditar que não é algo para mim. Vejo que há um clamor na situação dos jovens, perdendo-se na criminalidade e nas drogas, mas, pessoalmente, isso não me comove o suficiente para que eu dê uma resposta concreta; essa situação particular não faz com que eu me "co-mova" o suficiente para me "mover".

Ao pensar na expressão: "A minha vocação é ou está no...", eu me lembro bem do tempo de seminário, no Sul do país, quando um colega meu frequentemente comentava que ele "devia" ir para a região Norte ou Nordeste do Brasil, pois lá havia grande escassez de padres. E eu sempre respondia que também sabia da situação, mas que ela não me tocava tanto. A minha preocupação constante era com a qualidade da formação dos futuros padres. Muitos anos depois, ele, de fato, foi para uma região com grande escassez de padres, e a minha vida foi se desenvolvendo no mundo da formação.

Podemos nos perguntar, também, com os apóstolos: "E nós, o que o seguimento traz para nós? Onde fica a minha felicidade?". Além da famosa resposta de que receberemos já, aqui na terra, o cêntuplo e, depois, mais a vida eterna, penso poder afirmar que receberemos, também o bem-estar da realização. Se a "felicidade" é um conceito abstrato que, em si, não existe, a realização existe. Fazer real, atualizar, concretizar os dons, capacitações, qualidades que estão dentro da pessoa que se educa (tirar tudo para fora), poderá torná-la plena. O bem-estar da conquista da própria realização, talvez, pode ter como efeito colateral a felicidade. Todavia, a busca da própria "felicidade" jamais poderá ser a finalidade da vocação: quem quer ganhar a sua vida, a perderá, mas quem perder a vida por causa do Reino, a ganhará (cf. Mt 16,25). E, como ninguém pode conhecer de maneira plena as suas potencialidades, o processo de formação permanente, que começa já na fase inicial da formação, jamais terminará durante a vida. Cada nova resposta que obtemos trará uma nova pergunta. Assim, vamos aprofundando e descobrindo para onde Deus quer nos levar.

Nesse sentido, a vocação não é mais um conceito vago, sentimental, nas nuvens, algo que não pode ser questionado nem "provado" por pertencer à esfera particular, mas que, literalmente, toma corpo, torna-se concreto, pertencendo à esfera comunitária e (mais) objetiva, como um estilo de vida, um modo de ser e de praticar o Evangelho.

É possível ter certeza da vocação?

Uma pergunta que, não raro, volta a ser feita – talvez mais para vocacionados ao presbiterado, pois, por não se casarem, apostam tudo e toda a vida no ser padre – é se a vocação realmente vem de Deus ou se foi algo "da própria cabeça". O noivo ou a noiva, entretanto, podem se fazer a mesma pergunta em relação ao sacramento do Matrimônio: "Tenho certeza de que ele(ela) é a pessoa com quem quero passar o resto da minha vida?". Quantos casais e ministros ordenados responderam a isso afirmativamente e, depois de alguns anos, meses até, separaram-se ou deixaram tudo? Sempre acho interessante quando pessoas colocam a vontade de Deus como que em oposição à sua vontade, ou vice-versa. Como vou saber se é vontade de Deus? Quando passou a ser também a minha vontade? Não posso imaginar alguém se engajando numa caminhada vocacional específica, como o ministério ordenado, ou na vida consagrada, apenas julgando ser a vontade de Deus, não propriamente a sua.

Certamente, também nas histórias bíblicas, a primeira reação, quando um personagem toma consciência de que há uma missão para ele, de que uma situação grita por uma resposta, é fugir, não aceitar, não querer, procurar desculpas. Mas, à medida que o tempo passa e a "novidade" impactante, e por vezes amedrontadora, da tomada de consciência se assenta, a pessoa consegue tomar distância da emoção que a envolvia e começa a pensar, considerar, vindo, até mesmo, a aderir a ela. Muitas vezes, o coração precisa de mais tempo para se acostumar e aceitar totalmente uma nova ideia, que veio como que em um *insight* espiritual repentino – o que podemos também chamar de iluminação divina, toque de Deus, chamado, convite.

A experiência nos diz que a "crise vocacional", a dúvida em si, não vem da pergunta se a pessoa em questão quer ou gostaria de ser, por exemplo, ministro ordenado, mas, sim, surge nos momentos em que ela se dá conta de interesses conflitantes, quando percebe não conseguir ser fiel aos valores inerentes à vocação, ou quando teme não conseguir ser fiel. Elias, ao longo de sua caminhada ao Horeb, parecia não ter mais certeza alguma, chegando a pedir o fim de sua própria vida: "Basta, Senhor – disse ele –, tirai-me a vida, porque não sou melhor do que meus pais" (1Rs 19,4).

Esses conflitos são considerados positivos, porque cada um deles exige uma luta, uma solução, uma tomada de posição, uma resposta. Muito pior é quando a pessoa "resolve" o conflito, rebaixando, eliminando a existência dos valores objetivos inerentes à vocação em questão, vivendo apenas no nível das próprias necessidades, excluindo a tensão do processo de busca, da conquista dos valores objetivos. Quando, por exemplo, um seminarista se apaixona por uma menina, ele pode, de fato, vivenciar positivamente o conflito (doloroso), mas um dia há de dar uma resposta, fazer uma escolha entre duas coisas boas, como o são, tanto o ministério ordenado quanto o Matrimônio.

A pessoa que não foi tocada pelos valores inerentes à vocação que diz ter, provavelmente cairá na vivência ambivalente e infantil da criança que não sabe nem quer escolher entre dois brinquedos; ela quer as duas coisas. É o que vemos acontecer ao nosso redor, quando alguém diz e, quem sabe, até acredita que é padre, mas vive como casado ou em outro tipo de relacionamento, contrário àquilo que prometeu no dia da Ordenação. O pior é que a pessoa não se incomoda, não se questiona, pois foi ela que estabeleceu quais valores quer viver. Com certeza, não são os valores autotranscendentes propostos pelo Senhor e proclamados pela Igreja. O que pode estar havendo é que a pessoa não quer viver a vocação de acordo com as exigências da Igreja, mas conforme os próprios desejos, fazendo exatamente o que quer. É como aquele jogador de futebol que diz ser membro de determinado clube, mas que, no entanto, não quer usar a mesma camisa, nem treinar com os outros, nem se abster de certo estilo de vida para poder ser jogador de fato. Entretanto, evidentemente ele quer ter vantagens, exigir privilégios, e ainda se acha no direito de reclamar de tudo e até se volta contra a direção do clube. Sem dúvida, essa pessoa não ficará por muito tempo no clube, por não ter "vestido a camisa", mas apenas ter assumido um papel. Na Igreja, muitas vezes, um jogador assim, estranhamente, pode ficar o resto de sua vida. Graças a Deus, porém, a grande maioria dos vocacionados são pessoas sérias e que buscam a plenitude, o crescimento.

Volta-nos, então, a pergunta: "Quando há certeza?". Eu diria que há certeza quando a pessoa se esforça seriamente em viver os valores inerentes à vocação que diz querer seguir. Ela mesma vai ter de descobrir se consegue se ver vivendo, ou buscando seriamente viver tais valores pelo resto da vida. E, se depois de uma luta interior, da busca, do discernimento, da oração, da direção espiritual, o formando se convence de que não conseguirá viver os valores próprios da vida presbiteral, que seja feliz e abençoado em outro estado de vida ou no Matrimônio – vocação igualmente linda como qualquer outra. A linguagem da fé, na prática, é a vivência dos valores, não sua mera proclamação. Não é o que a pessoa diz, mas sim o que ela é e faz. Ninguém é livre de quedas, de tentações, de incoerências, de pecado. O que importa, porém, é a busca contínua da vivência dos valores, é não desanimar quando fraquejar, pois o Senhor sempre dá uma garantia, quando chama alguém: "estarei convosco", "estou contigo". Se a pessoa encontra, no mais profundo de si, *paz* na vivência, ou uma busca séria da vivência dos valores inerentes à vocação que está seguindo, pode-se dizer que há nisso determinada certeza. E a parte que, talvez, ainda falte para ter certeza total, é satisfeita pela confiança no Senhor, que deu sua garantia. Além da "certeza subjetiva", sempre há a confirmação ou não de outras pessoas e, por fim, da Igreja – em última instância, através do bispo, quando aceita a pessoa para a Ordenação.

O lugar da oração na história vocacional

Quando mencionamos a vocação, falamos sobre o descobrimento de uma missão específica na vida. Nas muitas situações concretas, faremos a pergunta sobre o que o Senhor espera de "mim" nisso tudo. Essa pergunta só poderá ser respondida se houver uma relação pessoal com o Senhor, relação na qual a iniciativa sempre vem de Deus. Na maioria das vezes, é no silêncio, na meditação, nas reflexões, que se ouve melhor a voz de Deus. É na oração que aprendemos a conviver intimamente com ele, que dirige nossos passos (cf. Pr 20,24). A pessoa entrega, na oração, todos os seus pensamentos e reflexões sobre as situações concretas, incluindo opiniões de outros e conhecimentos gerais, para discernir com a pergunta: "Senhor, o que queres que eu faça?". Geralmente, e mais precisamente na fase inicial do caminho de discernimento, a pessoa fará esse processo com o auxílio de alguém mais experiente, como, por exemplo, um diretor espiritual. A "antena espiritual" sintonizará mais aguçadamente e a atitude interior de ouvir se fortalecerá. A resposta à pergunta "Fala, Senhor, que o teu servo escuta" será, de modo crescente, mais bem compreendida. Isso poderá ser um caminho de muitos anos,[11] mas, também, poderá acontecer que a experiência de Deus e do seu chamado seja tão arrebatadora que a pessoa se convença instantaneamente.

Se o convite, o chamado, tornar-se mais claro e for confirmado, a resposta deverá ser repetida muitas e muitas vezes. A opção fundamental foi feita. Mas deve ser frequentemente renovada ou, se preferir, atualizada. Assim escreve o carmelita Wilfried Stinissen, em seu livro *Maria na Bíblia e em nossa vida*:

> Aquele que reza o Ângelus, atualiza a mensagem do anjo a Maria em sua estrutura de três passos: O convite feito por Deus através do Anjo (o anjo do Senhor anunciou a Maria); a resposta da pessoa (eis a serva do Senhor), e o fruto da resposta positiva (o Verbo se fez carne).[12]

O fato é que o "fiat", a aceitação de Maria, fez com que, naquele momento, o Verbo pudesse se encarnar pelo seu "sim". Desse modo, também só acontecerá algo se, ao percebermos a

---

[11] Cf. Afonso, H., sj. *La Vocazione Personale*. Roma: Centrum Ignatianum Spiritualitatis, 1991.

[12] Stinissen, W., carmelita. *Maria in de Bijbel, in ons leven*. Gent: Carmelitana, 1983, p. 7.

ausência de Deus ou enxergarmos o semblante de Cristo desfigurado numa situação, nós, cada vez e novamente, em liberdade, dissermos o nosso "sim". Se a pessoa disser "não", nada ou pouco acontecerá, confirmando-se, assim, que Deus parece agir, de modo geral, através de uma pessoa, para chegar a outras pessoas e situações. O vocacionado é um instrumento, e não o fim da vocação. Mais adiante, neste livro, encontra-se o relato da experiência pessoal no caminho espiritual de discernimento vocacional de uma pessoa adulta.

A pessoa é chamada na e para a liberdade

Tudo indica que o Senhor não deseja escravos, mas pessoas livres. Ninguém será simplesmente obrigado a segui-lo, é ele que faz o convite: "Vem e vê". A resposta continua sendo uma decisão livre de cada um. O grau de liberdade interior para tomar uma decisão consciente, livre e, consequentemente, também para exercê-la, diferencia-se, no entanto, de pessoa para pessoa. Um indivíduo com muitos conflitos internos é menos livre do que alguém com pouco ou quase nenhum conflito. Liberdade, "entendida na sua acepção mais tipicamente cristã, é a capacidade de estar diante de Deus como *partner* (companheiro) da Nova Aliança. É bom afirmar logo que o homem, com o auxílio da graça, é livre para participar, para cooperar responsavelmente no diálogo vocacional com Deus. Mas é fato inegável que o homem sente suas limitações nesse ser *partner*, e isso, não obstante a graça; o homem tem sempre a dúvida insistente a propósito de sua efetiva liberdade em cada um dos comportamentos".[13]

---

[13] Rulla, L. M., sj. *Antropologia da vocação cristã: bases interdisciplinares*. São Paulo: Paulinas, 1987, p. 19.

Cada um é chamado com o grau de liberdade presente no momento em que toma consciência de sua vocação e se vê responsável por aquela parte livre. Parece que Deus respeita as leis humanas, criadas por ele mesmo, e, por isso, cada um deverá colaborar com a graça recebida, seguindo seu próprio caminho, esforçando-se para se tornar mais livre interiormente. Desse modo, quanto mais livre a pessoa se torna, mais profunda será a sua relação com Deus, que é liberdade total, e mais pastoralmente eficaz se tornará o ministério, a missão aceita.[14]

No próximo capítulo, focaremos na pessoa que responde ao chamado de Deus, a seu convite e sua missão. Trataremos, sobretudo, dos obstáculos e limitações de diferentes naturezas que a pessoa encontra ou poderá encontrar para que a vocação seja vivida efetivamente. São aspectos que devem ser considerados na fase de admissão e durante toda a caminhada, especialmente na formação inicial – embora, não raramente, conflitos centrais possam aparecer, como de fato aparecem, até mesmo muitos anos depois da fase de formação inicial.

---

[14] Aqui estamos falando dos vários níveis e tipos de predisposição com os quais a pessoa recebe a semente lançada pelo Semeador. Nem todos têm a mesma qualidade de terra, nem todos têm a mesma predisposição para responder ao chamado.

2 | VOCAÇÃO: O HOMEM RESPONDE EM CRESCENTE LIBERDADE

> Uma instituição que, seguindo os seus princípios de base, não procura elaborar uma visão antropológica própria, acaba inevitavelmente aceitando outras, principalmente as que estão mais na moda.[1]

Introdução

No capítulo anterior, tratamos sobretudo dos aspectos bíblicos e espirituais do processo vocacional. Destacamos que o diálogo entre Deus e a pessoa acontece por iniciativa dele e que cabe a cada um, pessoalmente, dar uma resposta ao convite à missão por ele confiada. Deus não somente fez aliança com seu povo como um todo, mas, para formar um povo, convidou e convida cada um, de modo particular, a vivenciar uma relação pessoal com ele.

Enfatizamos, neste capítulo, sobretudo o lado da pessoa que responde ao chamado de Deus e que procura aprofundar a relação com Jesus Cristo e com os outros. Algo que se dá num processo de seguimento de Jesus Cristo – "Caminho, Verdade e Vida" (cf. Jo 14,6) – com um coração puro, obediente e pobre. Na prática, isso significa configurar-se cada vez mais com Jesus Cristo em sentimentos, palavras e ações, no fazer e no deixar de fazer. No caminho que o homem e a mulher percorrem,

---

[1] Rulla, L. M., sj. *Antropologia da vocação cristã: bases interdisciplinares.* São Paulo: Paulinas, 1987, p. 13.

eles encontram limitações e obstáculos próprios da condição humana. Experimentamos que não somos livres o suficiente para ser e fazer o que desejaríamos. É certo que alguns experimentam tais limitações em grau maior do que outros, mas é necessário aceitar, também, que o ser humano jamais será totalmente livre. À medida que duas pessoas passam a se relacionar de modo mais livre, a relação se torna também mais significativa, profunda e íntima. E isso ocorre de igual maneira na relação com Deus, que é liberdade total, pois, quando a pessoa se torna mais livre, em e por Jesus Cristo, aprofunda-se a relação. Desse modo, é a pessoa que, com a graça de Deus, pode viver e crescer gradativamente em liberdade. A vida inteira se torna, assim, também uma busca incessante de maior liberdade interior, até sermos um dia acolhidos na totalidade da liberdade divina.

O tipo e a qualidade das relações pessoais são um espelho de nossa relação com Deus e vice-versa. É com e pelas pessoas que podemos conhecer-nos melhor, para nos auxiliarmos mutuamente no processo de crescimento, desenvolvimento e santificação. Assim, juntos, através de Jesus Cristo, nos aproximamos mais uns dos outros e de Deus. Nas comunidades de pessoas que desejam crescer juntas, que desejam santificar-se, há muitos serviços (cf. 1Cor 12); o presbiterado e o diaconato permanente são dois deles. Uma vez que o presbítero e o diácono foram chamados a ser tanto ovelhas como pastores, eles devem conduzir e servir as comunidades dos fiéis e a cada pessoa em particular, levando-as à santidade, através da própria santificação. Por isso, tornar-se mais pleno implica necessariamente autoconhecimento e conhecimento do ser humano. Tendo sempre presente que tudo depende dele, o ministro ordenado, sobretudo por ser líder religioso, tem a obrigação de se tornar, na medida do possível, o que o Papa Paulo VI chamou de "perito em humanidade".[2]

O assunto aqui abordado de longe poderá ser tratado de modo exaustivo. O ser humano é fascinante, mas também é muito complexo e complicado.[3] Por sorte, no Brasil, há inúmeras publicações sobre formação vocacional e desenvolvimento psicoespiritual, especialmente as traduções das obras de Alessandro Manenti e Amedeo Cencini, individuais ou conjuntas, às quais remeto o leitor.[4] Aqui, faço apenas um aceno a alguns aspectos que nos interessam para compreendermos um pouco melhor o vasto mundo do diálogo vocacional. Gostaria, porém, de chamar a atenção do leitor para as escolhas que fazemos, quando procuramos nos aprofundar na área da formação humano-afetiva, que, junto com a formação intelectual, espiritual, pastoral/missionária e comunitária, compõe o quadro formativo geral de futuros ministros ordenados. No mundo da psicologia e do acompanhamento personalizado, sobretudo, escreve-se muito a respeito disso. No entanto, nem todas as publicações e nem todas as antropologias subjacentes às diversas linhas psicológicas ajudam eficazmente no processo de

---

[2] Discurso na sede da ONU, no dia 4 de outubro de 1965. Disponível em: <https://w2.vatican.va/content/paul-vi/pt/speeches/1965/documents/hf_p-vi_spe_19651004_united-nations.html>.

[3] Complicado é um adjetivo que, na língua portuguesa, está relacionado a algo em que "há confusão; algo cuja compreensão é difícil; que não é fácil de se apreender; complexo". Complexo também é um adjetivo, mas é definido como "construção composta de numerosos elementos interligados ou que funcionam como um todo", e "componentes funcionam entre si em numerosas relações de interdependência ou de subordinação, de apreensão muitas vezes difícil pelo intelecto". Disponível em: <https://blogdaqualidade.com.br/sistemas-de-gestao-complicado-ou-complexo>.

[4] Cencini, A.; Manenti, A. *Psicologia e formação: estruturas e dinamismos*. São Paulo: Paulinas, 1987; Cencini, A. *A árvore da vida: proposta de modelo de formação inicial e permanente*. São Paulo: Paulinas, 2007, entre muitos outros.

crescimento vocacional cristão. Quero lembrar aqui a citação de Rulla, com a qual iniciei este capítulo: "Uma instituição que – seguindo os seus princípios de base – não procura elaborar uma visão antropológica própria, acaba inevitavelmente aceitando outras, principalmente as que estão mais na moda". O mesmo vale para o indivíduo: quem não conhece os princípios antropológicos que estão na base de cada teoria (psicológica), seguindo cegamente uma "novidade" da moda; quem aceita ajuda do primeiro psicólogo que "está à mão", sem conhecer bem sua antropologia subjacente; quem gosta de ler publicações que fazem do padre apenas uma vítima de tantas pressões, corre o perigo de pensar que está ajudando-se ou sendo ajudado, enquanto, na verdade, está buscando mais a si mesmo do que a Deus.

Limitações são inerentes à condição humana

Muitas vezes, os indivíduos chegam à conclusão de que desejam iniciar a formação para o sacerdócio ou o diaconato permanente de modos os mais diferentes e imagináveis. Alguns têm certeza absoluta de que foram chamados, outros começam duvidando e procuram mais clareza durante os anos de formação. A experiência nos ensina que, enquanto alguns decidem com base em sensações, sentimentos generalizados, intuição, em um "saber em algum lugar", outros, de fato, tiveram uma forte experiência de Deus; alguns se baseiam no que ouviram de terceiros, outros, em algum acontecimento emocional impactante pelo qual passaram em sua vida ou em experiências verdadeiramente espirituais de curta ou longa duração, não raramente através da história de outras pessoas ou de uma participação ativa na comunidade de fé; alguns reagem emocionalmente, outros parecem reagir somente através da racionalidade; alguns, há anos carregam consigo a ideia, outros estão pensando há apenas algumas semanas; outros, ainda, remetem a antigas experiências e desejos dos anos de infância e juventude, para, um dia, realizar aquele antigo ideal de ser padre. Por fim, há outros que, a partir de uma sensação de vazio interior, por si mesmos saem à procura de um sentido para sua vida, de uma vivência espiritual mais profunda e, através de estudos, de comparações com experiências em outras religiões e filosofias de vida, chegam à conclusão de que primeiro devem se tornar católicos e, somente depois, ministros ordenados. Desse modo, uma vez que, tanto na Bíblia quanto na História, não há, ao que parece, um tipo específico de pessoas que são chamadas e que Deus chama quem ele quer, sem revelar seus motivos, todos poderão ter razão e todos poderão ter sido chamados. Cada um que se nos apresenta e diz que se sente ou se entende chamado ao ministério sagrado deverá ser, pelo menos, ouvido com atenção.

Ao mesmo tempo, devemos ter presente que não há vocações isoladas e que sempre, de alguma maneira, outras pessoas devem estar envolvidas. A quem se nos apresenta como que "caindo de paraquedas", sem sequer uma história de participação em alguma comunidade eclesial, deveria ser solicitado primeiro que vivesse alguns anos como cristão católico ativo numa comunidade, talvez paroquial. Mesmo nas histórias bíblicas nas quais Deus chama um "estrangeiro", alguém de fora de seu povo, para apresentá-lo como exemplo, não se pode dizer que é um acontecimento isolado. Há sempre alguém que deverá confirmar a vocação – no início e no decorrer do processo, "o povo cristão e as autoridades", e, no fim, o bispo. Isso significa que a Igreja nomeia pessoas responsáveis para, junto com o candidato, discernir sobre a autenticidade de cada história vocacional. Essa "avaliação" ou discernimento não é um julgamento sobre o chamado de Deus, mas sim sobre a aptidão do candidato, de acordo com os critérios que a Igreja estabeleceu e publicou em seus diversos documentos.

Do ponto de vista do candidato, a confirmação da vocação pela Igreja é de suma importância. Todavia, a essa confirmação "externa" antecedeu-se algo muito mais fundamental, a saber, a intrínseca confirmação para si mesmo. Quero dizer que é o próprio candidato, ele mesmo, que deve ter conformado sua vontade à vontade de Deus, através de uma relação pessoal com Cristo Jesus. Ele deve ter o desejo de se doar totalmente, colocando-se à disposição, saindo de si mesmo, buscando ativamente o seguimento do Senhor e a configuração com Cristo – o que implica conversão, além de um desenvolvimento humano e espiritual contínuo no esforço da conquista da vivência dos valores inerentes à vocação à qual se diz ser chamado. Trata-se de um processo contínuo, como diz Cencini: "A formação permanente é precisamente esse processo humano-divino em ação, é o sujeito que de fato se deixa provocar e plasmar pela existência de *todos* os dias [...]".[5] Digo isso porque se vê com certa frequência que o candidato, principalmente entre adultos, não tomou verdadeiramente consciência da necessidade de crescer, de se desenvolver, contentando-se com aquilo que é e faz no momento. Isso acontece principalmente com alguns adultos que já tiveram "sucesso" na sociedade, no mundo do trabalho e na comunidade de fé. Entretanto, quando a base já é boa, ou seja, quando há sinais da presença, nesse indivíduo adulto, do ideal e do esforço de santificar-se, educar-se e se formar, aceitando com docilidade a orientação e supervisão

---

[5] Cencini, A. *O respiro da vida: a graça da formação permanente.* São Paulo: Paulinas, 2010, p. 46.

de pessoas mais experientes; quando há predisposição, aí sim essa sua vontade de colaborar com a graça divina poderá trazer bons frutos.⁶

Por outro lado, no decorrer do processo, veremos (e até experimentaremos) que somente a vontade e o querer muitas vezes não são suficientes para a pessoa realmente crescer em liberdade e em doação de si mesma, e que há elementos inerentes à existência humana que atrapalham o desenvolvimento, a santificação. Mesmo Paulo já se "lamentava", quando disse: "Com efeito, não faço o bem que eu quero, mas pratico o mal que não quero. [...] Verifico pois esta lei: quando eu quero fazer o bem, é o mal que se me apresenta. Eu me comprazo na lei de Deus segundo o homem interior; mas percebo outra lei em meus membros, que peleja contra a lei da minha razão e que me acorrenta à lei do pecado que existe em meus membros" (Rm 7,19.21-23). A essas constatações, refere-se a *Gaudium et Spes*, quando os padres conciliares dizem que:

> Na verdade, os desequilíbrios que atormentam o mundo moderno se vinculam com aquele desequilíbrio mais fundamental radicado no coração do homem. Com efeito, no próprio homem muitos elementos lutam entre si. [...] Pior ainda, enfermo e pecador, não raro faz o que não quer, não fazendo o que desejaria. Em suma, sofre a divisão em si mesmo, da qual se originam tantas e tamanhas discórdias na sociedade.⁷

Nesse sentido, não é a sociedade que divide o ser humano, mas o contrário: no mundo, surgem "tantas e tamanhas discórdias", porque o ser humano é dividido em si mesmo. É

---

⁶ Ibid., pp. 41-44: "O desafio da *docibilitas*".

⁷ CNBB. *Compêndio do Vaticano II. Constituições, decretos e declarações*. Constituição pastoral *Gaudium et Spes*. 21. ed. Petrópolis: Vozes, 1991, n. 10.

de suma importância, portanto, que cada um de nós se esforce para descobrir o que nos divide internamente, o que faz com que não façamos aquilo que quereríamos. Isso não só para o nosso bem, mas, certamente, também para se evitar contratestemunhos.

Os tradicionais meios espirituais já oferecem, há séculos, uma rica fonte de ferramentas para o crescimento pessoal: *Lectio divina*; acompanhamento espiritual; oração individual e comunitária; devoções pessoais; meditação da vida dos santos; participação ativa na comunidade de fé; frequência aos sacramentos; exercício das virtudes; prática da penitência, do jejum e das obras de caridade; realização de retiros; devoções marianas etc. Para certo grupo de pessoas, embora pequeno, parece que esses meios são "suficientes". Para além daquelas pessoas conhecidas e declaradas santas, também homens e mulheres desconhecidos, jovens e idosos, casados e solteiros, religiosos, diáconos e sacerdotes podem ser contados entre aqueles cuja vida é uma imitação, um seguimento da vida de Cristo, tendo produzido muitos frutos. São pessoas pastoralmente eficazes, levando, com o auxílio divino, outras pessoas a Deus.

Por outro lado, é notável que um grupo significativo de pessoas, incluindo-se alguns ministros ordenados, não consiga ou, pior, nem tente seriamente dar sequer um passo à frente: confessa-se dos mesmos pecados a vida inteira, perdeu a intimidade com Deus ou se deixou desanimar, a ponto de até mesmo perder a esperança. Sabemos de pessoas que dizem querer seguir a Cristo retamente, e tentam de fato fazê-lo; até se esforçam, mas encontram forças interiores tão mais fortes que sua própria vontade, a tal ponto que suas ações se tornam contrárias aos valores inerentes à vocação que dizem "ter". Multiplicar orações e atos devocionais, cursos e aconselhamento, tudo parece em vão; não há progresso. Gosto de usar o exemplo do balão de ar que não sai do chão: podemos encher e esquentar mais e mais o ar de dentro do balão, mas ele não sairá do chão enquanto não soltarmos as cordas que o seguram. E assim também ocorre com o processo educativo-formativo: mais conteúdo, mais momentos de oração, mais direção espiritual, mais treinamentos, mais, mais, mais... No entanto, não vai adiante! Penso que o esforço deve se direcionar para as cordas que impedem a pessoa de "subir". Soltar as amarras, desatar os nós, desfazer conflitos internos que atrapalham, seguram ou, até mesmo, impedem o crescimento.

Conversão e processo vocacional

No processo de discernimento e no decorrer da história vocacional, há diversos momentos em que a pessoa tem *insights* que fazem com que ela mude ou queira mudar. Ela deseja viver de forma diferente, seguir mais a Cristo, dedicar-se mais ao próximo, à oração, viver com maior seriedade valores que outrora não considerava tão importantes, mas que agora se tornaram prioridades. A "conversão", mais do que a explicação popularmente dada de mudança de comportamento apenas, significa, nesse contexto: mudar a predisposição interna. Quer dizer: agora estou convencido de realmente querer e disposto a fazer ou deixar de fazer aquilo que anteriormente não estava.

A graça, dada gratuitamente por Deus, modifica o coração da pessoa, de tal maneira que ocorrem, por exemplo, descobertas ou aprofundamentos no campo da fé, arrependimento, oração profunda e até mesmo mudança de rumo na vida, como desejar e querer ser uma pessoa consagrada ou ser ordenado.

Quando esses valores novos são aceitos, provocam um desafio para serem integrados na totalidade da vida. Nesse sentido, o termo "internalizar" passa a ter um papel importante. Rulla, ao exemplificar a definição existencial de "internalização", entendida no caminho da vocação cristã, descreve:

> Eu internalizo um valor revelado ou vivido por Cristo na medida em que estou disposto, sou *livre* de aceitar esse valor que me leva a uma autotranscendência teocêntrica (em vez de uma autotranscendência egocêntrica ou filantrópico-social), de ser transformado por esse valor, e de fazer tudo isso por amor da importância intrínseca que o valor tem, e não pela importância que ele pode ter para mim.[8]

Nessa definição, há alguns aspectos a serem considerados: a) o grau de disponibilidade e de liberdade interior, que depende também do grau de maturidade nos diversos níveis da pessoa; b) o conteúdo a ser internalizado, qual seja: um valor revelado ou vivido por Cristo; c) o porquê, versado no amor ao intrínseco valor disso. Rulla denomina também esse processo de "transformação em Cristo", o qual se dá em três fases ou por três níveis de ascese: a primeira abrange a dialética da situação, descrita em "Diretrizes para o discernimento mais apropriadas para a 1ª semana", nos *Exercícios espirituais* de Santo Inácio de Loyola,[9] cujo bom resultado decorre do fato de a pessoa geralmente escolher a virtude acima do pecado. Na segunda fase, a pessoa está mais preocupada em escolher o bem real e não o bem aparente (2ª semana, nn. 328-336) e, por fim, na outra fase, ela procura desenvolver uma total entrega de si mesma por amor a Deus, por Deus mesmo (4ª semana).

---

[8] Rulla, op. cit., pp. 410-411.
[9] Loyola, Inácio de. *Exercícios espirituais*. São Paulo: Loyola, 1985, nn. 313-327.

Emerge, aqui, a expressão "autotranscendência do amor", cujo significado é assim explicado por Rulla:

> Ser *transformado* por Deus através de seu Espírito no amor altruísta de Cristo. [...] Essa transformação é obra conjunta de Deus, que precede insubstituivelmente e tem a supremacia, e do homem que *coopera ativa e verdadeiramente*. A transformação comporta dois elementos: o desapego de si mesmo e a orientação da própria existência para o Outro e o outro [...]. A transformação no amor altruísta de Cristo deve ser entendida mais como uma transformação do sujeito que ama cristãmente do que como uma *focalização sobre os objetos* que ele ama. É uma mudança no coração, mais do que um programa de uma ou outra atividade pastoral (pp. 323-325).

Autotranscendência teocêntrica: sair de si, ir além

O convite de Deus encontra no ser humano duas realidades: uma parte da pessoa que, por sua capacidade e seu desejo, tem a intenção consciente (querer) de ir além de si mesma e se orientar para Deus, vivendo os valores cristãos, colaborando, assim, com a sua graça; e a outra parte, relacionada às limitações inerentes à condição humana. E são estas últimas que *podem* ser obstáculo à colaboração com a graça. Nesse sentido, o ser humano se encontra numa tensão contínua entre esses dois polos do seu "eu". O núcleo da pesquisa e do trabalho do Padre Rulla e de sua equipe gira em torno do conhecimento e da tomada de consciência dessa dialética presente no ser humano, objetivando encontrar meios para que cada um possa crescer em liberdade, para, assim, viver melhor o seu chamado, autotranscendendo-se teocentricamente cada vez mais, orientando-se para Deus e aprofundando sua relação com ele em Jesus Cristo.

Esses "processos de conhecimento e de decisão estão na base de toda opção vocacional". Eles são descritos por Lonergan[10] como *os quatro níveis de operações*: experiência, inteligência, juízo e decisão. "Os primeiros três níveis são diretamente operativos no processo do *conhecimento*, enquanto o quarto nível se torna mais diretamente operativo no processo *da decisão e do agir*. [...] Cada nível sucessivo transcende e completa o precedente, mas também pode reter e preservar os defeitos, as limitações, as distorções que poderiam estar presentes nos níveis anteriores." Ao que é afirmado por Lonergan, podemos acrescentar que essa preservação dos defeitos é especialmente verdadeira para aqueles que ficam inconscientes e que, por isso, não foram reconhecidos. De fato, tendemos a manter e a repetir os defeitos, as limitações, as distorções, porque muitas vezes elas servem a necessidades inconscientes que – como tais – são muito difíceis de se reconhecer e corrigir. Deve-se destacar, nessa altura, que emoções, principalmente as inconscientes, influenciam de várias maneiras os processos e as formas de se conduzir a julgamentos e decisões.[11] Um exemplo simples do desenrolar desse processo, a título de ilustração, pode ser o procedimento de crianças pequenas e de adultos em relação à sede.

De acordo com o que Lonergan chama de nível de experiência, a criança percebe (sente) a falta de líquido no organismo, o que é chamado de sede; ela vê na cozinha uma garrafa contendo um líquido, sente-se atraída, devido a sua necessidade, e, imediata ou impulsivamente, leva a garrafa à boca. Do

---

[10] Rulla, op. cit., pp. 166-168.
[11] Ibid.

nível da experiência, a criança passa ao nível da ação, sem a intervenção da compreensão de que o líquido se trata de um detergente de louça e sem emitir um juízo sobre se aquilo é bom para ela ou não. Tratando-se de uma pessoa adulta, poder-se-ia esperar que a força de atração ou rejeição da percepção sentida (1º nível), primeiramente, venha a ser reconhecida (conscientizada), para, em seguida, ser analisada e julgada racionalmente, tendo como critério os valores naturais e/ou espirituais, para, só então, chegar a uma decisão e partir para uma ação. Todavia, ao que parece, na prática, nem sempre é assim. Para muitos ainda vale: "Sinto, portanto, é verdade". Assim, comportamentos irresponsáveis ou decisões incorretas não raramente são frutos de fortes emoções ou de necessidades inconscientes do primeiro nível, que, quando muito fortes, fazem com que a pessoa "pule" as fases do conhecimento (conscientização) e do juízo ou avaliação emocional, indo diretamente para ações das quais depois se poderá arrepender.

 O ser humano adulto possui a tendência de proceder, correta ou erroneamente, de modo espontâneo, conforme esses quatro níveis ou passos. Segundo Lonergan, isso é consequência da curiosidade natural do ser humano e de sua ânsia pela descoberta do mundo ao seu redor. O ser humano faz indagações, tenta compreender e se pergunta "o que fazer", como agir responsavelmente. Essa tendência pertence ao que podemos chamar de intencionalidade humana consciente de ir além de si, de "ir para a frente". Esse é um dos aspectos positivos da espontaneidade humana.

 Essa característica da intencionalidade consciente de ir além de si mesmo é realizada através de três fases distintas: a do conhecimento, a da moralidade e a do amor. Seguindo três dos quatro passos mencionados anteriormente – experienciar, avaliar e julgar –, o ser humano chega à compreensão daquilo que realmente é, independentemente das suas preferências pessoais, experiências ou reconhecimento. Não vale mais o automatismo do "eu reconheço ou tenho experiência, *portanto*, é verdadeiro". Essa abertura à verdade requer ir além de si mesmo e é chamada de autotranscendência cognitiva (nível de conhecimento). Depois, é possível ainda ir além da constatação da verdade, ao se perguntar: "E o que eu *deveria* fazer em seguida?". Com essa indagação, a pessoa entra na fase da autotranscendência moral. Na terceira fase, aquela do amor, segundo Rulla (p. 144), acontece que "o isolamento do indivíduo é rompido e ele não está mais a serviço de si mesmo, mas também do outro".

Santo ou pecador, normal ou patológico?

No automatismo do nosso cotidiano, olhamo-nos e nos julgamos uns aos outros com base na convicção de que todos decidiram viver do modo que vivem, que são (e sempre serão) o que são, que sabem o que fazem, e que poderão mudar de atitudes e comportamentos a partir do momento em que forem confrontados com os aspectos menos agradáveis de sua personalidade. Presume-se, assim, que o ser humano é interiormente livre e que, consequentemente, age sempre e totalmente de modo consciente. Com essa maneira de pensar, inclusive, muitas vezes em instituições formativas da Igreja, supõe-se que bons professores e diretores espirituais serão suficientes para preparar pessoas em seu desenvolvimento vocacional. Desse modo, os responsáveis pela formação imaginam e esperam que os candidatos mudem seu comportamento e aprendam "o que devem aprender" através dos meios convencionais oferecidos:

aula, oração, convivência, trabalho, esporte, vida sacramental e de oração, correção fraterna e conversas periódicas com o formador. Afirmam, confiantes: "Agora eles sabem, estão cientes, e serão capazes de mudar (eu já falei quantas vezes!)". Todavia, a consequência lógica desse modo de pensar é que, se a pessoa não vive virtuosamente, suas ações são avaliadas através da perspectiva da moral, e ela será julgada com base nisso. Se o candidato cumpre suas obrigações, atende ao que é pedido e esperado, sabe se comportar "direitinho", sem questionar demais, e leva uma vida exemplar de estudo, trabalho e oração, é grande a chance de que ele seja considerado sadio, normal e virtuoso. Se ele, aparentemente, não vive "virtuosamente", poderá ser julgado como sendo um "problema" e, em alguns casos, até mesmo "doente".

Nesse sentido, perguntamo-nos, então, até que ponto o inconsciente influencia o agir e o decidir da pessoa humana. O que descrevemos acima aponta para dois possíveis modos extremos de pensar sobre e de como tratar uma pessoa, também no seu itinerário formativo: de um lado, a interação entre a inteligência e a vontade livre e, de outro, os instintos e as emoções. O inconsciente sobre o qual queremos discutir em seguida é o inconsciente afetivo, "que precisa ser distinguido tanto do pré-consciente como do inconsciente cognitivo e do inconsciente espiritual. O inconsciente afetivo é caracterizado pelo fato de ser inacessível, de não poder ser levado à consciência por meio de uma evocação voluntária. [...] Notemos que, no inconsciente afetivo, a pessoa é mais ou menos claramente consciente do que sente, mas não é consciente dos processos que deram origem ao que sente, isto é, sua conexão com experiências do passado" (Rulla, p. 86).

"Se se nega a existência do inconsciente e, principalmente, a sua possível influência ativa na vida da pessoa normal (em oposição ao patológico), então a vida psíquica é idêntica à vida consciente." Assim, é dado igualmente um lugar privilegiado à inteligência e à vontade. Entretanto, indubitavelmente até os defensores de uma visão exagerada assim devem admitir a influência de instintos e emoções. Eles, no entanto, defendem, por exemplo, que, quando há um conflito entre, de um lado, instinto e emoções (como influências perturbadoras) e, do outro, forças racionais, a pessoa fica ciente de todas as forças, emocionais e volitivas, envolvidas. E, quando o conflito cessa de existir, ela pensa saber clara e conscientemente se prevaleceu a emoção ou a vontade e se o ato foi virtuoso, com a razão dominando, ou pecaminoso, por se deixar levar pela emoção (p. 89). A vida é lida e interpretada através das lentes: virtudes *versus* pecado.[12]

O exagero oposto se apresenta, quando se aceita que o inconsciente é a força *dominante* da nossa vida psíquica, como afirma a tese da psicanálise clássica. No conflito entre forças racionais e conscientes, de um lado, e forças emocionais subconscientes, do outro, as últimas são vistas como que atuando de modo secreto e enganador. Segundo essa visão, essas forças sub ou inconscientes deixariam a pessoa com a impressão de que o seu nível consciente é ativo e dominante, enquanto, na verdade, são predominantemente elas que conseguem alcançar seu objetivo, o qual pode ser totalmente outro que aquele conscientemente pretendido pela pessoa.

O primeiro extremo tende a enxergar a pessoa geralmente a enquadrando na categoria de santa ou pecadora, virtuosa

---

[12] Para um estudo aprofundado em relação à moral, veja: Kiely, B. M, sj. *Psychology and Moral Theology*. Rome: Gregorian University Press, 1980, p. 136-170; Santos, José Carlos dos. *Psicologia e desenvolvimento moral da pessoa*. Mariana: Gráfica e Editora Dom Viçoso, 2018.

ou imperfeita (pois o consciente é dominante), ao passo que o segundo extremo tende a vê-la segundo as categorias de normal ou doente (pois o inconsciente é dominante).[13] O perigo consiste em que, se alguém não corresponde suficientemente às expectativas, ou tem um caráter mais complicado, difícil ou diferente da média, é grande a chance de ser rotulado como "problema" ou, até, possivelmente como um pouco doentio.

Quando se pensa com base nesses dois extremos acima descritos, pode haver um choque total, caso alguém considerado "esquisito" realize milagres ou se aquele simpático vizinho, na verdade, se revelar um assassino em série. Desse modo, alguns psiquiatras poderão diagnosticar Santa Teresa d'Ávila como uma possível histérica e São João Maria Vianney como um possível maníaco-depressivo, não obstante a Igreja os tenha proclamado santos. E provavelmente ambos, Igreja e psiquiatria, estejam com a razão.

A parte do consciente, ou seja, aquela parte "livre" que faz com que o ser humano saiba o que está fazendo e que também o faz responsável pelos seus atos menos ou mais virtuosos (grau de santificação), Rulla, em sua teoria, chama de "primeira dimensão". É nessa dimensão também que o ser humano, pelo uso da razão, faz escolhas conscientes em direção àquilo que é importante para ele; é a dimensão em que ele se apropria de valores que quer seguir, e realmente os segue em palavra e ação.

A "terceira dimensão", para Rulla, é a dimensão dos valores naturais, na qual também se encontra o subconsciente, a parte "não livre" na pessoa e na qual as emoções agem, pelo menos em boa parte, sem que o ser humano as compreenda; desde um simples sentimento de ciúme até mesmo um ciúme

---

[13] Rulla, op. cit., p. 81.

doentio que poderá levar ao homicídio. Enquanto um ciúme inocente por causa da pessoa amada se encontra no polo saudável de um *continuum*, o assassinato se radica no polo oposto, aquele de uma séria doença.

Ambas as dimensões, na realidade, estão simultaneamente presentes na vida de cada pessoa, porque, como sabemos, no ser humano há concomitantemente partes conscientes e inconscientes. À dimensão que agrega tanto o consciente como o inconsciente, juntos, Rulla chama de "segunda dimensão". É nessa dimensão que, de um lado, instintos e emoções e, de outro, inteligência, razão e vontade, estão juntos, e podem se repelir ou se sobrepor mutuamente, conforme o "princípio da porta giratória" de Von Weizsäcker: "Quando dois movimentos psíquicos vêm à superfície e à consciência, um poderá se sobrepor ao outro". Assim, por exemplo, uma decisão poderá ser aniquilada ou dissipada por alguma "ira" (emoção) ou uma "ira" poderá se dispersar por uma ação da vontade [...] (p. 83). A grande pergunta não é se uma pessoa vive somente de modo consciente ou inconsciente, mas em qual dimensão vive predominantemente, porque, conforme qual das três se sobressair, essa pessoa perceberá e interpretará o mundo e a vida a partir dela e, consequentemente, agirá de acordo com isso.

Nos resultados das pesquisas que veremos adiante, evidencia-se que a maioria das pessoas vive predominantemente na segunda dimensão, uma minoria, na primeira (os mais maduros), e um outro grupo vive predominantemente na terceira dimensão (às vezes psiquicamente muito feridos, os mais imaturos – vocacionalmente falando). O que nós chamamos de processo de santificação, *dinamicamente visto*, poderá ser comparado ao movimento de se desenvolver cada vez mais em direção à primeira dimensão, àquela de mais consciência, de conscientização da realidade, e que pode ser considerada o trampolim, ou a fase de preparação para as experiências místicas.[14]

Psiquicamente saudável, mas também pecador; virtuoso, porém, psiquicamente ferido ou profundamente ferido, trata--se do único e mesmo ser humano. Nas situações em que, no processo formativo, se tiver como ponto de partida uma convicção básica que se inclina para a primeira ou para a terceira dimensão, *poderá* acontecer que se julgue predominantemente ou, até mesmo, exclusivamente, um candidato, pelo seu comportamento exterior. Se ele for bom em contatos sociais e pastorais, se alcançar boas notas, se for obediente e, ainda, por cima, rezar na "posição correta", então é o "candidato ideal para ser ordenado". Supõe-se, assim, que a pessoa vive predominantemente na primeira dimensão.

Muitas vezes, alguns candidatos são vistos e tratados como "os melhores", têm privilégios e, não raras vezes, são mais expostos, atuam nas primeiras fileiras, são citados como exemplos para os outros... e ninguém se pergunta se tudo não está bonito demais para um simples homem mortal. Com o passar dos anos, porém, ficará evidente que não são esses "galinhos de ouro" que vão levar adiante as dioceses ou a congregação. Os responsáveis pela formação frequentemente se

---

[14] Recomendamos, para os interessados em mística, a leitura de: Underhill, E., *Mysticism: a study in the nature and development of Man's spiritual consciousness*, WPC 1955, reeditado por Meridian, Ontario, Canadá, 1974, em que a autora escreve na p. 176: "Na sequência dos estágios místicos, devemos considerar como primeiro estágio aquele acontecimento decisivo do despertar da consciência transcendental. Esse despertar, do ponto de vista psicológico, parece ser uma forma intensa do fenômeno de 'conversão'; e muito parecido com aquelas profundas e permanentes conversões adultas, por alguns psicólogos de religião chamada de 'santificação'".

perguntam como é possível que justamente *esse* indivíduo, depois de ordenado, possa dar tantos problemas ou até deixar o ministério, muitas vezes, depois de primeiramente ter causado algum escândalo público. Tudo ia tão bem enquanto estava em formação. Entretanto, o que provavelmente ficou subestimado, nesses casos, é a pergunta sobre a possível influência da terceira dimensão. O comportamento exemplar não era somente motivado por valores conscientes e internalizados, mas, *também,* por motivações inconscientes, como, por exemplo, necessidades inconscientes para se obter algo (sucesso e reconhecimento como *showman*, a necessidade de dominação etc.) ou para evitar algo (humilhação, reprovação, rejeição). Também pode ser – como, de fato, acontece com frequência – que certas áreas da vida, como da afetividade e da sexualidade, não foram tocadas em profundidade, porque "não ofereciam dificuldades", enquanto, na verdade, foram até então reprimidas e, depois da Ordenação, ao serem provocadas por circunstâncias externas combinadas com outras necessidades já existentes, vieram à tona.

Todavia, também não é saudável nem necessário tornar-se desconfiado demais e "radiografar" todos, à procura de problemas, como se todos vivessem predominantemente na terceira dimensão. Muitos santos tinham traços estranhos – e bem estranhos –, excêntricos ou esquisitos, mas viviam, predominantemente, na segunda ou até na primeira dimensão. No entanto, quanto ao indivíduo que vive *predominantemente* na terceira dimensão, deve-se indagar se poderá ser aceito. Naturalmente, a resposta, à primeira vista, é não. Mas uma boa avaliação psicológica poderá constatar em qual dimensão o indivíduo vive predominantemente. Além disso, quem faz a avaliação deve estar bem familiarizado com ela, ou levar seriamente em conta os fenômenos próprios da vida espiritual. Ele ou ela deverá saber distinguir se uma determinada experiência, que, à primeira vista, possivelmente pertencente à terceira dimensão, pode talvez fazer parte da primeira. Penso em situações como "ouvir vozes" ou "ver aparições". É sabido que algumas experiências relatadas por indivíduos sob efeito de drogas e por pessoas que tiveram alguma experiência mística, por vezes, são idênticas. O equilíbrio está em conhecer a totalidade da pessoa por mais tempo. Os efeitos ou consequências das experiências que a pessoa drogada tem, por exemplo, com o tempo revelam-se regressivas, enquanto o que ocorre com a pessoa que tem alguma experiência mística, a médio e longo prazo, será algo progressivo. Pelo fruto se conhece a árvore. "A própria formação humana, se desenvolvida no contexto de uma antropologia que respeite a *totalidade* da verdade sobre o homem, abre-se e se completa na formação espiritual."[15] Cada homem, criado por Deus e redimido pelo sangue de Cristo, é chamado a ser regenerado "pela água e pelo Espírito" (cf. Jo 3,5) e a se tornar "filho no Filho". Nesse desígnio eficaz de Deus, está o fundamento da dimensão constitutiva e religiosa do ser humano. Aliás, intuída e reconhecida pela simples razão de que o homem está aberto ao transcendente, ao absoluto; possui um coração que vive inquieto, enquanto não repousa no Senhor.

No entanto, é fundamental compreender que o ser humano, chamado a aceitar livremente o convite de Deus e a iniciar com ele uma relação, é marcado por limitações que dificultam ou até impedem sua autotrascedência. É uma questão de constante tensão entre o que o ser humano já é e o que poderá vir a ser. A intensidade dessa tensão exerce muito mais

---

[15] João Paulo II, papa. Exortação pós-sinodal *Pastores Dabo Vobis*, n. 45.

influência no processo de formação e santificação do que podemos imaginar.[16]

O que nos interessa do subconsciente

Para uma abordagem mais sucinta do tema, limito-me aos aspectos que nos poderão ajudar a obter uma melhor compreensão sobre processos que, oriundos do subconsciente,[17] podem desempenhar um importante papel no itinerário vocacional. Trata-se, porém, mais de um conjunto de observações do que de uma abordagem sistemática do fenômeno subconsciente, o que seria uma tarefa impossível.

A maioria das pessoas não é familiarizada com a presença ativa de seu próprio subconsciente ou, pelo menos, com a parte que poderia vir a se tornar mais consciente. Impera um certo receio a respeito dessa dimensão da vida, embora tão essencial à existência humana. Muitos consideram menos difícil conviver com quem afirma ter uma grave doença física do que com alguém que revele ter uma doença ou algum transtorno psíquico, justamente por estes serem incompreensíveis, desconhecidos, inconvenientes, ameaçadores. Além disso, pessoas que não tiveram a possibilidade de estudar ou de ter acesso às instituições de ensino têm a inclinação de atribuir a fenômenos "estranhos" a ação do espírito mau, ou à influência negativa de outras pessoas ou, até mesmo, a possessões (não que isso

---

[16] Com Manenti, digo que a psicologia sempre será subordinada à espiritualidade, porque a psicologia não tem as ferramentas para dizer quem é o homem cristão. Quando se trata de vocação, não são as ciências humanas, entre as quais a psicologia, que têm a última palavra.

[17] No modelo estrutural de Sigmund Freud, o conceito da mente abaixo do nível de consciência, incluindo o pré-consciente e o inconsciente. (APA. *Dicionário de Psicologia*.)

não possa existir). Na juventude ou na vida adulta, será necessário entrar em contato com o mundo interior para poder se desenvolver realmente, o que exige que certos medos e receios precisem ser enfrentados e vencidos. Até mesmo as pessoas mais céticas em relação à psicologia poderão ter de "ceder" e aceitar ajuda neste nível, não poucas vezes porque não haverá outra saída.

Adentrar em uma região desconhecida pode ser comparado a alguém que nasceu e se criou na cidade e vai penetrar numa selva, ou vice-versa. No início, tudo é estranho. Ali reinam outras leis, além daquelas racionais, e pode haver muitos ruídos e movimentos que no início certamente irão amedrontar. Somente quem consegue permanecer consigo mesmo, naquele ambiente novo, começará a se sentir em casa, conhecendo os caminhos viáveis em meio aos ruídos e sons, ao desconforto e aos movimentos interiores.[18] Só então descobriremos as enormes possibilidades que estavam ocultas, a magnitude, a força, e veremos também as arapucas e os verdadeiros perigos. E por que não considerar tal ambiente também como uma fonte de tentações, já que ali se encontram desejos, também chamados de necessidades inconscientes, que pedem ou até "exigem" satisfação, defendendo, assim, exigências contrárias às intenções e aos desejos conscientes da pessoa que se percebe dividida em si mesma. Por exemplo, conscientemente uma pessoa quer perdoar, mas, na mesma hora, percebe ou sente o desejo de se vingar. Tudo vai depender – no caso de perdoar ou de se vingar – de ela ter aprendido a dar o nome certo àquele desejo, à necessidade que estava escondida para trazê-la à luz

---

[18] Para aprofundar o assunto sobre sentimentos e emoções, veja: Manstead, A.; Frijda, N., Fischer, A. (ed.). *Feelings and Emotions; the Amsterdam Symposium*. Cambridge University Press, 2004. E, especialmente: Arnold, M. B. *Feelings and Emotions; the Loyola symposium*. New York: Academic Press, 1970.

do dia, ou seja, à consciência, para ser integrada, sublimada, de modo que consiga de fato perdoar. Quanto mais é capaz de integrar, tanto mais a pessoa se torna livre interiormente, pois passa a ser não mais (tão) dominada por desejos ou necessidades inconscientes. Ela, em outras palavras, será mais capaz de viver na prática os valores que decidiu querer viver.

Esse processo, que, no fundo, entra na dinâmica do discernimento espiritual, vai levar uma vida inteira, mas seria bom se aprendêssemos, já na juventude ou na vida jovem adulta, "como" adentrar em nós mesmos, "como" fazer o caminho para aprofundar a vida interior e detectar nela alguns aspectos mais centrais que poderiam estar atrapalhando o nosso verdadeiro crescimento. Quando o indivíduo não sabe "o que" deve trabalhar em si mesmo para alcançar maior grau de liberdade interior, corre o risco de pensar que o processo de amadurecimento seja algo automático, que virá com a idade cronológica. Nada é menos verdadeiro. Idade cronológica não é garantia de maturidade. Cencini fala a respeito, em relação à (futura) vida presbiteral:

> Está em formação aquele que começa se reconhecendo a si mesmo pelo que é e pelo que é chamado a ser (eu atual e eu ideal), pelos seus aspectos positivos e negativos; mas, particularmente, aquele que identificou o que em si lhe impede de ter os mesmos sentimentos do Bom Pastor...[19]

Em outras palavras: "Só está em formação quem sabe o que deve ser formado em si". Muito do que inicialmente parecia atemorizante naquela "selva interior" tornar-se-á, mediante

---

[19] Cencini, A. Formação como itinerário rumo à verdade: a atenção educativa em relação aos jovens. Aula ministrada durante o Curso para Formadores, nos dias 27-29 de junho de 2017, em Curitiba (PR), apostila, p. 11.

exercícios, algo próprio, integrado ao cotidiano. No entanto, na prática, é muito difícil fazer com que as pessoas se voltem para dentro de si mesmas, penetrem em sua própria vida interior. A resistência pode ser grande. Isso, contudo, é necessário a quem está em formação para um dia se tornar ministro ordenado, pessoa consagrada, bem como para todos que terão alguma responsabilidade junto às comunidades de fé. Não só seria injusto ou hipocrisia querer ajudar outras pessoas, ouvindo as profundezas de sua alma sem, antes, ter adentrado ao mais profundo do próprio ser, mas seria uma obrigação, uma condição *sine qua non*, para poder ser guia, mestre, pastor. Quem não está nem ao menos disposto a tentar fazer esse caminho interior em si mesmo, não pode ser colocado à frente de grandes e nobres responsabilidades, como é a liderança espiritual. *Noblesse oblige*, diria o francês.[20] Aprender a se conhecer pode e deve ajudar muito a evitar que os próprios processos desconhecidos venham a criar obstáculos com os outros nos trabalhos pastorais ou fazer com que se tornem menos eficazes, para não falar de evitar escândalos por mau comportamento.

O ministério do sacerdote é, sim, o de anunciar a Palavra, de celebrar os sacramentos, de conduzir na caridade a

---

[20] "*Noblesse oblige*" significa, literalmente, "nobreza obriga". Essa expressão é utilizada quando se pretende dizer que o fato de pertencer a uma família de prestígio ou ter uma certa posição social ou ter um nome honrado ou famoso, obriga a pessoa a proceder de uma forma adequada, à altura do nome que tem. [...] A distinção social, associada à nobreza, faz com que essa palavra também seja usada quando se fala em elevação de sentimentos ou de conduta, ou seja, pode-se falar de nobreza de sangue mas também de nobreza de caráter. A um nobre exige-se que se comporte como tal, ou seja, que tenha uma conduta elevada, acima de qualquer crítica, considerando-se, pois, mais reprovável uma ação indecorosa, desonrosa, num nobre do que noutra pessoa, já que o seu estatuto social o obriga ao dever de ter um comportamento exemplar. Disponível em: <https://ciberduvidas.iscte-iul.pt/consultorio/perguntas/noblesse-oblige/13583>.

comunidade cristã, "em nome e na pessoa de Cristo", mas isso dirigindo-se sempre a homens concretos: "porquanto todo sumo sacerdote, tirado do meio dos homens, é constituído em favor dos homens em suas relações com Deus" (Hb 5,1a). Por isso mesmo, a formação humana dos padres revela a sua particular importância relativamente aos destinatários da sua missão: precisamente para que o seu ministério seja humanamente mais credível e aceitável, é necessário que o indivíduo modele a sua personalidade humana, de modo a torná-la ponte e não obstáculo para os outros, no encontro com Jesus Cristo Redentor do homem; é preciso que, a exemplo de Jesus, ele saiba o que existe no interior de cada homem (cf. Jo 2,25; 8,3-11), que o sacerdote seja capaz de conhecer em profundidade a alma humana, de intuir dificuldades e problemas, de facilitar o encontro e o diálogo, de obter confiança e colaboração, de exprimir juízos serenos e objetivos.[21]

Crescer em consistência

As "contradições" que cada um experimenta no seu dia a dia, entre o sentir, o querer e o agir, podem ser mais bem compreendidas e aprofundadas, observando-se três elementos presentes no ser humano: as necessidades (conscientes e, certamente, também, subconscientes), os valores vocacionais proclamados (escolhidos e proclamados conscientemente) e a vivência concreta. O processo de santificação inclui o esforço de se tornar cada vez mais consistente, ou seja, que a pessoa, ao se conscientizar de suas inconsistências, trabalhando-as para se tornarem mais consistentes, possa viver cada vez mais

---

[21] João Paulo II. Exortação apostólica pós-sinodal *Pastores Dabo Vobis*, n. 43.

os valores que diz querer viver. Nesse sentido, podemos constatar quatro possíveis situações:

- *Consistência social:* quando uma necessidade (consciente ou subconsciente) está em acordo com os valores vocacionais e com a atitude correspondente (alguém diz que rezar é importante, que sente necessidade de rezar e, de fato, reza regularmente).

- *Consistência psicológica:* quando a necessidade (consciente ou subconsciente) está em harmonia com o valor vocacional proclamado, mas não com a atitude correspondente (sinto necessidade de rezar, mas não rezo).

- *Inconsistência social:* quando uma necessidade (subconsciente) está em desacordo com o valor proclamado e a atitude correspondente [alguém diz que quer perdoar (valor), no entanto, sente um forte desejo (subconsciente) de vingança (necessidade de agressividade) e não perdoa de fato (agir)].

- *Inconsistência psicológica:* quando uma necessidade (subconsciente) está em desacordo com os valores vocacionais proclamados, mas a atitude, esta sim, corresponde ao valor (apesar de ter uma necessidade subconsciente de se vingar, a pessoa perdoa).[22]

Através do processo de autoconhecimento, a pessoa poderá não só descobrir o nome da necessidade que traz subconscientemente (no caso acima, a agressividade na modalidade de vingança) e que faz com que não consiga perdoar, apesar de desejar sinceramente, mas também poderá compreender como essa necessidade surgiu ainda na infância,

---

[22] Para aprofundar o assunto, veja: Rulla, L. M., sj. *Psicologia do profundo e vocação: a pessoa.* São Paulo: Paulinas, 1986, especialmente pp. 73-85.

conscientizando-se, assim, de influências do seu passado. Isso fará com que possa integrar esse aspecto de sua história, com o qual poderá se reconciliar, de modo que possa viver, de fato, cada vez mais, o valor do perdão. Usei o exemplo da necessidade de agressividade, mas poderia dar exemplos em relação a outras necessidades: aceitação social, afiliação, altruísmo, aquisição, autonomia, conhecimento, contrarreação, dependência afetiva, dominação, entretenimento, evitar a inferioridade e se defender, evitar o perigo, excitamento, exibicionismo, gratificação sexual, sentimento de inferioridade, mudança, ordem, realização, submissão.[23] Dessas, sete são consideradas vocacionalmente dissonantes, quer dizer, podem atrapalhar significativamente o crescimento na consistência. São elas: agressividade, dependência afetiva, evitar a inferioridade e se defender, evitar o perigo, exibicionismo, gratificação sexual (para os celibatários) e inferioridade. O "atrapalhar significativamente o crescimento na consistência" acontece especialmente quando a necessidade fica no subconsciente e, portanto, não integrada. A agressividade em si, por exemplo, é uma força positiva que ajuda a seguir em frente, a reagir, lutar, ser criativo, ter esperança. Por si sós, mesmo as necessidades dissonantes não são negativas. Tudo vai depender se são conscientes ou não; e, se conscientes, como a pessoa as integra na totalidade do seu ser. Não seria nem necessário mencionar, mas outro exemplo pode ser a necessidade da gratificação sexual em celibatários. Quando consciente e bem entendida, aceita e integrada, é, ou pode se tornar, uma força necessária para amar a todos equilibradamente. Por outro lado, quando presa e escondida no subconsciente, ela pode se tornar causa

---

[23] Lista adaptada de "Necessidades/atitudes", segundo o psicólogo norte-americano Henry Alexander Murray (1893-1988), incluído como Apêndice B na já mencionada obra de Rulla: *Antropologia da vocação cristã*, pp. 558-560.

de graves inconsistências e incoerências, de tensão contínua e até de escândalos públicos, como abusos sexuais. Na mesma linha, a necessidade de dominação e controle, vista como boa para o exercício da liderança, pode se tornar, quando inconsciente, fonte de clericalismo e exercício de poder, o que seria contrário ao amor. É, portanto, necessário que cada pessoa se torne consciente daqueles aspectos presentes dentro de si que poderão obstruir o processo de crescimento.

Esse tornar-se consciente deve ser aprendido através do hábito de meditação e contemplação, que, por si só, já é um meio de introspecção – que pode ser também praticado fora da oração, tornando-se um modo de viver de maneira mais consciente. Para muitas pessoas não é nada fácil, aliás, é muito difícil ou até impossível, aprender a ser introspectivo sem a ajuda de alguém, ao menos no início desse novo modo de se olhar. O próprio subconsciente tem os seus "jogos" e suas defesas para se manter escondido. Não é à toa que o subconsciente se "esconde". É através da verbalização dos seus movimentos interiores que a pessoa vai se familiarizando com o seu próprio "conteúdo", com os seus processos ou dinâmicas, com as suas qualidades escondidas, mas, também, com as suas necessidades, que, muitas vezes, sabotam as suas boas intenções e seus sinceros esforços de desenvolvimento, de crescer na autotranscendência na consistência.[24]

---

[24] Na rica tradição da Igreja, temos a direção espiritual. É através dessa direção espiritual que a pessoa aprende a olhar para dentro de si à luz da Palavra de Deus, a verbalizar os seus "pensamentos", a discernir entre o espírito do bem e do mal e a fazer escolhas para a vida, também a vocacional. Para um grupo relativamente pequeno de pessoas, ela é suficiente. Durante a segunda metade do século passado, no entanto, foi crescendo a oferta de mais uma forma de auxílio para essas pessoas, a qual considera as descobertas das ciências humanas em relação ao desenvolvimento vocacional, não substituindo, porém, a direção espiritual.

Patologias da alma: sete pecados capitais

Chegamos a um ponto de *overlap* ou sobreposição entre psicologia e espiritualidade. Muito antes de a psicologia existir como ciência, já havia bons psicólogos. Os padres do deserto e outros grandes mestres e mestras da vida interior, utilizando-se de uma linguagem espiritual e moral, já nos ensinavam como combater as tentações, que, na maioria das vezes, têm suas raízes no interior da pessoa. "O que sai do homem. É isso que o torna impuro. Com efeito, é de dentro, do coração dos homens que saem as intenções malignas [...]. Todas essas coisas más saem de dentro do homem e o torna impuro" (Mc 7,20-23).

Os grandes mestres da vida monástica dão muito valor ao "combate espiritual, aos pensamentos errôneos", chamados de *"logismoi"* ou paixões (*pathos*), que deturpam nossa visão da realidade, fazem-nos sofrer, causam-nos inquietação, e não provêm da nossa natural e original imagem e semelhança de Deus. O exercício (ascese) do monge, então, é chegar ao estado de *apatheia*, que não é necessariamente apatia, mas ausência de patologias (decorrentes das paixões). Assim procedendo, ele alcançaria a pureza de coração (*puritas cordis*). Os oito pensamentos mais constantes, catalogados pelos padres, e mais precisamente por Evágrio Pôntico (séc. IV), são: 1. gula (*gastrimargia*); 2. luxúria (*pornea*); 3. cobiça, avareza (*philarguria*); 4. ira (*orgè*); 5. tristeza, depressão (*lupè*); 6. acídia, preguiça (*acedia*); 7. vaidade, vanglória (*kenodoxia*); 8. orgulho, soberba (*hiperephania*). Essa sistematização foi elaborada no Oriente cristão, considerando esses pecados, na verdade, como expressão da patologia da alma. A pessoa comete tais atos porque, na realidade, está doente e, por conseguinte, precisa de cura (*therapia*). Para auxiliar nesse processo, recorria-se a um mentor espiritual, o *abba* (pai). Contudo, não se abordava o assunto predominantemente do ponto de vista jurídico, como mais tarde veio a ocorrer no Ocidente, onde se passou a denominar tais atos de os "sete pecados capitais". Os monges buscam recuperar, por esse processo, a harmonia interna, o paraíso perdido, e uma das vias por eles utilizadas é trabalhar os pensamentos, até se chegar à pureza do coração ou à autenticidade, saindo daquela duplicidade interna.

O método que Evágrio e o monaquismo egípcio propõem se baseia, primeiramente, na observação dos próprios pensamentos, na comunicação desses pensamentos a um outro – que os acolhe sem julgamentos – e na repetição de textos bíblicos que os combatem (*antirrhesis*).[25] Interessante, ainda, é que esses "oito pensamentos" que, posteriormente, no Ocidente, foram elencados como os sete pecados capitais, nós os encontramos também na lista das necessidades da psicologia moderna: gula-*dominação*; luxúria-*gratificação sexual*; cobiça-*possuir*; ira--*agressividade*; tristeza/depressão-*dependência afetiva*; acídia/preguiça-*evitar o perigo*; vaidade/vanglória-*exibicionismo*; orgulho/soberba-*evitar a inferioridade*.

Santo Inácio de Loyola, outro mestre da vida espiritual, é também conhecido pela elaboração da prática do discernimento espiritual através do frequente exame de consciência, o qual não trata tanto de julgar os próprios atos, mas da observação dos movimentos interiores. Padre Adelson observa que, durante sua pesquisa sobre o tema, descobriu que "a espiritualidade cristã não foi a única, nem a primeira, a perceber a importância desse olhar introspectivo que leva ao autoconhecimento, favorecendo o verdadeiro conhecimento de si mesmo":

---

[25] Cistercienses. Disponível em: <http://wwwespiritualidadcisterciense.blogspot.com/2011/01/el-combate-contra-los-logismoi.html>; <https://vcrista.blogspot.com/2013/05/os.html>.

Embora eu me detenha na questão da formação para a vida sacerdotal e religiosa hoje, creio que os pontos que desenvolvo no livro podem ajudar qualquer pessoa a encontrar, na prática do exame, um caminho eficaz para crescer em três direções: 1. no autoconhecimento, necessário para se alcançar a liberdade interior e a maturidade humana; 2. na capacidade de discernimento, que leva a um senso crítico objetivo da realidade; 3. na maior união com Deus e adesão à missão de seu Filho, por meio de uma espiritualidade apostólica comprometida com o Reino.[26]

Alcançar a liberdade interior e atingir a maturidade humana estão, assim, intrinsecamente ligadas uma à outra. E quem nos ajudará mais a alcançar essa liberdade interior? O diretor/orientador espiritual ou o psicólogo? Eu diria que, em primeiro lugar, um orientador espiritual, um homem ou uma mulher de Deus que já fez e continua fazendo o caminho, que conhece profundamente o ser humano, com ou sem a ajuda da "psicologia" propriamente dita.

Na prática, porém, constatamos, infelizmente, o quão difícil é encontrar orientadores espirituais preparados. Formandos e formandas – e não só no Brasil – queixam-se com certa frequência dessa escassez. Por sorte, existem mosteiros e conventos aos quais se pode recorrer! Mas, e "a psicologia, entra aonde? Sim, ela tem o seu papel, mas depende muito de "qual" psicologia ou de "quais aspectos" da psicologia. Em uma época na qual os valores cristãos são menos transmitidos nas famílias em geral, em que a vida frenética da sociedade de consumo exige metas e resultados, perfeição e rapidez, inclusive na comunicação, e o olhar é predominantemente dirigido para fora de si (nas telas da televisão, do laptop, do tablet, do celular

---

[26] Santos, Adelson Araújo dos, sj. *O exame de si mesmo: o autoconhecimento à luz dos Exercícios espirituais*. São Paulo: Loyola, 2017.

– e, às vezes, em todos ao mesmo tempo), bem menos que para dentro de si mesmo, o indivíduo se experimenta cada vez mais complexo e menos capaz de entender a si mesmo, revelando--se, na verdade, cada vez menos maduro.[27]

Assim, pode acontecer que, diante de um ser humano cada vez mais complicado, a direção espiritual não consiga "dar conta" de prestar ajuda, especialmente em se tratando de pessoas com estrutura mais frágil. Desse modo, sem deixar a direção espiritual de lado, o indivíduo pode recorrer ao auxílio psicoespiritual para, através de métodos mais específicos, acessar determinados aspectos da sua personalidade, de modo especial aqueles que, como um "freio de mão puxado", fazem com que o crescimento espiritual não se desenvolva progressivamente.

Dessa forma, a ajuda pisicoespiritual pode ser aconselhável ou até necessária, podendo-se a ela recorrer por três ou quatro anos, preferencialmente durante o tempo formativo inicial, ou, mais tarde, quando se apresentar a necessidade de aprender a entrar mais profundamente em si mesmo. Sem jamais deixar, porém, paralelamente, a direção espiritual.

Conflitos pessoais internos

Através de pesquisas (Entrevistas de Profundo e testes como Rorschach, Rotter, MMPI) realizadas com a colaboração de 208 religiosos, homens e mulheres, logo no ingresso na casa de formação e quatro anos após, várias conclusões foram obtidas por Rulla. Para tanto, o grau de maturidade no tocante ao

---

[27] Crea, G. Vida religiosa e dependência sexual na internet. *Vita Consacrata*, 40, 2004/2, pp. 171-182; Delmonico, Davis L.; Griffin, Elizabeth J. *Dependência de internet*. Porto Alegre: Artmed, 2011, cap. 7.

desenvolvimento pessoal foi dividido em quatro grupos: as pessoas do grupo um *sempre* são influenciadas por conflitos maiores (13,5%, no ingresso); grupo dois, *quase sempre* (46,5%); grupo três, *frequentemente* (28%); e grupo quatro, *raramente* (12%).

Após quatro anos de formação, essas porcentagens eram, respectivamente: 17%, 40%, 28% e 14%. Não há, portanto, crescimento relevante no desenvolvimento pessoal em relação ao grau de maturidade, durante quatro anos. Esses dados pouco divergem da pesquisa realizada entre sacerdotes, por Kennedy e Heckler, em 1971: mal desenvolvidos, 8,5%; subdesenvolvidos, 66,5%; em desenvolvimento, 18%; desenvolvidos 7%. Além do mais, foi constatado que, no momento do início do processo formativo, 86,5% não possuíam ou tinham pouca consciência da existência de seu conflito central. Após quatro anos de formação, esse percentual era de 82%.

Uma possível conclusão, então, poderá ser a de que a dinâmica psicológica de uma pessoa não muda naturalmente durante um percurso convencional de formação (ou depois da Ordenação ou profissão dos votos), e que a psicodinâmica se inclina fortemente a continuar sendo a mesma, caso não seja trabalhada ativa e sistematicamente. A mesma pesquisa mostra que 79,5% dos estudantes principiantes de Teologia e 75% de sacerdotes pertencem simultaneamente às categorias um e dois; 20,5% dos estudantes principiantes de Teologia e 25% dos sacerdotes ativos encontravam-se nas categorias três e quatro.[28]

---

[28] Rulla, L. M., sj.; Ridick, J., ssc.; Imoda, F., sj. *Entering and Leaving Vocation: Intrapsychic dynamics*. Roma: PUG, 1988, pp. 144-145. Para maior aprofundamento, veja, dos mesmos autores: *Anthropology of the Christian Vocation*. V. II: *Existential Confirmation*. Roma: GUPress, 1989. Não é por se tratar de pesquisas "antigas" que os resultados hoje seriam diferentes; a verdade é que, se fosse repetida a mesma pesquisa, julgando pela prática, temo que os resultados provavelmente seriam ainda menos favoráveis.

Talvez muitos se assustem com esses números e se perguntem se, nesse caso, a maioria das pessoas pode ser considerada doente ou apresentar algum tipo de limitação, deficiência... Todavia, precisamos, antes de julgar, compreender o que se entende por conflito. Em cada pessoa, vive uma tensão saudável que a auxilia em seu crescimento, como, por exemplo, quando a ajuda a alcançar um objetivo. A pessoa não recai em certa impaciência, pois sabe que precisará de tempo. Entretanto, existem tensões menos benignas. Recordamos o exemplo citado por Healy: "Quero escrever um artigo. Devido à ansiedade desproporcional entre começar e ainda não ter concluído, dou-me conta de que não há nenhum progresso entre o raciocínio, a escrita e o total de páginas já impressas. Não estou tendo êxito em me convencer de que é uma questão de tempo e que devo, calmamente, continuar. Começo a duvidar de mim mesmo e me pergunto se devo continuar com o projeto, ou se é melhor parar ou começar com alguma outra coisa porque isso exige muito de mim, não vou conseguir".[29]

Aqui, não estamos mais falando de uma tensão saudável. A pessoa deverá reconhecer que há indícios de uma contradição interna, ou seja, um conflito interior que, nesse caso, coloca à mostra um contraste entre, de um lado, o desejo de finalizar o projeto, e, do outro, a intrínseca resistência que o contraria até chegar ao ponto de a pessoa desistir do projeto, não obstante possuir capacidades intelectuais de sobra para escrever o artigo.

Os resultados da pesquisa acima mencionada se basearam em observações da intensidade e frequência da presença desses

---

[29] Healy, T., sj. The challenge of Self-transcendence: Anthropology of the Christian Vocation and Bernard Lonergan. In: Imoda, F., sj. (ed.). *A Journey to Freedom*. Leuven, Peeters, 2000, pp. 71-115; p. 75.

tipos de conflitos na pessoa, identificando e classificando-a como: sempre, quase sempre, regularmente, raramente.

Ao fazer escolhas, por exemplo, para um determinado estado de vida, opta-se, também, pelos valores pertencentes a ele ou a tal vocação. Assim, deve-se acolher também as regras, os costumes, as normas, as formas de tratamento e as tradições de uma determinada vocação, função ou estatuto de alguma associação, inerentes a tal realidade de vida. Obviamente, não se pretende que as escolhas resultantes da internalização de tais valores se deem através de uma aceitação complacente ou de uma observância cega e imposta. É preciso ter em conta a liberdade de Jesus, que foi fiel à vontade do Pai e fiel ao Reino, por consequência, sendo até mesmo desobediente aos preceitos da lei que não promoviam a vida e a pessoa.

Aplicando tudo isso, agora, à vocação ministerial, naturalmente se escolherá, antes de tudo, como todo cristão, seguir Jesus Cristo, com um coração pobre, obediente e puro, e fazê-lo com um diferencial: *como* sacerdote ou diácono permanente, pastor e mestre, segundo a intenção da Igreja. Uma vida de intensa oração, capacidade pastoral, amor ao próximo, obediência, disposição para o perdão, austeridade, liderança servidora, abertura para trabalhar em equipe, além da adesão ao estado celibatário, para os padres, e tantas outras disposições, são valores escolhidos implicitamente por alguém que diz pretender ser ministro ordenado.

Conflitos podem aparecer ou vir à tona, durante o período da formação inicial ou, ainda mesmo, após a Ordenação. Nesse sentido, um bom instituto de formação deve incluir em seu programa formativo elementos que provoquem no formando a descoberta de eventuais conflitos, com a intenção de fazê-los emergir, tornarem-se visíveis, a fim de poderem ser integrados. Por esse aspecto, o processo formativo terá de ser individualizado, pois os conflitos interiores diferenciam-se de pessoa a pessoa. O que se deve tentar evitar é que tais conflitos internos venham à tona *depois* da Ordenação, geralmente através de constantes manifestações externas, como desentendimentos na paróquia, seja com os leigos ou com os superiores religiosos, isolamento, doenças etc.

Muitas experiências dolorosas individuais de solidão negativa, *burnout*,[30] depressão, decepções, estresse insuportável, competição, autoritarismo e clericalismo, vida dupla, uso indevido dos bens materiais da comunidade, abusos de todo tipo e até mesmo escândalos públicos, podem ser evitadas quando os conflitos centrais são "forçados" a vir à superfície durante a formação inicial. Só se pode "formar" aquilo que antes foi tirado para fora, o que vem a ser a essência da palavra "educar". Educando, tira-se para fora não só o trigo, mas também o joio que abafa e até estraga o desenvolvimento do trigo.

Um instituto de formação que se contenta e se gaba pelo fato de a maioria de seus estudantes passar pelo processo formativo sem crises e grandes conflitos, provavelmente está negligenciando seu dever em fazer com que as pessoas se conheçam melhor. A pesquisa acima citada mostra que 82,5% dos formandos, após quatro anos de "formação", ainda não se conscientizaram dos seus conflitos centrais internos.

Durante o processo de admissão de novos candidatos e, mais ainda, durante os primeiros anos após o ingresso, é de

---

[30] *Burnout* (do verbo inglês *to burn*: queimar) significa literalmente queimado, esgotado, exausto, especialmente em relação ao trabalho. É o resultado de um desempenho em alto nível, até que o estresse e a tensão cobrem seu preço. A exaustão é observada mais frequentemente em profissionais que trabalham em estreito contato com pessoas, em profissões de atendimento e submetidas a níveis elevados de estresse. Cf. APA. *Dicionário de Psicologia*. Porto Alegre: Artmed, 2010, p. 145.

essencial importância que os formadores saibam detectar os conflitos que devem ser educados-formados e integrados. Além de precisar saber qual o conflito, também é necessário medir o grau desse conflito interno do formando. Observe-se que o grau ou a intensidade do conflito é ainda mais importante que o tipo, pois não é predominantemente o tipo de conflito que vai determinar se a pessoa é menos ou mais sadia, mas sim o grau do conflito. Muito importante também é saber avaliar se o formando possui as motivações certas e se estas são fortes o suficiente (fé convicta e provada, força do ego, capacidade de reagir) para medir, quando o conflito se evidenciar, se ele será capaz de perceber e se vai querer enfrentá-lo com o desejo de crescer verdadeiramente. Em alguns casos, será necessário perguntar se o instituto formativo é o melhor lugar, se dispõe das pessoas certas para ajudar esse candidato dentro da estrutura formativa ou se, talvez, não seria melhor que ele resolvesse algumas questões fora do processo formativo, para, quem sabe depois, iniciar uma caminhada específica.

Penso que não podemos perder de vista a finalidade dos institutos de formação para o ministério ordenado; não somos clínicas psicológicas e, muito menos, psiquiátricas. Precisamos, sim, colocar todos os meios das ciências do Espírito e humanas à disposição dos candidatos, para que possam crescer e se tornarem bons ministros, sem dúvida. Mas tenho a impressão de que são aceitas pessoas sem se ter as condições básicas para auxiliá-las, e que essas pessoas precisam de ajuda especializada – a qual, penso eu, deveria ser buscada enquanto fora do processo formativo.

Esse aspecto pesa ainda mais quando falamos de vocações adultas; quando se aceita um jovem que, depois de um ou dois anos, manifesta traços fortes de desequilíbrio e é convidado a seguir outro caminho, ele ainda tem a vida inteira pela frente.

Tarde te amei

O adulto, porém, e, mais ainda quando deixou emprego e segurança social para iniciar o processo formativo ao ministério ordenado, pode não encontrar mais outro trabalho ou ter dificuldades para se reestabilizar. Eis a nossa corresponsabilidade pela realização e pelo bem-estar da pessoa em questão.

Há dioceses e congregações que têm como padrão a exigência de que, durante o processo de admissão, sejam feitos testes psicológicos. No meu tempo de reitor, não era colocada essa exigência, mas perguntava-se inicialmente se a pessoa estava disposta a se submeter a uma avaliação psicológica entre aquele momento e, talvez, um ou dois anos depois, caso os responsáveis assim o julgassem desejável. A questão é que nem todos os psicólogos estão preparados para detectar o tipo de conflito de que estou falando, nem mesmo para medir o grau de liberdade interior. Muito vai depender da antropologia subjacente à aplicação da teoria psicológica a qual o profissional segue. Pode ocorrer, por exemplo, que um consultório psicológico considere normal e saudável um candidato ao sacerdócio ou à vida religiosa regular que, porém, frequentemente recaia na área da vida sexual – aspecto que, para tal profissional, "faria parte de um homem sadio", enquanto, na verdade, poderá vir a ser conflitante com o valor implícito escolhido do celibato.

Assim, um psicólogo secular também poderá considerar bobagem que um homem adulto prometa obediência a um outro homem, a saber, o bispo ou o superior religioso. Muitos testes e avaliações psicológicas focam nas capacidades para se exercer determinada profissão, bem como na estrutura da pessoa. Em número bem menor, estão os profissionais que pesquisam a psicodinâmica da pessoa, o seu grau de liberdade interior, as suas motivações mais profundas e menos evidentes, as suas necessidades e os tipos de adaptação e de defesa usados mais frequentemente. Talvez seja uma repetição, mas devemos nos cuidar em, mesmo pedindo o valioso auxílio das ciências humanas, não deixar a elas a última palavra *sobre vocação*, mas, sim aos formadores bem preparados, que conhecem tanto os caminhos divinos quanto os humanos.

Trata-se, porém, de algo exigente trabalhar, além de evidentemente todas as dimensões da formação, também os conflitos internos. Mas, a primeira exigência deve ser colocada a nós mesmos, formadores e demais responsáveis pela formação.

Não seria justo nem coerente com a caridade exigir dos formandos que cheguem bem preparados à fase final da formação inicial se, antes, não exigirmos o suficiente de nós mesmos, como pessoas e instituição, oferecendo-lhes todos os meios necessários à preparação. Não raras vezes, devemos, infelizmente, constatar que, nas últimas avaliações, já pouco tempo antes do passo final, a pessoa vem a ser considerada inapta para ser ordenada. O que fizemos durante todos estes anos? O que não vimos? Quais as decisões que não foram tomadas? Onde faltou coragem, conhecimento, sinceridade, profissionalismo? O fato de deixar a pessoa e o grupo caminharem "mais à vontade", sem muitas exigências e sem muita seriedade, promovendo sobretudo um "clima agradável", sem dúvida ajuda na redução de tensões, mas, consequentemente, também diminui a busca e a vivência dos ideais evangélicos. Onde está o equilíbrio? Como nos ensina a teologia católica, a virtude sempre está no meio. Alessandro Manenti descreve três modelos de comunidade: a comunidade de observância, a comunidade de autorrealização e a comunidade para o Reino. Na primeira, o que importa é observar as regras, de modo que o eu da pessoa quase não tem espaço, pois é subordinado às normas, à regra. Na segunda, é o contrário, o que vale é o eu, devo me realizar e a instituição tem a obrigação de fornecer o que preciso para que me sinta bem – e chama-se a isso de realização. Na comunidade para o

Reino, não se coloca nem a regra nem o eu no centro, mas sim os valores evangélicos que todos devem buscar viver.[31]

Autotranscendência na consistência

Já falamos tanto de autotranscendência quanto a respeito de consistência. Quando nos referimos à autotranscendência na consistência, estamos falando da busca, do processo árduo de alinhar os três aspectos já mencionados do nosso ser: as necessidades, os valores e as atitudes. Há consistência quando nossas atitudes estão de acordo com os valores proclamados e as necessidades (inicialmente inconscientemente) sentidas.

Numa comunidade de observância, dá-se prevalentemente importância à obediência, às atitudes, ao comportamento, sem se questionar muito sobre a internalização dos valores e se estes estão sendo acompanhados também pelos sentimentos. Na comunidade de autorrealização, por outro lado, procura-se preencher predominantemente os sentimentos (necessidades sentidas e prevalentemente inconscientes): a verdade encontra-se naquilo que sinto e, portanto, deve ser vivida, pois "sou assim". Em vez de os valores e sua respectiva vivência serem o critério de santificação, eles são trocados pelas atitudes externas somente (na comunidade de observância) ou pelos sentimentos (comunidade de autorrealização).

Desse modo, pode-se entender por que aquela pessoa "exemplar" em seu comportamento, no tempo de formação, depois de alguns anos (ou até meses), uma vez livre do ambiente formativo, deixa-se guiar pelos sentimentos (necessidades inconscientes), até então reprimidos, e mostra ser o contrário

---

[31] Manenti, A. *Viver em comunidade: aspectos psicológicos.* São Paulo: Paulinas, 1985.

daquilo que apresentava no tempo de formação. Para se chegar à vivência da comunidade pelo Reino, na qual cada um busca genuinamente compreender e viver os valores evangélicos, será de máxima importância, então, tornar conscientes as necessidades inconscientes, a fim de que não causem mais (tanta) influência, interferindo na vivência dos valores, inclusive bloqueando-os ou os sabotando. Esse processo de conscientização acontece através de meditação, reflexão, contemplação, colóquios de confrontos, aulas, conversa em grupos, direção espiritual e, sobretudo, nos colóquios de crescimento vocacional, como nos colóquios de integração psicoespiritual (cap. 7).

Na ausência de um processo ativo e laborioso de educação/formação, ocorre a possibilidade de se diminuir a tensão de crescimento individual e grupal, favorecendo a homeostase: tudo parece pacífico, calmo, agradável e gostoso. A consequência disso é que os conflitos internos ficam escondidos e, possivelmente mais tarde, depois da Ordenação, podem vir a se tornar visíveis. Aliás, a prática confirma que poucos procuram em si mesmos a origem de tensões e conflitos que se apresentam externamente, mas tentam influenciar o ambiente, até mesmo culpando a outros, a tal ponto de isso fazer com que suas próprias tensões diminuam.[32] Ou então, para se evitar fricções, conflitos, se pode cair numa cultura de complacência.[33] Em nome do "respeito humano", que muitas vezes significa não

---

[32] Lembrando *Gaudium et Spes*, n. 10, mencionado acima. Referindo-se a Rm 7,14ss, onde Paulo já constata que há uma lei dentro dele, que ele não consegue entender, os padres conciliares dizem que não é a sociedade (ambiente externo) que divide o homem, mas que a divisão interna, própria do homem, é que causa a divisão da sociedade (ambiente externo).

[33] Complacência: disposição habitual para corresponder aos desejos ou gostos de outros, com a intenção de lhes ser agradável, a fim de obter deles afeto-aceitação e/ou evitar castigo-rejeição, agindo externamente de um modo com o qual internamente não concorda. Esse traço da personalidade infantil pode prejudicar fortemente o processo formativo e deve ser desmascarado.

dizer o que se pensa para não ofender o outro, por medo de perder seu afeto, a pessoa deixa de crescer, deixa de ser verdadeiramente autêntica.

Um dos argumentos de bispos e superiores religiosos, para não admitirem homens de certa idade (cada um coloca um limite de idade), é que adultos não são mais "formáveis". É um questionamento que deve ser levado a sério, mas não pode ser generalizado. Há vários homens que se apresentam como candidatos e que não necessitam de grandes intervenções na sua formação humana, pois já foram provados (os *viri probati*). Contudo, existe esse desafio, seja para o instituto de formação, seja para o candidato, de modo primordial. Será que o candidato, e, certamente, aquele mais adulto, já com responsabilidades na sociedade e com vida própria e definida, (ainda) se permite um novo processo de formação?[34] Os documentos da Igreja afirmam que o candidato é protagonista de sua educação. Afinal, trata-se do seu futuro, de sua vocação, missão e realização e, portanto, espera-se que o próprio candidato seja o primeiro interessado em querer se preparar bem, em ser um bom ministro ordenado e, para tal, precisa ter a coragem de olhar para dentro de si mesmo como elemento essencial de sua caminhada; e isso pelo resto de sua vida. Esse aspecto, o de avaliar se a pessoa quer mesmo se formar e se deixar ajudar nesse itinerário formativo, tem grande importância no processo de admissão de vocações adultas. Alguém que pensa já estar pronto, que se gaba da sua experiência de vida e profissional, julgando-se, inclusive, mais apto que os seminaristas jovens, necessitaria de mais humildade e flexibilidade para poder ser admitido. Quando observamos os números da pesquisa mencionada e

---

[34] Esse "permitir-se", ou vontade de se formar e se deixar formar, é chamado por Cencini de *docibilitas* e, por Manenti, de *predisposição*.

os confrontamos com a prática cotidiana, constatamos que há muitas situações pessoais e pastorais dolorosas e conflituosas, que têm raízes não tanto na área da fé nem da habilidade pastoral, mas na estrutura psicológica ou na psicodinâmica do indivíduo. É evidente que situações externas podem exercer um papel importante em tudo isso; elas podem aumentar ou diminuir os conflitos internos existentes, mas não são a sua causa.

O eu é dinâmico

Conflitos, ou seja, a luta entre desejos inerentes contraditórios, podem existir em diferentes níveis. Para melhor entendermos, ajuda-nos a descrição que Rulla faz dos diferentes componentes do eu, que se divide, esquemática e dinamicamente, em duas partes, cada uma com sua respectiva subdivisão: a primeira grande divisão é aquela entre o "Eu Ideal" (EI) e o "Eu Atual" (EA). A primeira, do "Eu Ideal" (EI), é composta pelo "Eu Ideal Institucional" (EII) e o "Eu Ideal Pessoal" (EIP).[35] O EII é aquilo que o candidato *acha* que o instituto deseja dele (não é o que o instituto deseja, mas *aquilo que a pessoa pensa que ele deseja*). Em nosso caso, é aquilo que a pessoa acha que Deus, a Igreja, a diocese ou os responsáveis pela formação esperam de um formando, de um ministro ordenado. Já, o EIP é aquilo que a pessoa considera valioso para si mesma, o que ela gostaria de ser ou fazer.

O Eu Atual, de um lado, compõe-se do Eu Atual Manifesto, que é o conhecimento que a pessoa tem do seu próprio ser e do seu fazer naquele momento, bem como daquilo que ela pensa que é e faz. Por outro lado, há o Eu Atual Latente, que são os aspectos que a pessoa desconhece, dentre os quais estão as

---

[35] Rulla, L. M., sj.; Ridick, J., ssc.; Imoda, op. cit., pp. 9-15.

necessidades, as emoções, os traumas e, também, uma grande potencialidade de forças positivas – todos elementos que parcialmente podem ser objetivados através de testes projetivos e entrevistas de profundo. Imoda acrescenta, aqui, que nessa parte inconsciente menos conhecida ou até desconhecida da pessoa, há um pedacinho reservado para o Mistério, onde o ser humano jamais pode entrar, e nem deveria querer fazê-lo.[36]

As contradições menos difíceis de ser solucionadas são as que se encontram entre aquilo que a pessoa expressa desejar para si (EIP) e aquilo que pensa que, por exemplo, a Igreja deseja ou espera dela (EII), porque estão no nível consciente e podem ser objeto de conversas sobre expectativas e desejos, a fim de se verificar até que ponto coincidem com aquilo que a Igreja realmente espera da pessoa. Durante as entrevistas vocacionais, perguntamos, dentre outras coisas, sobre sua *fé e como a vivencia, sua visão da Igreja, a imagem que tem de Deus e o que pensa e espera do ministério ordenado*. Estamos, assim, pedindo que a pessoa exprima, em palavras, o seu Eu Ideal Pessoal. Se, em seguida, perguntarmos ao candidato o que pensa que a Igreja espera dele como presbítero ou diácono permanente, estamos verificando o conteúdo do seu Eu Ideal Institucional. Uma coisa é como o interessado se vê no futuro, outra é o que pensa sobre o modo como a Igreja espera que ele seja no futuro; outra coisa, ainda, é se tem uma visão realista do ministério ordenado, assim como é entendido pela Igreja, e se, de fato, adere à visão da Igreja, com todo o seu coração.

Quando se trata de uma discrepância entre o Eu Ideal do indivíduo ou, repito, aquilo que ele pensa que vai ser e fazer como padre ou diácono, e aquilo que acha que a Igreja espera

---

[36] Imoda, F., sj. *Psicologia e mistério: o desenvolvimento humano*. São Paulo: Paulinas, 1996.

dele, a questão é menos complicada, pois se pode conversar sobre ideias e ideais, a fim de se verificar se a pessoa entende e está disposta a "alinhar" a sua ideia à ideia da Igreja. Digo isso porque é mais importante do que se pensa.

Lembro-me de um caso em que um bom homem iniciou a caminhada formativa com muito entusiasmo, mas, depois do primeiro semestre, durante o qual estudamos a Exortação apostólica *Pastores Dabo Vobis*, desistiu. Ele me explicou que, "compreendendo agora o que a Igreja espera de um presbítero, ele jamais conseguiria ser assim, pois tinha uma ideia totalmente diferente do ser padre e não conseguia comungar com a visão da Igreja". Evidentemente, tive de me penitenciar, porque, de fato, por ele ter se apresentado pouco tempo antes de o ano iniciar, ao invés de tomar um pouco mais de tempo para o processo de admissão, eu, como reitor, o admiti sem as entrevistas que normalmente costumam anteceder uma admissão.

Todavia, estamos falando do nível de comunicação, de informação, de aderência intelectual, enfim, do nível consciente. Desse modo, não podemos pressupor que todos que se apresentam sabem bem o que vem a ser padre ou diácono permanente. Cabe à Pastoral vocacional de modo geral, mais especificamente, aos que organizam os encontros vocacionais e, sobretudo, aos responsáveis pela admissão, explicar bem o conteúdo de cada ministério, bem como suas exigências e expectativas. Precisamos ser honestos, transparentes e explícitos. Um exemplo aparentemente banal e que parece ser algo de conhecimento comum é que, quando um diácono casado fica *viúvo*, ele não pode casar novamente. Os interessados têm o direito de saber o que vão encontrar, *antes* de iniciar a caminhada, mesmo sendo impossível preveni-los de tudo, pois sabemos que estamos falando de um longo processo constituído por várias dimensões.

Agora, discrepâncias ou inconsistências internas e subconscientes envolvendo uma tensão entre o Eu Ideal (consciente) e o seu Eu Atual (parcialmente inconsciente) já exigem um olhar mais "clínico" e profundo. Não estou falando ainda da necessidade de uma avaliação psicológica, mas de questionamentos mais profundos sobre a fé, a vivência como casal – no caso dos candidatos ao diaconato permanente – e em família, a participação ativa na comunidade paroquial ou em outra, a sua maneira de lidar com contratempos, suas múltiplas reações em variadas situações de crise e, principalmente, sobre as motivações para querer ser ministro ordenado.

Evidentemente, quem se apresenta sabe dizer, de modo consciente, quais são suas motivações. Entretanto, trabalhar com adultos exige olhar de maneira especial para as motivações menos conscientes. Como foi dito anteriormente, quando se trata de jovens, a motivação ainda deve amadurecer. Com adultos, "não temos mais tempo para isso". O jovem é mais maleável e sua personalidade ainda está em formação. Já o adulto traz uma personalidade formada e, portanto, é menos maleável, inclusive no que concerne à mudança de motivação. É o que veremos em seguida.

Motivações

Vimos que o ser humano "funciona" em no mínimo dois níveis: no nível consciente, que é o do Eu Ideal, e, simultaneamente, no nível do subconsciente, que é o nível do Eu Atual, parcialmente inconsciente. No primeiro nível, a pessoa proclama conscientemente os valores que guiam sua vida; é nele que se situam os seus ideais, seus desejos, suas intenções e propósitos. Na parte inconsciente do Eu Atual (Eu Latente), residem, entre outras forças, emoções, mecanismos de defesa e de adaptação, memória afetiva e as necessidades. Aquilo que é inconsciente, pela própria natureza de sê-lo, pode influenciar menos ou mais intensamente o nosso agir, inclusive "derrubando" nossas boas intenções e bons propósitos. Quem já não se questionou, como São Paulo, sobre por que faz o mal que não quer e deixa de fazer o bem que quer? Segue que o ser humano também tem dois sistemas motivacionais: um consciente, com o qual *diz* por que e para que quer agir assim, o que é um dizer genuíno, bem intencionado, convicto e honesto; e o outro, subconsciente, que tem os seus "interesses" próprios e os defende, buscando preenchê-los e realizá-los. Observe-se que essa última motivação nem sempre está de acordo com aquela conscientemente proclamada. É a experiência interna, mais ou menos consciente, de estar numa carroça puxada por dois bois, só que um puxa para a frente e o outro para trás. A pessoa não sai do lugar, fica patinando, apesar de querer ir em frente.

Um trabalho necessário, no processo formativo, é, na medida do possível, tornar consciente aquela parte do subconsciente que faz com que a pessoa não consiga viver aspectos importantes para sua vida cristã. Ou, usando a mesma metáfora, fazer o possível para trazer para a frente o boi que estava puxando para trás e, assim, somar forças para ir adiante. Contudo, não estou falando de doenças psíquicas, nem da necessidade de psicoterapia ou de remédios prescritos pelo psiquiatra. Estou falando da importância de se aprender a ser contemplativo, no sentido de se auto-observar, de ser introspectivo, de conhecer e saber o que se passa dentro de si, para poder purificar as motivações, diminuindo a influência daquelas desconhecidas, a fim de se poder viver mais eficazmente os valores proclamados de acordo com o estado de vida e a vocação que escolheu. Se não posso lutar contra aquilo que não conheço, posso, sim, enfrentar as necessidades a partir do momento em que estas se tornem conscientes. Elas vão continuar lá, como velhas "tentações", mas agora não mais às escondidas, e, sim, conscientes. Tornar-se dom, sair de si mesmo, exige soltar-se, ficar menos preso a si mesmo, ser menos condicionado pelas necessidades subconscientes que sabotam um viver de modo mais pleno. É esse o convite que o Senhor nos faz: colaborar com a sua graça, fazendo a nossa parte. Desse modo, viver mais plenamente é realizar as potencialidades que recebemos de Deus; pois seria uma pena não colocar esses dons a serviço dos outros, por causa de inibições subconscientes.

Recordamo-nos, por exemplo, da situação apresentada por Healy, sobre quando a pessoa precisava escrever um artigo e tinha que se esforçar desproporcionalmente, não obstante possuir todas as capacidades para fazê-lo. O ideal da pessoa é escrever um artigo, mas, no seu Eu Latente, ocultam-se forças que fazem com que, apesar das suas capacidades, não logre êxito. Ela não consegue realizar aquilo de que gostaria muito, experimenta-se prisioneira de si e freada em seu desenvolvimento, mas não sabe porquê. Além disso, é uma pena que os outros fiquem assim impossibilitados de ler seu artigo que, com certeza, seria útil para muitos.

Nesse exemplo, não é impossível que, no nível subconsciente, haja uma necessidade de inferioridade, acompanhada pelo medo de se expor, de ser ridicularizado, humilhado etc. Entretanto, cada caso é um caso. A pessoa, por não conseguir admitir seu limite, gasta energias em se defender, valendo-se, por exemplo, de desculpas como "falta de tempo", "desinteresse pelo assunto", ou outras, refugiando-se em seu isolamento e num autoconceito de impotência, o que aumenta a inferioridade sentida.

Muitos outros exemplos práticos de conflitos que podem ocorrer antes ou depois da Ordenação poderiam ser citados. No entanto, descrevo alguns, de modo bem resumido:

- Um presbítero deseja entender por que fica com raiva cada vez que vai celebrar a Eucaristia e há poucas pessoas na igreja, enquanto o "normal" ou o ideal seria que o número de pessoas presentes não fizesse diferença para a importância da Eucaristia. Assim, ele acha sua reação interior desproporcional, como de fato o é. Após algumas conversas, descobre que lá no seu íntimo está presente uma necessidade de "ser útil" e, agora, consciente disso, percebe que essa necessidade sempre esteve presente. Isso significa que ele, julgando-se sempre independente, na verdade depende de outros e que isso, em parte, o atrapalha no desejo de ser cada vez mais livre para Deus.

- Não poucas pessoas se lamentam de suas constantes distrações durante a oração e meditação silenciosa. Já fizeram de tudo, com a ajuda dos meios espirituais convencionais, mas se sentem fatigadas e colocam em dúvida seu amor a Deus. Ao pedir-lhes que observem melhor o que acontece internamente durante os momentos de silêncio, aparecem as mais divergentes situações. Por exemplo, alguém tinha a sensação de que havia constantemente uma sombra junto de si; outro disse que cada vez deixava seus pensamentos vagarem por todas as tarefas que ainda teria de fazer; um terceiro percebia apenas angústia. Depois de muitos anos tentando seguir os conselhos comumente dados, tais como, "continue ali", "volte sempre à oração que estava fazendo", "use um texto", e outros tantos, essas pessoas desistem e, contra sua própria vontade, não vão além de um pouco de leitura. Aprendendo a enfrentar a si mesmas e seguindo os movimentos interiores, a fim de ver para onde eles levam, poderão perceber que a "sombra" presente pode ser um resíduo de alguém que lhe faz falta ou que o oprime/oprimiu; ou que há um sentimento de culpa pelo trabalho incompleto ou que ainda precisa ser feito; ou que há angústia pelos sentimentos de agressividade ainda não aceitos, pois "não combinam" com esse estado de vida, mas que, no silêncio, ameaçam vir à tona. Esses "demoniozinhos" enfraquecem ou desaparecem, à medida que são "descobertos", quando podem receber, então, um nome, possibilitando que se abra o caminho para uma genuína oração silenciosa.

- É frequente, ainda, alguém se denominar como "perfeccionista". Para tornar aceitável o peso para si mesmo e para os outros e, na tentativa de dar uma entonação positiva, chama-se a isso de "senso de responsabilidade", porque soa mais aceitável. Essas pessoas veem tudo como um "dever", até mesmo as férias que tiram, e fazem isso porque, "afinal, é preciso... porque uma pessoa também precisa descansar", mas nunca relaxam. A vida como um todo se torna um dever. Nada pode sair errado, tudo precisa estar pronto no tempo exato, de preferência alguns dias antes do planejado; boas notas nunca são boas o suficiente; celebrações litúrgicas são executadas "com perfeição", colocando-se todo o esforço no bem exercer os rituais e menos no acontecimento espiritual. Essas pessoas chegam a se cansar de si mesmas, têm consciência disso, mas justificam: "Sou assim, perfeccionista". Enquanto isso, enlouquecem os que convivem com elas, pois, também estes precisam acompanhar o seu "perfeccionismo". E, quando algo realmente sai errado, desabam, às vezes até entram em depressão. Cabe, aqui, questioná-las: "Como assim", cansadas, com estresse, depressão, *burnout*? Fazendo a pessoa pensar, ela concordará que perfeição não existe e que, na verdade, está correndo atrás de um fantasma que somente a faz cansar. Mas então por que correr atrás? Às vezes, precisamos inverter a pergunta para descobrir os porquês: "O que poderia acontecer, na sua imaginação, caso *não* fosse perfeita?". Elas descobrirão que, na maioria dos casos, a verdadeira motivação do seu trabalho não está predominantemente em quererem ser perfeitas, mas em desejarem evitar sentir-se fracassadas, falhas, culpadas, caso algo não saia tão bem. E, quem se sente culpado, espera castigo, o que, por sua vez, significa retiro do afeto. A "perfeição", assim, torna-se algo defensivo, o que custa muita energia – a qual poderia ser usada para algo construtivo. Nesse caso, ainda, muitos sentem, inconscientemente, agressividade, justamente porque o subconsciente, em algum lugar, "sabe" que não há culpa. Aqui se completa o círculo vicioso, pois irritação não combina com perfeccionismo. Então, esses sentimentos de irritabilidade também devem ficar reprimidos. Ao longo dos anos, estou cada vez mais convencido de que os sentimentos de culpa e de agressividade tiram muito a alegria e paz das pessoas. E vou mais longe: isso ocorre principalmente quando o sentimento de culpa é muito forte (como é o caso de muitos ministros ordenados, principalmente presbíteros), como, por exemplo, quando a pessoa, na sua percepção, não cuidara suficientemente bem da mãe que faleceu, ou por causa de males feitos no passado, inclinações e tendências sexuais não aceitas, entre tantas outras situações. Nesses casos, o interessado vem se candidatar ao presbiterado com a motivação inconsciente de "desfazer" a culpa (que não existe objetivamente falando), fazendo algo de "bom" pela humanidade. Voltarei a este assunto no capítulo sete.

- Aquele sacerdote que sempre visita a mesma família e fica lá até altas horas da noite, porque "eles precisam muito de mim". A recorrência de estar sempre com os outros, mais pela necessidade de dependência afetiva, pode esconder o medo ou a incapacidade de ficar só, para estudar, rezar, meditar – algo que a pessoa gostaria de saber fazer, pela importância que *sabe* que tem.

- O estudante que exagera em alcançar sempre bons resultados e que se irrita porque não aceita receber nada menos que a pontuação máxima. Isso porque, no fundo, não aceita as limitações próprias do ser humano. Nesse caso, não é impossível que adquirir conhecimento, para essa pessoa, signifique "ter poder, influência", ao invés de, na verdade, desejar servir a comunidade e a sociedade com o dom que recebeu. Destacar-se pode dar a sensação (inconscientemente) de estar no controle e poder dominar o mundo a seu redor. Nesse caso, o seu "conhecimento" pode ter uma função utilitária, e não atuar como expressão de liberdade interior.

- Por fim, um exemplo de motivação ou de motivações que podem levar a desastres pessoais e/ou escândalos públicos. Sabemos que a área afetiva/sexual do ser humano não é algo em separado ou distinto da totalidade de sua personalidade, mas uma expressão de *toda a dinâmica da personalidade*, tanto que podemos dizer, com Guarinelli, que: "na sexualidade se encontra 'em pequeno' o que 'em grande' – isto é, no total – se encontra em toda a personalidade".[37] Fenômenos como clericalismo, autoritarismo, dominação e controle, ganância, autorreferencialismo, narcisismo, exibicionismo – na verdade, quase todos presentes no mesmo "pacote", se olharmos a partir da psicodinâmica –, além, é claro, da área de sexualidade, formam os grandes obstáculos à santificação individual e comunitária. Como a sexualidade é parte e expressão da afetividade, torna-se cada vez mais urgente a formação para uma afetividade equilibrada. Não é segredo que a Igreja e, sobretudo, o celibato *podem* servir de esconderijo para quem não resolveu bem o processo de identificação sexual. Além disso, a Igreja "Mãe" também *pode* servir de ninho, de colo. Nos vários países nos quais pude acompanhar pessoas, chamou-me a atenção, pela frequência com que acontece, um fenômeno psicodinâmico que remete ao segundo e ao terceiro estágio do desenvolvimento de Erikson: autonomia *versus* vergonha e dúvida, iniciativa *versus* culpa.[38] Com certa frequência, padres jovens se veem envolvidos em relações íntimas com mulheres, dizendo ser *contra* a vontade deles próprios e que não se conseguem desvincular.

---

[37] Guarinelli, S. *Il celibato dei preti: Perché sceglierlo ancora?* 3. ed. Milano: Paoline, 2019, p. 39.

[38] Hall, C. S.; Lindzey, G.; Campbell, J. B. *Teorias da personalidade*. 4. ed. Porto Alegre: Artmed, 2000 (cap. 5: "Erik Erikson e a Teoria Psicanalítica Contemporânea").

Em muitos casos, tudo começa com um atendimento de aconselhamento pastoral, que se vai tornando cada vez mais comprometedor. Quando questionados sobre o que foi que os fez se envolverem, não poucas vezes a resposta é: o sofrimento da mulher. Pensando que era um sentimento de compaixão, a vontade, ou o ímpeto de ajudar, se revelou forte. Ademais, palavras como "pena" ou "dó", com frequência, aparecem nos relatos. Entretanto, pena e dó, em geral, apontam mais para um sentimento de culpa, conforme mencionado acima, em outro exemplo. Novamente, invertendo-se a pergunta: "E se você *não* conseguir ajudá-la, o que irá sentir?", a resposta normalmente será: culpado, fracassado, incapaz... Padres, mas não só, que não se conhecem profundamente, podem cair nessa "arapuca" de pensar que estão ajudando, enquanto, na verdade, estão "apenas" tentando evitar ou aplacar seu sentimento subjacente de culpa. Esse ímpeto de se responsabilizar pela dor do outro e de sentir-se "obrigado" a tirar a dor alheia, aprenderam com alguém no passado e agora, com o sentimento enraizado, repetem, sem saber, o mesmo padrão.

Descrevi alguns poucos dos inúmeros exemplos mais frequentes e simples das psicodinâmicas pessoais. Muitos outros poderiam ser mencionados, em relação a si mesmo ou aos outros, em relação à Igreja e a Deus, ou à vida espiritual em geral. No entanto, a lista ficaria longa demais. Outrossim, alguém poderia objetar: "Não se está psicologizando demais? Não é normal o ser humano ser assim? Não se pode ter falhas?". Sim, estamos falando da condição humana. E, com os exemplos dados, não quero dizer que todos que têm um ou mais conflitos sejam emocional ou psicologicamente doentes. Não se trata de ter ou não ter conflitos, mesmo porque ninguém está totalmente livre de motivações inconscientes e/ou secundárias. O que importa mais, entretanto, é saber "medir" a frequência e a força da influência que tais conflitos podem ter na vida pessoal e pastoral.

Recordemo-nos dos quatro grupos já mencionados: o conflito central está *sempre* presente, *quase sempre*, *frequentemente*, ou *raramente* presente. Para usar uma metáfora, em qualquer casa pode haver queda da chave de energia, em razão de uma sobrecarga repentina e isolada, porém, quando isso acontece com muita frequência, seria bom verificar a instalação toda, porque algo deve estar errado. Não é por isso, no entanto, que pessoas com conflitos, mesmo que sejam consideráveis, devam ser excluídas do processo formativo. Purificar motivações, trazer à tona inconsistências e desatar os nós dos conflitos têm dois objetivos diretos: o primeiro visa aumentar a liberdade interior da pessoa, a fim de que ela possa internalizar melhor os valores autotranscendentes teocêntricos que proclama; o segundo objetivo, que é como que consequência do primeiro, trata-se do fato de o ministério ordenado poder ser vivido e exercido com maior coerência e eficácia pastoral.

Chegamos ao fim deste capítulo sobre a resposta vocacional que o homem dá ao chamado de Deus, visto no capítulo anterior. É bom lembrar que os responsáveis não precisam necessariamente responder à pergunta sobre se Deus está chamando essa pessoa, isso porque é impossível perscrutar os desígnios do Senhor. O que eles podem e devem fazer é ver se essa pessoa concreta, que diz ser chamada, realmente vive, ou busca genuinamente viver, conforme os valores inerentes ao estado de vida e à vocação que diz querer seguir, pois é o único aspecto verificável no processo vocacional. Educar, formar e acompanhar são tarefas próprias dos formadores designados pela autoridade competente.

Espero e rogo para que o que foi exposto neste capítulo possa ajudar na conscientização da necessidade de a Igreja ter estruturas formativas e formadores à altura dessa belíssima e complexa missão.

3 | UM MODELO FORMATIVO PARA ADULTOS

Introdução

Como vimos no capítulo anterior, o processo de crescimento vocacional exige compromisso e participação ativa do formando. Tirar o adulto "do mundo" e colocá-lo em uma estrutura fechada não é opção, pois ele poderia regredir e cair na passividade, num ambiente protegido e onde recebe tudo, em que não é mais confrontado diariamente com os afazeres, as responsabilidades e as preocupações "normais" da vida. Um processo formativo capaz de permitir que ele se forme enquanto permanece, pelo menos durante quatro anos, exercendo seu emprego e mantendo sua vida social e eclesial como leigo engajado, evita que tenha um choque de realidade – com todas as suas possíveis consequências –, como pode acontecer àqueles que ficaram por muitos anos "separados" do mundo para, somente depois, terem de assumir grandes responsabilidades pelas quais não foram preparados pela vida, pois ainda não adquiriram experiência e nem sequer tiveram muitas das necessárias "passagens da vida", dois elementos que definem o ser adulto (veja mais adiante). O adulto não é uma "criança crescida" e, portanto, requer uma pedagogia própria para que possa continuar seu processo de amadurecimento, sem interrupções causadas pelo ambiente.

Neste capítulo, descrevo um possível modelo formativo, em tempo parcial, baseando-me na experiência que conheci e vivi na Holanda, e que agora estamos vivendo na Arquidiocese de Curitiba. Descreverei os passos que foram dados para se chegar à fundação de um instituto assim, como sugestão para aqueles que gostariam de iniciar algo semelhante.

Contudo, antes de tratar propriamente da fundação de uma estrutura própria para adultos, faz-se necessário refletir sobre quem é "o adulto" e quem pode ser considerado "vocação adulta".

Quem é "o adulto"?
E quem é considerado "vocação adulta"?

A idade cronológica por si só nunca foi garantia de maturidade, santidade, responsabilidade ou sabedoria. Dentre as muitas definições existentes, entende-se por "maturidade psicológica" a capacidade de lidar de forma eficiente e resiliente com as experiências e de realizar satisfatoriamente as tarefas desenvolvimentais (biológicas, sociais, cognitivas), características do nível etário da pessoa; por "maturidade vocacional" (*lato sensu*), entende-se a orientação avançada e competente em relação aos fatores de emprego e escolha profissional, de modo que uma pessoa com alta maturidade vocacional tende a ser realista quanto às suas próprias opções e capaz de adotar uma abordagem relativamente racional, muito mais que emocional, para explorar as possibilidades e tomar decisões de "carreira".[1]

O Papa São João Paulo II, no n. 89 de sua Carta encíclica *Redemptoris Missio*, aponta alguns sinais de maturidade: "atenção, ternura, compaixão, acolhimento, disponibilidade e

---

[1] APA. *Dicionário de Psicologia*. Porto Alegre: Artmed, 2010.

empenho pelos problemas do povo".² Na pessoa em questão, dever-se-ia entrever, ainda, a presença de cinco variáveis de força do ego, consideradas por Kohlberg, citado por Sawrey e Telford, como indicadores para se fazer o caminho rumo à maturidade (moral): 1) a inteligência geral; 2) a tendência para prever eventos futuros a fim de escolher o maior resultado remoto, em vez da menor recompensa imediata – a pessoa, no fundo, quer ser seminarista (recompensa imediata) ou está em formação para se tornar padre, diácono ou consagrado futuramente (maior resultado remoto), e, por isso, é capaz de sacrificar recompensas imediatas; 3) a capacidade de manter uma atenção estável e concentrada; 4) a capacidade de controlar fantasias não socializadas; 5) o amor-próprio ou a satisfação com o eu e com o mundo.³

Poderíamos acrescentar muitos outros elementos para formular uma sinalização de que a pessoa se tornou adulta: responsabilidade, autonomia, autossustentação, independência, liderança etc. Entretanto, todos esses conceitos enumerados em documentos e outros livros não passam de tentativas de se aproximar de uma definição que, na prática, dificilmente se encontra em uma só pessoa – ainda mais no início de um processo de formação. A vida presbiteral e/ou consagrada não é para pessoas que já ingressam "santas" ou "plenas" no processo formativo, mas para aquelas que desejam profunda e seriamente alcançar a santidade, a plenitude, dedicando a vida toda a esse processo. Segue-se, então, uma sincera busca de Deus, a

---

[2] Disponível em: <https://www.vatican.va/content/john-paul-ii/pt/encyclicals/documents/hf_jp-ii_enc_07121990_redemptoris-missio.html>.

[3] Kohlberg, L. Development of Moral Character and Moral Ideology. In: Hoffman, M. L.; Hoffman, L. W. (orgs.). *Review of Child Development Research*. New York: Russell Sage Foundation, 1964, apud Sawrey, J. M.; Telford, C. W. In: *Psicologia do ajustamento*. São Paulo: Ed. Cultrix, 1974, p. 358.

procura de bons e significativos relacionamentos, uma mentalidade sadia, uma reta intenção, a motivação, a seriedade e o comprometimento, certa estrutura psicológica, transparência, abertura, alguma experiência de vida e de trabalho, desprendimento e sinceridade, critérios esses que se tornam centrais. Poderíamos resumir tudo isso no conceito de "amor-próprio", segundo Cencini: interesse, busca e investimento no próprio desenvolvimento.[4]

Quem tem consciência de si e já passou por experiências de vida, de trabalho, de desafios; quem já conhece algo da vida e já passou bem e integrado pelas fases turbulentas da adolescência e da juventude, inclusive tendo já travado certas lutas de fé, pode ser considerado, enquanto possível, vocacionado adulto, a título de diferenciação dos jovens normalmente admitidos nos seminários de regime interno.

Daniele Loro, professora de Pedagogia da Vida Adulta, da Universidade de Verona, no seu artigo "Formar os adultos em uma época 'sem adultos'",[5] diz que o jurista italiano Gustavo Zagrebelsky, no seu livro *Senza adulti*,[6] "coloca o leitor diante de um fato paradoxal: o desaparecimento dos adultos, significando o fim da própria existência de uma das fases da vida humana". Pergunta Zagrebelsky:

> Onde estão os homens e mulheres adultos, aqueles que deixaram para trás: as turbulências, as contradições, as fragilidades, os estilos de vida, os trajes, os cuidados com o corpo, o modo de fazer e até o uso da linguagem próprios da juventude, e, por

---

[4] Cf. Cencini, A. Maturidade humana. In: Id. *Os sentimentos do filho*; caminho formativo na vida consagrada. 2. ed. São Paulo: Paulinas, 2005, cap. X.

[5] Loro, D. Formare gli adulto in um tempo "senza adulti". *Tredimensioni* 15 (2018), Modena, Associazione Educare.

[6] Zagrebelsky, G. *Senza adulti*. Torino: Ed. Einaudi, 2016.

outro lado, que não são assolados pelo pensamento de um fim que está chegando mais perto sem que se possa dele fugir? Onde ficou o tempo da maturidade, o tempo quando se enfrentava o presente assim como é, olhando-o na cara, sem medo? Em seu lugar veio uma juventude de fachada, falsa, fictícia e ilimitada, prolongada com tratamentos, substâncias, curas, dietas, infiltrações e cirurgias; mães que querem ser, aparecer e se comportar como suas filhas, muitas vezes até o ridículo. A mesma coisa com os pais, que renunciam a si mesmos para se lançarem na "cultura jovem" dos seus filhos. A eterna juventude, as promessas dos pactos com o diabo de fantasiosos elixires se tornaram um desejo que a publicidade comercial alimenta para os seus fins (pp. 46-47).

Destaca, ainda, que "motivos econômicos, ligados à mentalidade consumista, que valoriza apenas o modo de viver da juventude, não pode ser a única causa do desaparecimento da idade adulta" (p. 135). Uma segunda causa pode estar ligada ao enfraquecimento de outro elemento que deveria ser próprio da vida adulta: a capacidade de pensar e de agir, tendo a competência e a experiência necessária para compreender em profundidade aquilo que se deve fazer. "Os adultos são forçados a pensar e agir de modo sempre mais rápido, em menos tempo, estressados, para refletir de modo mais adequado. Na mesma hora são exigidos a prestar o mesmo nível de produção" (p. 135).

Uma terceira causa do "desaparecimento dos adultos" está ligada a motivos internos no modo de pensar. Uma consequência do que foi dito anteriormente é que pessoas assumam um estilo cognitivo inevitavelmente simplista e parcial, concentrando-se em apenas um aspecto (geralmente o mais imediato, útil ou urgente) e deixando outros de lado. Consequentemente, pode acontecer que o pensar será sempre mais especializado, setorial e parcial. Acontece, porém, que os adultos, quanto mais avançam na idade, sentem-se incapazes de pensar em termos setoriais, porque percebem a necessidade de pensar sempre profundamente. Pelo contrário, o fato de se sentirem forçados a pensar de modo setorial pode ser experimentado como renúncia ao modo peculiar, cognitivo, próprio da sua idade, para pensar como os jovens, sentindo-se, porém, sempre mais inadequados (p. 136).

Ainda sobre essa questão, uma última consideração pode vir da convicção dominante, segundo a qual a realidade e a sua essência se identificam com a sua imagem; a comunicação coincide com as conexões; o mundo virtual é apresentado como mais verdadeiro que o mundo real, assim como as palavras parecem poder substituir os fatos, reduzindo-os a ser iguais a imagens e palavras. "Parece que na vida humana desapareceu a distinção entre dimensão exterior (visível, pública, comunicável) e dimensão interior (invisível, pessoal e, muitas vezes, difícil de verbalizar, mesmo quando estão sendo vividas), no sentido de que, o que realmente existe é o visível, mensurável e comunicável. Tudo o que não tem essas características, simplesmente não existe" (pp. 136-137).

Desse modo, se as coisas estão assim, de fato não teria mais sentido pensar em diferença entre juventude e velhice. Daí a afirmação do desaparecimento simbólico, psicológico, social e cultural dos adultos. E, "com isso também se vai a ideia de que a passagem de uma fase de vida para outra acontece através do processo de 'destruir' formas do viver precedente, visto como inadequado, e 'construir' novas formas de viver, capazes de recompor o significado da vida em uma nova síntese existencial, de acordo com a nova idade. Formar-se na vida, portanto, é transformar-se a si mesmo" (p. 137).

Loro dedica as últimas páginas do seu artigo ao tópico: "O renascimento dos adultos: atenção às experiências vividas e às passagens de vida", afirmando que "há algo que o adulto possui de modo todo particular em relação às outras idades, que é a sua experiência que se acumula devagar no decorrer dos anos [...] Quanto mais o adulto avança em idade, mais se dá conta de como a sua vida é marcada por rupturas, separações e perdas" (p. 137). De acordo com ela, a vida de um adulto é, portanto, marcada pelas "passagens da vida", segundo a denominação conferida pela escritora, psicóloga e psicoterapeuta Alba Marcoli,[7] aos espaços transicionais ligados a momentos de grandes mudanças da vida, nos quais se misturam duas coisas dolorosas, a perda da segurança anterior [...] e a desorientação, o medo, o terror do novo.

A partir das afirmações de Marcoli, Loro trata das quatro experiências que marcam uma passagem de vida: experiência de perda; experiência do vazio; experiência de enriquecimento; experiência de renovada confiança em si mesmo. Para Loro, a atenção progressiva às experiências vividas, especialmente aquelas que têm a característica de "passagem de vida", deveria ser uma característica própria de todo adulto que aceita parar e refletir sobre aquilo que lhe aconteceu. Ao mesmo tempo, ele não demonstrará medo de olhar a própria história pessoal e os acontecimentos que marcaram o seu desenrolar. O que pode acontecer, mais cedo ou mais tarde, na vida de cada adulto, é o surgimento espontâneo da necessidade de contar a própria história para um outro, de maneira diferente, como de costume. Esse contar a "autobiografia" do adulto para um outro não é apenas narrar a própria história, mas trata-se de uma

---

[7] Marcoli, A. *Passaggi di vita. Le crisi che ci spingono a crescere*. Milano: Ed. Arnoldo Mondadori, 2009, p. 5.

oportunidade para se compreender e interpretar o seu significado, o que lhe parece ser ao mesmo tempo familiar (por tê-lo vivido) e estranho (até o momento que entende o seu significado). Nesse sentido, os colóquios de crescimento vocacional, assunto tratado no capítulo sétimo, fazem parte do programa formativo, justamente para que o formando possa contar, compreender e interpretar sua autobiografia.

Falando, enfim, das fases do renascimento (do adulto), Loro diz que, nesse ponto, pode-se pensar no percurso educativo e formativo do adulto. O "renascimento" do adulto seria o efeito de ter adquirido um novo "estado de consciência", quando vê a si mesmo e a realidade a partir de uma perspectiva totalmente nova. Para chegar lá, pode-se pensar em três etapas, cada qual caracterizada por um processo de "reconhecimento": na primeira fase, o reconhecimento da existência de uma dinâmica profunda e constante, mesmo na diversidade das experiências vividas; na segunda fase, um educar-se para o autoconhecimento, para viver a vida interior; e na terceira fase, educar-se para sair de si mesmo através do conhecimento simbólico da vida espiritual e da experiência religiosa (pp. 140-142).

Se, no texto de Loro, o acento para uma definição de "vida adulta" está nos conceitos de experiência, passagens de vida, autocompreensão e vida interior, para, então, chegar à experiência religiosa, recordamos que o fundador de Bovendonk, já em 1983, considerou esses mesmos aspectos, ao descrever que: "Após alguns anos de experiência com esse tipo de formação, acrescentou-se outro destaque. Esse grupo único de candidatos que, a partir de suas profissões seculares, pretendem *passar para* o ministério eclesial, merece receber uma *oferta especial* de formação, direcionada às *suas necessidades e possibilidades*.

Fazem parte desse programa: a formação intelectual, o estágio de prática pastoral, a *contribuição dos próprios candidatos* ao processo formativo *a partir de seu próprio passado e presente*, e o acompanhamento na *transição* do meio profissional secular para o ambiente religioso" (grifo meu).

Retratamos, no quadro abaixo, algumas diferenças entre jovens e adultos, considerando que idade cronológica nunca é garantia de maturidade e que "adulto" não é sinônimo de "maduro":

DIFERENÇAS ENTRE JOVENS E ADULTOS	
Jovem	Adulto
Personalidade em formação	Personalidade mais consolidada
Pouco autoconhecimento	Mais autoconhecimento
Motivação a ser testada	Motivação testada pela vida
Deve aprender a aprender	Aprendeu com a experiência
Precisa ser mais guiado/orientado. A essência pedagógica está na educação. O formando é sujeito e objeto	O formando é o primeiro protagonista. A essência pedagógica está na auto e mútua formação
Segue o projeto formativo elaborado por outros	Participa no desenvolvimento do projeto
Os vícios são aqueles próprios dos jovens	Deve-se considerar os vícios "profissionais"
Deve ser educado-formado em todas as áreas	Formar sobretudo o lado ministerial
Identidade sexual, muitas vezes, ainda difusa	Espera-se mais clareza nessa área, sem, porém, pressupor nada
Fé e vida eclesial devem ser testadas no cotidiano	Já passaram por mais provas de fé na vida
Transferem muito; o formador deve estar atento à contratransferência	Relação formando-formador é de mais "igualdade". Em vez de ser formador, ele é facilitador/assessor

Passividade e complacência mais acentuada	Provocar mudança de eficiência para eficácia pastoral
Vivem em grupos de "iguais"	O adulto imaturo pode regredir no meio de jovens
Formandos beneficiados com formadores jovens	Formandos exigem formadores com experiência
Fase da vida da diferenciação, da identificação e da experimentação	Fase da vida de integração, de internalização e da adesão livre e responsável à vida

São úteis, para melhor entendimento dessa diferenciação, as observações de Donato Pavone, segundo o qual "normalmente os esquemas cognitivos, afetivos e conativos típicos da vida adulta se diferenciam daqueles de fases anteriores pelo grau de integração e, portanto, não somente no nível quantitativo, mas também, e sobretudo, no qualitativo". Nesse sentido, o adulto não é uma criança crescida que sabe mais ou sente mais – o que penso ser o que normalmente se dá a entender, quando um adulto é colocado no seminário com adolescentes/jovens.

Para Pavone, o adulto "*conhece* de maneira diferente porque é capaz daquela objetividade mediada pelos significados, possibilitada pelas estruturas mentais com as quais é dotado". A essa altura da vida, ele possui não somente um espectro mais amplo de *emoções,* mas também as vive de modo mais intenso ou pacato. "A imagem sentida de Deus que o adulto é capaz de ter também é qualitativamente diferente de antes. Trata-se daquela representação mental da qual depende, de uma maneira ou de outra, a relação que é capaz de estabelecer com ele." Torna-se evidente, assim, que o desenvolvimento religioso não se resolve aumentando o espectro do saber ou do sentir Deus, mas se realiza na conquista estrutural de uma modalidade mais madura e integrada de vê-lo, de senti-lo e de "vivê-lo".

Compreendendo isso, "o formador se torna mais consciente de que a vida adulta é a fase da vida, não da diferenciação, da identificação e da experimentação, como é a fase precedente, mas, sim, da integração e da internalização e, portanto, da adesão livre e consistente ao bem em si".[8]

Adultos vocacionados

"Quando eu era criança, falava como criança, pensava como criança, raciocinava como criança. Depois que me tornei homem, fiz desaparecer o que era próprio da criança" (1Cor 13,11).

"Em verdade vos digo que, se não vos converterdes e não vos tornardes como as crianças, de modo algum entrareis no Reino dos Céus" (Mt 18,3).

A tensão que emerge no cotidiano, quando se tenta integrar a vivência do conteúdo desses dois versículos bíblicos aparentemente contraditórios, citados por Imoda na introdução de seu livro *Psicologia e mistério*,[9] é experimentada de maneira literal por homens adultos que se propõem a seguir o programa formativo em tempo parcial para a vida presbiteral ou para o diaconato permanente. A média de idade dos 116 homens que, entre 1983 e 2018, foram ordenados em Bovendonk era de 43 anos, idade que coincide com a dos que estão preparando-se no IDE. Considera-se, assim, já haverem percorrido uma boa caminhada precedente: certamente concluíram estudos e treinamentos diversos; exerceram alguma profissão, tiveram

---

[8] Pavone, D. Sulla formazione degli adulti. *Tredimensioni* 9 (2012), Modena, Associazone Educare, pp. 270-277.

[9] Imoda, F., sj. *Psicologia e mistério: o desenvolvimento humano*. São Paulo: Paulinas, 1996.

emprego fixo ou, em outros casos, são provenientes de alguma congregação ou ordem religiosa; já possuem uma forma quase definitiva em seu desenvolvimento pessoal; acumularam conhecimento e experiência em diversas áreas da vida – muitos em funções de grande responsabilidade ou como profissionais liberais autônomos; e também participam de uma comunidade de fé, alguns mais ativamente que outros, na qual desenvolveram uma imagem de Deus, da Igreja e do que vem a ser um padre ou um diácono permanente. Além disso, os formandos diáconos possuem responsabilidades e experiências próprias da vida matrimonial, de paternidade e de vida familiar. De igual modo, os poucos viúvos que desejam tornar-se presbíteros conservam a alegria e as responsabilidades da paternidade.

Resumindo, estamos falando de homens adultos, formados, independentes e, muitas vezes, autônomos, com percepções desenvolvidas, hábitos, padrões de comportamento, imagens de Deus, da Igreja e do mundo consolidados e que agora pedem para ser preparados para o ministério ordenado. O Senhor os chama a partir de onde se encontram naquele momento específico de sua vida e, também, com as profissões das mais variadas possíveis que exercem: marceneiros, engenheiros civis, funcionários públicos, agentes funerários, juristas, enfermeiros, professores, padeiros, vendedores, conselheiros municipais, pescadores, cobradores de impostos, médicos, militares, açougueiros, psicólogos etc. Cada um com seu próprio nível de preparação intelectual, cultural, social e eclesial. Desse modo, o adulto que se apresenta não é uma folha em branco, não irá "começar do zero". Ele tem toda uma história já vivida. Trata-se, portanto, mais do que de um processo de formação inicial, e sim de um processo de formação complementar, de uma adequação ou, principalmente para os que serão presbíteros, de uma transição de um estilo de vida para outro.

O modelo formativo que descreverei em seguida, consiste no modo gradativo que compreende deixar um estilo de vida para adquirir paulatinamente outro. Todavia, veremos que o maior desafio para os formandos está em deixar de ser *eficientes*, conforme foram treinados profissionalmente, para se tornar pastoralmente *eficazes*.

Voltar a ser aprendiz

A experiência de o adulto literalmente precisar voltar às carteiras escolares e constatar que não só em nível intelectual, mas também no que concerne à vida espiritual, ao autoconhecimento e às habilidades pastorais ainda há muito a aprender, traz consigo a sensação de se ver novamente como um iniciante. Um formando meu, após alguns meses de estágio pastoral, observou a esse respeito: "Quando eu era diretor de uma grande empresa, tive de tomar decisões importantes e autonomamente sobre pessoas e lidar com grandes somas de dinheiro, mas agora me sinto como uma criança, com duas mãos esquerdas".

O fato de os candidatos serem tão fortemente motivados a se tornarem presbíteros, entregando-se a si mesmos, quase sempre também se expressa em deixar para trás posses, por vezes significativas, e possibilidades de uma ótima carreira na empresa em que trabalham; pode significar também (forte) redução no salário, a partir do momento em que ingressam no estágio, perda de status e, por vezes, também de amizades, além de incompreensões ou críticas no círculo familiar, mudança nos costumes anteriormente aprendidos, entre outras situações.

Não tenho a intenção de dramatizar, mas isso vale como dado concreto para se constatar que candidatos adultos devem ter uma forte motivação para concluir o que começaram. Um índice interessante a observar é que o percentual de ordenações dos que se formaram em um instituto para adultos está em torno de 60%. Poderíamos também nos perguntarmos qual é a média de Ordenação dos jovens que passaram pelo processo regular em um seminário interno, em nossas realidades locais.

É justamente essa forte motivação dos formandos, conforme ouço regularmente, que anima docentes e outros membros das equipes de coordenação, bem como os colaboradores, homens e mulheres, a dispensar, com alegria, valiosas horas dos finais de semana para dar aulas a eles. Por sua vez, tal comprometimento dos colaboradores faz com que os formandos sejam também estimulados a trabalhar de modo mais sério.

Aprofundamento contínuo

Além das dimensões da formação intelectual e da prática pastoral/missionária, com as quais os formandos adultos serão confrontados, há as dimensões das profundezas espirituais e humanas. Note-se que as motivações que fazem com que os candidatos renunciem a muitas coisas são de ordem espiritual: o chamado, a vocação, o inexprimível, o inefável, o sentir-se tocado por Deus, a experiência pessoal de Deus. São realidades que fazem com que tais homens consigam ou aprendam a deixar tudo para iniciar algo novo ou aprofundar o que já existe. Por isso também o processo vocacional como um todo deverá ser visto, discernido e expresso por um linguajar predominantemente teológico-espiritual, não psicológico.

Durante a caminhada formativa, o crescimento nessa dimensão espiritual será muito mais profundo do que eles imaginavam no início do processo. Isso faz recordar uma expressão popular: "Se você dá um dedo a Deus, colaborando com a graça, ele o toma para si e envolve, pouco a pouco, todo o seu ser".

Através das orações diárias, da frequência aos sacramentos, de leituras espirituais, direção espiritual, retiros de um ou mais dias (nas férias do trabalho), Liturgia das horas, *Lectio divina*, estudo da Sagrada Escritura, conhecimento de História (da Igreja), Filosofia, Teologia, Ciências Humanas e tantas outras disciplinas, o formando adquire cada vez mais compreensão daquilo que vem a ser o ministério ordenado e/ou a vida consagrada à qual foi chamado.

Também a visão de mundo, bem como a própria permanência e atuação nele, a variedade e a qualidade das relações humanas, o "ser Igreja", as próprias ações e reações, tudo é mexido. É o resultado da escolha de uma vida totalmente nova, sobretudo quando se faz escolha pelo presbiterado celibatário; uma escolha que implica a vontade de crescer em total entrega a Deus, de se tornar dom. Isso representa muito mais do que optar por uma nova profissão para ganhar o pão de cada dia.

No início do processo formativo, ninguém pode sequer imaginar o que Deus poderá fazer da sua vida, da mesma forma que não há quem lhe possa explicar isso. É como quando se pergunta qual o sabor de uma laranja... só experimentando para saber. É o iniciar (ou continuar) de um caminho espiritual, que é como andar por uma estrada rural sem saber o que virá depois da próxima curva. É colocar-se a caminho, sem jamais parar de dar um passo à frente do outro, nem mesmo diante dos maiores desafios, pois *tudo* o que vier a acontecer certamente serve ou poderá servir para o crescimento espiritual, uma vez que, na sua essência, "espiritualidade" é fundamentalmente uma forma de viver e agir; é como uma vida de acordo com o Espírito de Deus, uma vida que pode fazer de nós "filhos e filhas de Deus" (cf. Rm 8,9-14). Ou, ainda, se quisermos uma definição mais elaborada, podemos escolher, dentre tantas, aquela de Waaijman, segundo a qual o objeto formal do estudo da espiritualidade poderia ser definido como "transformação divino-humana".[10]

Por mais que os adultos que nos procuram participem ativamente de uma comunidade de fé, de um movimento, de uma linha de espiritualidade, a maioria entende por espiritualidade os atos devocionais ou os momentos de oração, confundindo, assim, os meios com o fim. Para a grande maioria deles, a direção espiritual, por exemplo, bem como os retiros de silêncio, vem a ser algo novo, e é preciso, então, acostumar-se com e acordar para a realidade de ser chamado à "trans-forma-ação", deixando-se transformar/moldar pelo Senhor, como pessoa. Nessa caminhada de aprofundamento da vida cristã, imersos no que chamamos de espiritualidade cristã, podem encontrar-se com si mesmos.

Destaca-se, então, outra dimensão profunda da vida com a qual todos nós (formandos, professores, colaboradores, formadores) nos deparamos: o próprio ser da pessoa. Considerando a prática pastoral, ao indagar paroquianos, bispos e superiores religiosos sobre quais dificuldades mais surgem entre os ministros ordenados, não se ouve falar tanto da falta de capacidade para fazer uma boa reflexão; de não saber administrar os sacramentos, organizar e conduzir uma comunidade; da falta de rezar ou fazer visitas domiciliares e tantas outras atividades pastorais. Ouve-se, porém, falar muito mais de problemas relacionados à dificuldade de comunicação, de trabalhar em equipe; da (falta de) liderança; do medo de que

---

[10] Waaijman, K., O. Carm. *Spiritualiteit: Vormen, Grondslagen, Methoden*. Gent/Kampen: Carmelitana/Kok, 2000, 954pp.

alguém lhes faça "sombra", excluindo-se leigos críticos; de suas exigências materiais; dos que têm vida dupla; dos que desvirtuam a liturgia e fazem o que querem a seu bel-prazer; dos que são inflexíveis e autoritários; dos que sistematicamente se ausentam de compromissos diocesanos; dos tipos competitivos e dos *showmen*; dos que nunca querem ser transferidos, organizando seu próprio "ninho" numa paróquia, onde pensam ser o próprio bispo... para não falar de coisas piores, como abusos sexuais de menores etc. Às vezes, vem-me à mente a citação popular de Jr 14,18c: "até o profeta e o sacerdote perambulam sem rumo pela terra".[11] Confesso que admiro muito a fé do povo de Deus, que tem muita paciência para com alguns ministros ordenados.

Entretanto, ao observar e escutar o outro lado, sobretudo a situação dos presbíteros, constata-se solidão, estresse, insatisfação e incoerências na área afetiva; muitas doenças somáticas e, até mesmo, depressão e *burnout*; falta de amizades significativas; queixas de trabalho excessivo, de exigências das coordenações diocesanas e dos superiores, de paroquianos que não colaboram etc. Não obstante tudo isso, acrescentem-se outras dificuldades ainda mais profundas, que podem levá-los a desistir do ministério poucos anos após a Ordenação, principalmente, em meio aos mais novos no ministério, como conflitos internos não expressos nem visíveis.

Quando enumero esta lista para os formandos do primeiro ano, alguns me perguntam se minha intenção é desencorajá-los, porque o estaria quase conseguindo.

Com efeito, dá-se a impressão de que estou apresentando um quadro muito negativo, o que, às vezes, pode até desanimar.

---

[11] "até o profeta e o sacerdote atravessam a terra e não compreendem!", na tradução da Bíblia de Jerusalém.

Realismo e praticidade

Contudo, pretendo ser realista, não negativista. Não podemos negar que, para além das muitas coisas boas, tudo isso que foi dito acontece, e passar superficialmente por cima de coisas sérias, tapando o sol com a peneira, não é o melhor caminho apenas porque não sabemos o que fazer. Foi duro ouvir um bispo dizer: "Há tantas anormalidades que parecem ter se tornado estatisticamente normais". Não é minha intenção apontar o dedo para o lado sombrio, só por simplesmente fazê-lo, pois estaria também apontando três dedos para mim. Também não é necessário repetir o que é de conhecimento geral, embora nem sempre assumido. Mas é preciso reforçar os exemplos práticos para ajudar na constatação de que o *tipo* de dificuldades encontradas – todas, ou quase todas – tem pouco ou até nada a ver, em si e diretamente, com o chamado, com a fé, com as capacidades ou com as habilidades pastorais, tecnicamente falando. Não é tanto o *quê*, mas *como* e *por que* a pessoa faz o que faz; *como* tem determinadas atitudes e comportamentos.[12] As complicações não têm sua origem no lado do chamado divino, mas no lado da resposta humana.

As limitações próprias de cada pessoa, mais enraizadas à medida que a pessoa avança em idade, e que levam às realidades acima descritas, são *anteriores* ao início da caminhada vocacional e, portanto, podem – ou melhor, devem – ser enfrentadas, na medida do possível, *antes* da Ordenação ou da profissão solene, durante a fase da formação inicial. Daí a importância da formação humana. Evidentemente, não estou desmerecendo a dimensão intelectual ou as outras dimensões

---

[12] É a impostação do livro de: Cencini, A.; Manenti, A. *Psicologia e formação: estruturas e dinamismos*. São Paulo: Paulinas, 1987, introdução, p. 8.

do processo formativo. Todas elas – humana, espiritual, intelectual e pastoral/missionária – são igualmente importantes e holisticamente complementares e integrativas. No entanto, tendo certeza de que algumas pessoas são mais capacitadas para desenvolver a dimensão intelectual e outras, ainda, a dimensão pastoral/missionária, optei por enfatizar a dimensão psicoespiritual, partindo do princípio de que "a graça Divina supõe a natureza e a aperfeiçoa", e, sendo assim, "a natureza é mais essencial para o homem".[13]

Estou convencido de que a grande maioria dos ministros ordenados procura a Deus, buscando seguir Jesus Cristo; trabalham bem e bastante; são estimados e queridos pelos leigos; sabem se sacrificar, doando-se aos outros; são fiéis e sofrem por causa do contratestemunho de colegas e das dores do povo.

Há mais de 35 anos vejo, além das minhas próprias, as lutas internas de seminaristas, formandos adultos, ministros ordenados e pessoas consagradas para se integrarem mais e assim se santificarem. São aqueles que buscam e sofrem em silêncio. São histórias e conquistas lindas, que não chegam à mídia – nem precisam chegar.

Vocação adulta ou vocação madura

Pode acontecer que o nosso modelo em tempo parcial não seja o mais adequado para determinada pessoa, ou, talvez, não *neste* momento de sua vida, mesmo tendo ela idade adulta. Como idade cronológica nunca é garantia de maturidade, pode ocorrer, como de fato já aconteceu, de um homem com mais de

---

[13] Cf. Bento XVI. *Catequese sobre São Tomás de Aquino, parte 2*. Audiência de 16 de junho de 2010. São Tomás de Aquino (2) | Bento XVI (vatican.va).

30 anos até então nunca ter vivido autonomamente, sendo dependente dos pais ou de outras pessoas, e nunca ter trabalhado para valer ou mantido o próprio sustento. Caso essa pessoa permaneça morando e dependendo dos pais, poderá continuar procurando um "ninho", agora, na Igreja, sendo dependente dos paroquianos (mais que sendo pastor deles) e até fazendo mau uso dos bens da Igreja. A essa pessoa eu diria que deveria tornar-se mais madura, *antes* de iniciar uma caminhada conosco, talvez morando sozinha e provando que é capaz de se manter, em todos os sentidos. Pensando assim, estamos praticamente mudando o sentido de "homens vocacionados adultos" para "homens vocacionados maduros".

Por outro lado, o contrário também pode acontecer: pode haver alguém que, com seus 40 anos, nunca aprendeu a ser minimamente dependente, nem interdependente; que, ainda jovem, foi morar sozinho, tornando-se totalmente autossuficiente, independente, muito responsável e trabalhador; participante ativo da Igreja, no sentido de fazer algo dentro da comunidade, mas sem relacionamentos significativos, sem compromisso sério com os grupos aos quais diz pertencer; ou, ainda, alguém que não aceita ouvir nada, não acolhe críticas, sugestões. Não é impossível que Deus o chame, mas como saber? Nesse caso, diria eu, seria melhor fazer uma caminhada formativa dentro de uma comunidade (uma casa paroquial com outros padres, por exemplo), pelo menos durante algum tempo, para ver se ele se dispõe a aprender a ser membro de um grupo, a partilhar, a trabalhar em equipe, a rezar junto, a ser confrontado e questionado. Caso contrário, teremos provavelmente mais um presbítero isolado, que fará de sua paróquia uma diocese e jamais aparecerá em uma reunião do clero, além de outras possíveis dificuldades que poderão aparecer mais tarde.

Por fim, há alguns casos de pessoas que ainda não alcançaram a idade mínima estabelecida (28 anos), mas que, além de atender aos demais critérios, já possuem um grau de maturidade que justifica a admissão ao instituto. Nesse sentido, a idade cronológica não é o único fator que determina se alguém pode ser admitido a um instituto próprio para adultos; deve-se olhar também o grau de maturidade.

Uma coisa é certa: a Igreja necessita oferecer um modelo formativo que venha ao encontro dessas pessoas adultas e maduras, a fim de que possam se deixar educar e formar dentro de suas possibilidades e necessidades. Descreverei, em seguida, a experiência de uma iniciativa que começou em 1983 e que está dando certo até hoje.

Um instituto especificamente para vocacionados adultos

Em seu discurso, por ocasião do Jubileu da Escola Latina, em Gemert, Holanda, em 1962, Dellepoort dizia que, há séculos, o surgimento de vocações tardias não é um fenômeno excepcional.[14] A Escola Latina de Gemert, "de fato, era também um Seminário Menor que formava principalmente alguns meninos mais velhos, de maneira que pudessem continuar seus estudos para o sacerdócio num Seminário Maior" (p. 181). Antes que alguém viesse a se tornar sacerdote com idade mais madura, esse era justamente o caminho habitual, senão o mais comum. Foi o Concílio de Trento (1545-1563) que possibilitou que a formação para o presbiterado se iniciasse a partir dos 12

---

[14] Dellepoort, J. J. *De Priesterroepingen in Nederland. Proeve van een statistisch-sociografische analyse* apud Stratum, J. van. In: *Berna ut Lucerna: De abdij van Berne 1857-2007*. (Cap. 11: "Berne en de Latijnse School van Gemert", pp. 181-188.)

anos (decreto *Cum adolescum aetas*, de 15 de julho de 1563). Segundo o mesmo autor, foi por causa da Revolução Francesa (1789-1799), com a proibição de que as ordens e congregações religiosas aceitassem candidatos novos, que, durante a primeira metade do século XIX, começaram a faltar padres na Europa. Por isso, em 1820, surgiu, em Besançon, França, pela primeira vez, um programa de formação sacerdotal específico para candidatos mais velhos.

Em 1873, os salesianos iniciaram, em Turim, um curso clássico abreviado para o mesmo público-alvo, o qual se desenvolveu até se tornar um seminário. A partir disso, surgiram, em outros países, instituições semelhantes. Na Holanda, nasceu até uma congregação religiosa própria para vocações adultas: os Missionários do Sagrado Coração, na cidade de Grave. Por volta de 1960, havia, naquele país, quatro instituições para a formação de candidatos em idade mais madura.

De acordo com Dellepoort, já em 1958, determinou-se que seria melhor não mais se falar em vocações tardias, mas em *primeiro* e *segundo* caminho até o sacerdócio; este último, precisando ser mais direcionado e adaptado à pessoa do candidato-sacerdote; necessidade que já havia sido percebida muito antes pela Escola Latina de Gemert, o que se conclui pela grande liberdade que os estudantes tinham, ao menos em se comparando com o clássico Seminário Menor, em modelo de internato.

Um modelo que novamente deve conquistar seu espaço

Todos os envolvidos com a formação, em tempo parcial, de adultos para o ministério ordenado devem estar cientes da desconfiança generalizada que existe em relação a esse novo modelo de formação. "Será que pode vir coisa boa de Nazaré?" Segunda chance, pessoas de mais idade ("velhos"), segunda carreira, tempo parcial... tudo isso pode ser interpretado como uma segunda opção em qualidade, embora os resultados tenham mostrado o contrário. Chama atenção que tais questionamentos apareçam quase que somente em relação aos candidatos ao presbiterado; nunca escutei uma dúvida desse gênero a respeito de homens casados que se preparam para o diaconato permanente. Pode haver ainda, por parte de alguns padres e seminaristas, uma certa inveja: "Tive de ficar tantos anos dentro do seminário, e eles podem continuar com o seu emprego e vida social e concluir a preparação em menor tempo". Contudo, os que pensam assim não percebem que o processo formativo em tempo parcial pode ser bem mais exigente e desafiador do que o processo feito em um seminário interno.

Por outro lado, constata-se o fato de que há adultos interessados nesse modelo formativo por pensarem que um processo formativo parcialmente presencial e em regime externo pode ter menos influência direta sobre sua vida, presumindo poderem alcançar o novo sem deixar (parcialmente) o velho para trás. São pessoas com uma necessidade de autonomia forte, que pensam poder caminhar totalmente por si sós e que, no fundo, não aceitam ser acompanhadas. Em geral perceberão, já durante o primeiro ano da caminhada, que devem ajustar tal expectativa, caso um dia queiram ser ordenadas.

Justamente por se tratar de pessoas com certa idade e com personalidade em grande parte já consolidada, é que muitas dioceses e institutos religiosos podem hesitar ou, até mesmo, por regra, nem ao menos cogitar a aceitação de candidatos adultos.

Os argumentos que por vezes se usam são diversos. Mas, no fundo, escondem certo receio, porque, segundo eles, "adultos não mudam mais". Outro argumento, desconsiderando o fato bíblico de que Deus chama quem, quando e como ele quer, sem mesmo dar o motivo do chamado, é: "Não precisamos de adultos, pois temos seminaristas jovens em número suficiente". A lógica, aqui, é a do tipo empresarial, porque o critério parece ser: "Nós decidimos quem chamamos, escolhemos e queremos". Seria muito triste constatar, caso futuramente venha a ocorrer uma escassez de vocações jovens, estas mesmas instituições decidindo abrir as portas para as vocações adultas, dizendo: "Agora nós precisamos". Tal acolhida seria, então, um mal necessário? Diante do medo de que o adulto "não mude mais", surge a pergunta se, por acaso, eles, os candidatos, devem realmente mudar tanto. Em caso afirmativo, em que consistiria exatamente essa mudança? Se a ideia ou medo de fundo é que formandos adultos, em geral, são mais críticos e menos propensos a se tornarem submissos, quem usa tal argumento de certo modo tem razão. Por outro lado, se há candidatos que julgam que, durante a formação e depois da Ordenação, eles, assim como tudo na sua vida, podem e vão permanecer como antes, também estes estão equivocados.

Fundação de Bovendonk

Dom Hubertus Ernst, bispo de Breda entre 1967 e 1992, levou a sério as palavras do Código de Direito Canônico (cân. 233, § 2). Por isso, com a colaboração de bispos colegas, em 1983, deu início à formação de adultos, em período parcial, no seminário Bovendonk, em Hoeven, Holanda.

Durante as conversas preliminares, falou-se também da possibilidade de "futuramente, abrir espaço para a formação de diáconos permanentes", o que de fato aconteceu em 2001.

Nesse modelo de formação, os candidatos para os dois ministérios sagrados seguem, na maior parte do tempo, o mesmo programa e, onde for desejável, têm aulas e outros momentos e programas específicos, separadamente.

As recomendações e os anseios manifestados anteriormente pelo Direito Canônico, pela *Pastores Dabo Vobis* e pela última *Ratio Fundamentalis*, no sentido de "prover para os adultos condições específicas de orientação e formação, a fim de assegurar adaptações espirituais e intelectuais necessárias à formação", podem ser interpretados e colocados em prática de diversas maneiras, de acordo com o parecer do Ordinário.

Surgem, assim, várias possibilidades, muitas das quais não sou favorável, muito pelo contrário. São elas: o candidato fazer um curso preparatório, intensivo ou parcial, de poucos anos; o Ordinário designar o candidato a morar com um padre em uma casa paroquial, de modo que, após algum tempo, se tudo parecer bem, mas sem ter completado os anos de estudo exigidos de Filosofia e de Teologia, ocorra sua Ordenação; com modelos e programas vinculados a casas formativas específicas para adultos, cujo ingresso exige "deixar tudo".

Esses modelos exigem que o interessado deixe, total ou parcialmente, seu próprio ambiente, antes de poder testar sua vocação.

Uma possibilidade aceitável é quando é permitido que pessoas empregadas possam morar em uma comunidade, em uma casa paroquial, por exemplo, sendo auxiliadas por um padre formador, de modo que continuem frequentando seus empregos para, só depois de alguns anos, deixarem suas profissões a fim de se dedicar totalmente aos estudos específicos de Filosofia e de Teologia. Mas, nesse modelo, falta a dinâmica da passagem gradual de iniciar a preparação enquanto se está "no mundo", para ir entrando cada vez mais "na Igreja".

A preparação: definir o modelo formativo e estruturar

Quando Dom Ernst teve a ideia de "copiar" da Antuérpia (Bélgica) para a Holanda o modelo formativo voltado a homens adultos com uma profissão e emprego fixo, ele tinha consciência de que uma diocese sozinha não poderia sustentar uma iniciativa nesses moldes.[15] Propôs, então, seu pensamento e ideal aos colegas bispos, dos quais quatro aderiram à ideia e com ela se comprometeram. Decidiram que o bispo de Breda seria o responsável episcopal, já que o instituto viria a funcionar dentro dos limites de sua diocese, em uma parte das dependências do antigo Seminário Maior Bovendonk. Optaram, portanto, por uma iniciativa diocesana, e não interdiocesana ou regional, uma vez que cada bispo tem autoridade para abrir um seminário. Além disso, uma estrutura interdiocesana somente complicaria as coisas. Iniciou-se, enfim, *ad experimentum – status* que penso perdurar até hoje.

Nos 12 anos em que lá estive como reitor, recebemos um bispo belga, enviado como Visitador Apostólico pelos órgãos competentes de Roma, e o Núncio Apostólico para a Holanda – as duas visitas com relatórios conclusivos positivos. Mais recentemente, o Núncio Apostólico, Monsenhor Cavalli, visitou o instituto, em 4 de março de 2017.

Foi decidido também que os bispos que aderiram e se comprometeram com a nova iniciativa formassem um *conselho*, que, com o bispo responsável, viria a se reunir pelo menos

---

[15] Não tem como comparar a extensão geográfica da Holanda com, por exemplo, o Brasil, e, consequentemente, nem tampouco as extensões geográficas das dioceses, nem o número de fiéis de cada diocese e o de possíveis vocacionados. Mas, mesmo assim, acredito que para uma só diocese será difícil organizar e manter a estrutura necessária.

uma vez ao ano para traçar as linhas gerais do instituto, bem como em outras ocasiões em que se fizesse necessário. Desse *conselho* também deveria participar um representante eleito pelos superiores religiosos das congregações que possuíssem formandos no instituto.

Foram nomeados um reitor, um diretor de estudos, um diretor espiritual, um coordenador de pastoral (inicialmente, um teólogo pastoralista e, depois, mais um diácono permanente teólogo pastoralista), uma secretária e duas outras senhoras (das quais uma era religiosa consagrada), estas últimas na condição de mentoras e supervisoras, para acompanhar os formandos em grupo ou individualmente, nos aspectos concernentes à integração humano-espiritual. Os docentes são colaboradores independentes (*freelances*), para as aulas e/ou o acompanhamento individualizado. Mentores e supervisores são preferencialmente mulheres, com preparação e vivência em nível espiritual, e instruídas nas ciências psicológicas e espirituais.

Admito que se trata de uma estrutura relativamente "pesada", porém, necessária. Muito esforço deve ser investido no acompanhamento individualizado em todas as dimensões formativas. Desse modo, quem estiver "levianamente" pensando que pode "adaptar uma estrutura existente", oferecendo um "programinha extra" para vocações adultas, pode logo se arrepender ou se decepcionar; pois, não só para adultos, mas, especialmente para eles, é exigido um acompanhamento personalizado intensivo. Exige-se um quadro formativo de referência bem elaborado e bem descrito, para que os formandos possam se educar/formar, tendo como baliza, mais do que a pessoa do formador, um projeto que ofereça possibilidades, limites, meios e objetivos claros, uma vez que, sem clareza, sobra espaço para a fantasia.

A questão financeira ficou por conta do ecônomo da diocese, auxiliado pela secretária do instituto. Como no início o instituto tinha a finalidade de formar somente presbíteros, ainda não havia diáconos permanentes na equipe de coordenação, o que veio a acontecer mais tarde. Não posso deixar de observar que o ecônomo da diocese de Breda (e de todas as dioceses na Holanda) sempre é um leigo profissional diplomado. Ciente da sua função, ele eliminou todas as preocupações relativas a dinheiro e a outras coisas materiais que eu possuía, repetindo várias vezes a frase: "Cuide do seu trabalho, para que tenhamos bons padres e diáconos, que eu cuido do dinheiro". Uma divisão profissional de trabalho assim é uma verdadeira bênção para reitores.

Cada bispo "participante", como são chamados, nomeou um padre de sua diocese para atuar como delegado, ou seja, para ser a ponte entre a diocese e Bovendonk, responsabilizando-se como representante de seu bispo pelos candidatos de sua respectiva diocese. Evidentemente, a responsabilidade final pela decisão e Ordenação ou não de cada candidato cabe ao seu respectivo Ordinário. Exige-se grande harmonia e corresponsabilidade entre as dioceses e congregações de pertença e a equipe dos responsáveis de Bovendonk. Quando lá atuei, 25% dos formandos eram membros de congregações/ordens. Ocorre, assim, um constante informar e deliberar entre as duas partes, pois se trata de uma "responsabilidade compartilhada". Um vocacionado interessado deve se apresentar primeiramente à sua própria diocese e, caso aceito pelo delegado, mesmo que com certa dúvida, é encaminhado por ele para o instituto, onde é feita uma segunda série de entrevistas para decidir sobre sua admissão ou não.

Durante todo o processo de seis anos no Bovendonk, o formando também segue um programa (leve, mas sério) em sua própria diocese, a fim de ser conhecido e se dar a conhecer e para se "enturmar" gradativamente com os futuros colegas que se estão preparando no seminário da própria diocese. Bovendonk não organiza, por exemplo, os retiros anuais, pois o formando do instituto deve fazer retiros com os seminaristas de sua própria diocese, assim como não oferece diretores espirituais, pois estes devem ser, preferencialmente, de sua própria diocese ou congregação.

Foi feita a opção por um modelo no qual, por quatro anos, não haja ruptura com o próprio ambiente do interessado, a fim de se poder testar sua vocação. O objetivo do instituto é: formar homens que já são qualificados para uma profissão secular, para serem presbíteros ou diáconos permanentes. Homens que, a partir de seus talentos e potenciais, estejam abertos a desenvolver uma personalidade espiritual, tornando-se pastoral e intelectualmente capazes de trabalhar em conjunto, com autonomia e responsabilidade, como presbíteros ou diáconos permanentes iniciantes em uma paróquia, na diocese ou no instituto religioso. No estatuto, o objetivo geral é assim descrito:

> Oferecer possibilidades concretas a homens engajados na e comprometidos com a Igreja, e que, tendo recebido uma formação profissional, já exercem ou, conforme o caso, exerciam uma profissão, para se prepararem para o trabalho pastoral como sacerdotes ou diáconos permanentes na Igreja Católica; o programa formativo parte do princípio de formação teológico-pastoral e espiritual indivisa e integral, em grupo, levando em consideração e integrando a experiência e a atual situação de vida dos candidatos.

Outro fator importante é que Bovendonk aceita somente candidatos já admitidos por uma diocese ou uma comunidade religiosa, a qual os "confia" ou "delega" parcialmente ao instituto. Há, portanto, uma dupla responsabilidade que envolve todo o processo formativo.

Os critérios de admissão que usávamos (e acredito que ainda se usam) no Instituto Bovendonk (anexo 1) incluem que a pessoa tenha emprego fixo ou que seja profissional liberal ativo, tenha a idade mínima de 28 anos completos e viva, de modo coerente e equilibrado, um estado de vida definido, próprio para a vocação à qual se sente chamada.

O critério de idade mínima foi estabelecido em 28 anos porque "na opinião da psicologia do desenvolvimento em vigor, a idade que vai dos 25 aos 30 anos pode ser aceita como o limite cronológico normal para uma solução significativa dos problemas *específicos* do desenvolvimento (admitido que tenha sido possível uma apropriada experiência existencial para o indivíduo)".[16] No entanto, é palpite meu que hoje, 40 anos depois de a idade de 28 anos ter sido estabelecida, esse limite cronológico seja mais elevado, implicando que, antes de ser rebaixada, a idade mínima para a admissão deveria ser aumentada.

Descrição geral do Plano Formativo

Em média, duas vezes por mês, mas não totalizando mais do que 20 ou 21 finais de semana por ano, os formandos vêm ao instituto, a partir da noite de sexta-feira, para iniciar as atividades com as Vésperas, permanecendo até o encerramento no domingo após as orações do meio-dia e o almoço. Todas as aulas são administradas no instituto (anexo 1). No IDE, por

---

[16] Rulla, L. M., sj. *Psicologia do profundo e vocação; a pessoa*. São Paulo: Paulinas, 1986, p. 217. Rulla escreve sobre a realidade dos anos 1970 (a publicação aqui mencionada é tradução do original de 1971).

sua vez, os fins de semana também terminam com o almoço do domingo, mas iniciam-se no sábado pela manhã, para permitir aos que vêm de longe viajar durante a noite. No IDE, os formandos estudam Filosofia e Teologia pelo sistema EAD, nas universidades reconhecidas pelo Ordinário, enquanto as aulas complementares e aquelas de prática e treinamento pastoral são ministradas no próprio instituto.

Durante o primeiro ano, os formandos ficam livres de responsabilidades como coordenar a liturgia e de outros aspectos da organização prática dentro do instituto. Assim, poderão se acostumar com o ritmo e ter tempo para se inteirar dos costumes básicos da formação. Isso também serve para ver se são capazes de trabalhar em equipe, sem ser o líder. A partir do segundo ano, eles são gradativamente inseridos nos grupos de trabalho já existentes, cuja função, entre outras, é preparar as celebrações litúrgicas do semestre, sob a responsabilidade do padre diretor espiritual do instituto.

Como grupo, os calouros são responsáveis pela preparação da festa de São Nicolau, celebrada no início de dezembro – uma oportunidade discreta e inocente de "trote para calouros", porque exige iniciativa, exposição e criatividade. Parece coisa pequena, mas, para iniciantes, pode suscitar certa tensão, pois acontece a apenas três meses do início do processo. Na prática se verifica que tal momento ajuda muito a "quebrar o gelo", melhorando a integração do grupo como um todo. No instituto se dá muito valor ao processo grupal ou comunitário, pois os futuros ministros serão líderes e construtores de comunhão.

O primeiro ano parece transcorrer tranquilamente, mas os calouros, na verdade, são confrontados com muitas práticas e situações novas que envolvem os elementos formativos, dos quais só tinham ouvido falar teoricamente: precisam encontrar um diretor espiritual e participar de conversas periódicas com o reitor; iniciam o processo individual de autoconhecimento com as mentoras; os independentes e autônomos devem aprender, de maneira saudável e madura, a lidar com a hierarquia eclesiástica; vários deles precisam reaprender como ser "estudante", pois há muito tempo deixaram de estudar sistematicamente; precisam se acostumar com o conteúdo e o linguajar próprios dos cursos administrados e da cultura eclesiástica; têm de se familiarizar com a Liturgia das horas; os formandos diáconos deixam nos finais de semana a esposa e os filhos, os quais também devem acostumar-se com o novo ritmo de vida em casa e com o impacto que o tempo dedicado ao estudo pelo pai e esposo tem na vida familiar; depois de alguns meses, os formandos começam a se conhecer melhor, surgindo pequenos conflitos relacionais que, embora normais, devem ser explicitados para serem trabalhados, além de certos conflitos peculiares entre formandos casados e solteiros; cada um dos formandos recebe pelo menos uma vez ao ano um membro da coordenação, que o visita em sua casa/família, no seu emprego e na sua paróquia; às vezes, há demandas especiais de seu trabalho, levando-os a apreender a definir prioridades; por causa da agenda do instituto, pode ser que precisem se ausentar de festividades familiares ou de sua paróquia etc. Integrar tudo isso exige muita energia.

    Foi com base nessas realidades que o fundador escreveu, depois de alguns anos de experiência, que

> muita atenção deveria ser dada ao processo de transição, também na vida pessoal, da profissão secular para a vida e o trabalho na Igreja. [...] No decorrer dos anos, evidenciou-se que a mudança da vida profissional para o ministério sacerdotal

afeta profundamente a vida pessoal, e exige muito mais acompanhamento personalizado do que o previsto inicialmente. Por isso, no programa de formação se dá uma atenção específica para esse aspecto.

Tão logo o instituto abriu suas portas também para homens casados que se preparavam para o diaconato permanente, estes começaram a se queixar da pressão do processo formativo. Em parte, tinham razão, pois entraram em um ritmo que havia sido pensado para candidatos solteiros, o que dizia respeito, inclusive, ao número de horas previsto para as tarefas de casa que cada professor poderia pedir. Esse é o risco de quando um padre, tanto na paróquia quanto em um instituto de formação para (também) diáconos permanentes, estabelece um programa a ser cumprido por casados, pois pode pensar que todos têm a pastoral como ocupação exclusiva em sua vida, esquecendo-se de que o homem casado tem família e suas consequentes responsabilidades. Acrescente-se ainda a solicitação por parte da própria diocese ou congregação para que o formando frequente um programa seu, mesmo que leve, além das atividades da paróquia de origem, na qual continua atuante.

Uma vez constatada essa realidade, pedimos com insistência que o candidato considere o tempo dedicado ao processo formativo como um serviço prestado à Igreja, de modo que diminua consideravelmente o tempo dedicado aos serviços prestados em sua paróquia, pois, caso contrário, não será possível dar conta de tudo. A esse respeito, alguns podem até pensar que formandos membros de um instituto religioso estariam em vantagem, podendo dedicar mais tempo ao estudo, porém, havemos de convir que, em geral, esses membros mais jovens exercem muitas tarefas e missões de responsabilidade em suas comunidades que estão "envelhecendo".

Os 20 finais de semana por ano são intensivos; há momentos de oração, aulas, encontros e trabalhos de grupo, treinamentos vários, fins de semanas "temáticos", celebrações festivas e momentos de socialização/descontração. A direção espiritual, como foi dito, deve acontecer na própria diocese. Mesmo assim, o diretor espiritual do instituto, que também administra aulas de espiritualidade, além de se responsabilizar pela "espiritualidade e liturgia" do processo formativo comunitário, mantém-se presente em tempo integral para quem deseja falar com ele. O acompanhamento personalizado, com o atendimento das mentoras, acontece a partir do segundo semestre do primeiro ano, no horário das aulas.

No quarto ano, os responsáveis pelo instituto, pela sua diocese/congregação e o próprio formando devem tomar a decisão a respeito de se o formando pode ser aprovado, bem como se está realmente disposto a deixar a profissão e o emprego para trás, a fim de iniciar o estágio de dois anos, durante os quais o futuro presbítero deverá morar com um pároco ou, pelo menos, nos limites da paróquia escolhida em comum acordo entre os responsáveis de sua diocese e os do instituto. Uma vez tomada a decisão, inicia-se, no segundo semestre do quarto ano, um intenso programa de preparação para o estágio. A diocese propõe uma paróquia e o coordenador de pastoral do instituto verifica se ela se enquadra nos requisitos exigidos para a realização de um bom estágio. O fator decisivo não será tanto a paróquia em si, mas o padre ou o diácono permanente que vai acompanhar o estagiário em seu dia a dia. Esse "guia do estágio", como é chamado, torna-se também, sob a orientação do coordenador de pastoral do instituto, corresponsável pela formação prática do candidato.

Nessa fase o candidato terá uma conversa com o ecônomo de sua diocese para verificar como se encontram suas finanças pessoais, se tem grandes empréstimos/dívidas e se está consciente do quanto vai ganhar; são tratados assuntos como plano de saúde, seguridade e encargos sociais, o que e como fazer com eventuais bens, como, por exemplo, algum imóvel, ou se há questões pendentes envolvendo herança etc. Sempre será aconselhado que ele não se desfaça de nenhum bem material até que seja ordenado. Tal conversa é necessária para se evitar surpresas, tanto para a diocese quanto para o candidato. Não é difícil imaginar, portanto, que este segundo semestre traga um pouco de ansiedade. O que era um sonho, um ideal, agora está tornando-se algo bem concreto; e exige, por conseguinte, uma tomada de decisões também concretas.

O período de estágio pastoral integral de dois anos que segue aos quatro anos do discipulado e à fase da configuração é remunerado, uma vez que o candidato já deve ter deixado seu emprego e passado a morar na paróquia, onde fará o estágio. O estágio é organizado em fases específicas e gradativas, iniciando-se com uma postura de observação aparentemente passiva e terminando com a execução de grandes responsabilidades.[17] Nesse período, a chegada quinzenal dos candidatos ao instituto é antecipada para as noites de quinta-feira, e não mais de sexta, de modo que esse dia passa a ser reservado para dois tipos de acompanhamento específicos do estágio, feitos em pequenos grupos: a supervisão com a mentora e a reflexão pastoral com o teólogo pastoralista. A partir de sexta à noite, quando chegam os demais candidatos, o programa segue seu ritmo normal. Durante esses dois últimos anos de estágio, os formandos ao diaconato e ao presbiterado têm mais momentos separados, a fim de vivenciarem uma melhor preparação para seu futuro ministério específico.

---

[17] Cf. capítulo 5 para a descrição destas fases.

Adquirir o senso de pertença à própria diocese

Já mencionamos, ainda que de passagem, a necessidade de um programa específico para os vocacionados adultos em cada uma de suas respectivas dioceses. Delegar responsabilidade a um vocacionado em formação, para o Instituto Bovendonk, é apenas uma parte de um programa bem mais abrangente.

Nesse sentido, é de fundamental importância que os responsáveis pela formação na diocese do formando tenham contato crescente com ele, para conhecê-lo melhor, a fim de emitir no momento oportuno um juízo sobre sua aptidão ou não para ser ordenado. Por outro lado, também é de suma importância para o formando ter a possibilidade de ir conhecendo e se familiarizando com sua própria diocese, seu bispo, seus futuros colegas que se preparam através de outros modelos formativos, como também com as casas de formação, o clero, a cultura local, as paróquias, a cúria e o ecônomo, pois, afinal, ali é a sua diocese, a sua futura família religiosa, com a qual está se comprometendo.

Cabe à diocese participante, entre outras iniciativas, convidar seu candidato adulto a participar, com os demais seminaristas diocesanos, de seus retiros e de outros eventos maiores; ajudá-lo a escolher um diretor espiritual; incluí-lo nas principais celebrações diocesanas do ano litúrgico; organizar-promover encontros mensais; exigir que participe ativamente de sua própria paróquia, tornando-se conhecido dos padres que nela atuam – tudo para que haja um real entrosamento do formando com sua diocese, de forma que possa criar um verdadeiro senso de pertença. Na falta desse esforço, o formando poderá sentir-se isolado, "jogado", e ter a sensação de apenas estar cursando Filosofia e Teologia, sem a experiência de fazer parte de uma família diocesana.

Um dos desafios, nesse sentido, é encontrar o justo equilíbrio entre o tempo disponível a um homem trabalhador, que também deve cuidar de sua casa, e o tempo que ele pode dedicar ao programa da diocese. Trata-se de um ponto de atenção que os responsáveis do instituto e da diocese, em conjunto, devem acompanhar, realizando a observação dos formandos, de modo particular aqueles que não têm vínculos familiares ou de parentesco na diocese em que se encontram. Tal consideração se faz necessária pensando em indivíduos provenientes de outras regiões do país, onde não há institutos para adultos, e que, só por causa da idade, não foram aceitos para ser presbíteros, precisando dirigir-se, após adequado processo de discernimento, para outra diocese que lhes oferecesse a oportunidade de continuar trabalhando e, ao mesmo tempo, se preparando para o ministério ordenado.

Quem é formado nesse modelo formativo, segue não apenas um caminho novo e diferente, mas também opta, implicitamente, por ser um presbítero "diferente"; missionário, espera-se: chamado do meio do povo, permanecendo no meio do povo, enquanto se prepara para o ministério, e continuando a serviço no meio do povo depois da Ordenação. Há os que, provavelmente de modo inconsciente, esperam ingressar nessa preparação de tempo parcial, podendo ao mesmo tempo contar com todas as facilidades e possibilidades de alguém que está formando-se dentro de uma estrutura organizada como é um seminário. Outros esperam um tratamento diferenciado e privilegiado na paróquia onde vivem, só porque querem ser padres.

O adulto deve saber que se preparar para o ministério ordenado exige muito dele: administrar seu próprio tempo, tomar iniciativa para pertencer à sua paróquia e diocese, desenvolver gradualmente sua vida espiritual e ativamente trabalhar para converter a mentalidade inicial de leigo para um modo de pensar e viver como (futuro) ministro ordenado. Ele é o protagonista da sua formação.

Sobre as responsabilidades dos membros da coordenação e dos docentes

O bispo responsável pelo instituto sempre possibilitou e favoreceu que tivéssemos pessoas suficientes na coordenação, a fim de garantir que o processo formativo se desenvolvesse da melhor maneira possível. Essa exigência por parte dos responsáveis é justa e necessária para que se possa também exigir dos formandos que deem tudo de si. Por se tratar de um modelo formativo em tempo parcial, alguns membros da coordenação podem trabalhar concomitantemente no instituto, enquanto exercem outras responsabilidades na diocese. Em nossa realidade havia duas funções de tempo integral: a do reitor e a do diretor dos estudos. Além desses, fazem parte da coordenação: um diretor espiritual e dois teólogos pastoralistas para coordenar a pastoral – um padre para os formandos presbíteros e um diácono permanente para os formandos ao diaconato.

Importância de colaboradores seniores

Quando se trata de vocações adultas no contexto da experiência aqui relatada, estamos falando de formandos cuja média de idade gira em torno de 43 anos. Sempre defendi a necessidade de presença ativa, seja como membro da coordenação, seja como membro do corpo docente, de alguns padres e diáconos *seniores*. Sei, contudo, que também para estes vale a consideração de que idade cronológica não vem a ser garantia de maturidade, fé vivida e/ou sabedoria.

Ao utilizar a palavra "sênior", estou me referindo às pessoas que têm mais experiência, o que, na maioria das situações, também tem a ver com a idade. Isso porque, psicologicamente falando, formandos de mais idade desejam e precisam ter a possibilidade de "olhar para cima", de poder identificar-se com presbíteros e diáconos permanentes mais velhos, mais experientes na caminhada de fé e na pastoral. Do contrário, diante de pessoas mais novas do que eles, *pode* acontecer que, subconscientemente, aceitem menos as determinações.

Seniores também podem servir de ajuda para colegas mais novos; por vezes oferecendo-lhes segurança pela simples presença, servir de mediador; relativizando situações aparentemente complicadas, ou, ainda, compartilhando experiências já vividas no mundo da formação. Todavia, encontrar tais elementos nem sempre será fácil. Devido ao desaparecimento da "geração de pais" dentre os presbíteros, os recém-ordenados vêm sucedendo a "geração de avôs", a qual também está diminuindo. É relativamente fácil encontrar pessoas com formação e conhecimento. Contudo, não podemos prescindir da sabedoria e da experiência de vida dos mais velhos, que devem ser transmitidas aos mais novos.

Na época da criação do instituto e até muitos anos depois, sempre foi grande o número de seniores. Muitos presbíteros, acadêmica e espiritualmente bem formados, compartilhavam as aspirações do fundador e colaboravam de todo o coração com o processo formativo como docentes. Eles não eram somente professores, mas também mestres. E é disso que mais precisamos, principalmente quando trabalhamos com adultos. À medida que essas "corujas sábias" desapareceram, vieram, para substituí-los, os jovens docentes, leigos bem formados intelectualmente nas boas universidades. Não resta dúvida de que necessitamos de sua competente colaboração, cada um em sua disciplina, e não podemos perdê-los. Mas a necessidade da sabedoria certamente não poderá ser esquecida, porque preparar alguém para o ministério ordenado é formar não exclusivamente a mente humana, mas também o coração, a fé, todo o ser da pessoa.

O fato de o instituto funcionar aos finais de semana, de modo que tudo – liturgia, aulas e acompanhamentos – acontece nesse espaço de tempo, nem sempre facilita que padres e diáconos ativos nas paróquias tenham disponibilidade de colaborar com esse modelo formativo, quando teriam todas as condições de fazê-lo. Devemos, por isso, ser gratos aos que vêm ajudar, mesmo tendo grandes responsabilidades pastorais na diocese. Tanto quanto a motivação dos formandos, também a motivação deles é forte e generosa. E isso nos faz reconhecer a riqueza desse modelo formativo que, porém, também tem suas limitações ou restrições.

Importância de colaboradoras femininas

Outro ponto de atenção é a presença indispensável de pessoas do sexo feminino no quadro de colaboradores, principalmente como mentoras e supervisoras. Por "mentora", entende-se aquela pessoa preparada nas áreas de espiritualidade e das ciências humanas, que, a partir de uma abordagem holística, acompanha individualmente os formandos; por "supervisora", compreende-se a pessoa com o mesmo conhecimento e experiência, mas que acompanha grupos de três formandos durante o tempo do estágio. Nesse período, o enfoque do acompanhamento passa a ser outro: se o mentor ajuda a pessoa a adquirir a habilidade de se autoanalisar (autovisão: a consciência da relação que a pessoa tem consigo mesma), o supervisor ajuda para que o formando se perceba a si mesmo em relação à prática pastoral.

A importância da presença feminina se deve a um reconhecimento de que, comprovadamente, o olhar feminino sobre os formandos é diferente e até mais profundo do que aquele que, em geral, nós, homens, temos. Ocorreram algumas vezes situações em que, durante as reuniões do corpo docente, havia sido decidido dar um *Consilium Abeundi* a algum formando, mas, por causa da intervenção sutil da mentora (o mentorado pertence ao foro interno e, portanto, o conteúdo não pode ser revelado), a decisão foi revertida – o que mais tarde se comprovou como um acerto.

Para uma mulher, é mais natural e dela certamente é mais bem-aceito fazer uma observação ou, mesmo delicadamente, "chamar a atenção" dos homens que futuramente serão pessoas públicas, a respeito de aspectos da vida que eles não percebem, como, por exemplo, sua postura, seu modo de se apresentar e se comportar.

Além disso, mentoras e supervisoras percebem imediatamente como o formando irá se relacionar com as mulheres na sua futura missão pastoral, principalmente quando ele tem traços machistas, dominantes, moralistas. Elas o confrontarão com tais características, até o formando se perceber (ou não, mas aí temos um problema). Em outro nível, a sensibilidade feminina pode ajudar muito, além da dimensão comportamental, na sensibilização espiritual.

Por fim, é bom que haja mentores femininos e masculinos porque, conforme a pessoa, *pode* acontecer que o processo de autoconhecimento seja favorecido mais por uma mulher ou mais por um homem. São raras as vezes, mas pode acontecer de ser necessário trocar de mentor para elaborar alguns determinados aspectos da personalidade do formando que ele não consegue trabalhar. Essa "troca", porém, não é regra, é extraordinária.

A presença das esposas (e dos filhos) dos futuros diáconos permanentes no instituto, mesmo que somente duas vezes por ano, também tem um efeito positivo no grupo; quebra a convivência só de homens – algo que, queiramos ou não, não é muito natural e nem sempre sadio.

Um modelo aprovado pela prática

Desde a fundação do Instituto Bovendonk, em 1983, até o ano de 2018, foram ordenados 101 sacerdotes e 15 diáconos permanentes. Eles pertencem a 12 congregações religiosas, seis dioceses da Holanda e uma diocese da Bélgica. A idade média, no momento da Ordenação, é de 43 anos. Um ex-aluno abandonou o ministério, mas nenhum causou escândalo público. Da grande maioria, pode ser dito: "Estão indo bem!".

Esse modelo de formação provou ser, no mínimo, equivalente a outros e mais conhecidos modelos formativos. Quando a iniciativa começou, muitas pessoas tinham dúvidas e eram céticas a respeito desse "novo modelo". Após 35 anos, pode-se constatar e concluir que tal modelo já há muitos anos conquistou o direito de existir e, vendo seus resultados, pareceu-me oportuno oferecer aos responsáveis pela formação nas dioceses e congregações do Brasil uma das várias prováveis e válidas experiências feitas a partir de um modelo formativo específico para adultos.

4 | Trabalhar na prática com formandos adultos

No capítulo anterior, vimos que as limitações próprias de cada pessoa, que se tornam mais enraizadas à medida que a pessoa avança em idade e que levam às realidades acima descritas, são *anteriores* ao início da caminhada vocacional e, portanto, podem – ou melhor, devem – ser enfrentadas, na medida do possível, *antes* da Ordenação ou da profissão solene, durante a fase da formação inicial. Daí a importância da formação psicoespiritual.

Neste capítulo, descrevo aspectos práticos do processo formativo que merecem especial atenção, para que, de fato, haja um processo de crescimento.

Transferência, contratransferência e complacência

No Instituto Bovendonk acontecia com certa frequência de visitantes perguntarem aos professores ou membros da coordenação, pensando que se tratasse de um formando, em qual estágio do processo formativo de seis anos se encontravam. A minha resposta era que eu estava no sétimo ano. De fato, contrário ao que normalmente acontece nos seminários tradicionais, de fora, salvo em algumas exceções, pela idade dos formandos e dos colaboradores não é possível distinguir os dois grupos. E não há problema nisso, pode-se dizer. Entretanto, há um aspecto que precisa ser mencionado, por causa da *possível* interferência negativa no processo formativo, principalmente para aqueles que têm um contato mais regular com os formandos. Trata-se das necessidades e dinâmicas pessoais dos próprios colaboradores, homens e mulheres.

No mundo formativo e depois, na vida pastoral, existem algumas áreas de tensão – normais, mas nem por isso sempre simples de se viver. Ser fiel a Deus, à autoridade eclesiástica, à Igreja povo de Deus e a si mesmo, são as áreas a serem integradas em cada pessoa. Contudo, existem outras áreas de tensão, mais práticas ainda, como, por exemplo, aquela conhecida como tensão "ambão/púlpito *versus* confessionário": uma coisa é anunciar na homilia o conteúdo da fé, igual para todos; outra coisa é aplicar o mesmo conteúdo na sala de atendimento ou no confessionário, diante de cada caso concreto.

Para fins formativos, menciono ainda a tensão entre "distância-proximidade": o ministro ordenado é chamado a amar a todos, indistintamente, algo aparentemente impossível, principalmente quando o "amor" é entendido como sentimento. Como, por exemplo, em uma paróquia, manter a devida distância pastoral das pessoas que suscitam sentimentos mais positivos no ministro ordenado? Como rir com os que riem e chorar com os que choram, ser próximo como o é um bom pastor, mantendo, no entanto, ao mesmo tempo uma distância pastoral saudável, que faz com que o ministro não se *afogue* na proximidade?

O fato de formandos e formadores estarem na mesma faixa etária facilita que espontaneamente surjam sentimentos de simpatia, proporcionando o nascimento de amizades. Trata-se, porém, de uma área sensível e delicada da vida de todos. A tensão está em, de um lado, promover um ambiente de fraternidade, de confiança, no qual o formando possa se saber seguro, respeitado e levado a sério, sem, porém, de outro lado, perder de vista que se trata de um ambiente formativo profissional, inclusive com momentos de avaliação e de uma decisão final sobre a aptidão do formando para ser ordenado ou não. Ser "amigo" do formando *pode* fazer com que a avaliação dele não seja mais objetiva; ser autoridade fria e distante, por outro lado, fará com que o formando se feche e não se faça conhecer, tanto ao formador quanto a si mesmo, de modo que não crescerá como poderia. O ambiente formativo não é um clube de amigos, nem muito menos um centro de treinamento profissional. O justo equilíbrio nesse sentido está em criar uma comunidade de cristãos que aprendam a se amar genuinamente, oferecendo e aplicando os meios adequados e necessários para que todos os envolvidos possam, segundo o princípio da "comunidade pelo Reino",[1] internalizar cada vez mais os valores evangélicos próprios do ministério ordenado – atual ou futuro.

O fato de se chegar ou não a esse tipo de comunidade vai depender, em primeiro lugar, da maturidade dos formadores e colaboradores, mas igualmente da maturidade dos formandos. Os formandos que exerceram ou exercem uma profissão de grande responsabilidade sabem lidar com a tensão saudável de "proximidade-distância" com os formadores, pois manter uma relação funcional de trabalho não significa de maneira alguma "frieza" no relacionamento. É possível ter confiança mútua, respeito, amor, segurança e uma ótima convivência, sem que,

---

[1] Manenti, A. *Viver em comunidade: aspectos psicológicos*. São Paulo: Paulinas, 1985, pp. 9-12. Manenti chama de "comunidade de observância" uma comunidade onde a regra e a obediência ocupam o lugar central, não deixando muito espaço para o "eu" da pessoa; à comunidade onde o "eu" de cada pessoa ocupa o lugar central ele chama de "comunidade de autorrealização". Na "comunidade para o Reino" todos colocam os valores evangélicos no centro e se esforçam para internalizá-los.

para isso, o formador deixe de ser também "profissional" e o formando, por sua vez, aprendiz.[2]

Aprender a lidar com a tensão entre "proximidade-distância" é importante para que o futuro ministro ordenado possa dizer e viver, parafraseando Santo Agostinho: "Com vocês, sou cristão, *para* vocês sou diácono, padre, bispo...". É muito comum ver este *ser-para* ser ofuscado, quando o ministro prefere, por necessidade própria, apenas *ser-com*, querendo ser popular, comportando-se, vestindo-se como e usando o linguajar dos jovens – tudo para preencher sua necessidade de aceitação, de dependência afetiva, de reconhecimento. Corre-se o risco de, porém, ao perceber que com esse modo de agir não obtém o também desejado respeito, ele venha a se tornar autoritário e mandão. Quem, como líder religioso, torna-se "amigo" de todos os paroquianos, tira a liberdade deles. Por exemplo, dificilmente alguém deseja confessar-se ou tratar de certos assuntos de casal com um "padre muito amigo", por vergonha ou medo de perder aquela amizade, procurando, assim, alguém desconhecido. Penso que todos temos o direito e o desejo de que o médico, por exemplo, não nos trate, em primeiro lugar, como amigo, mas como profissional, ajudando-nos, estando disponível *para* e não somente *com*. Todavia, como nem todos os formandos e, diga-se de passagem, nem todos os formadores adultos são maduros, *pode* acontecer de os papéis do formador e do formando se confundirem e de um mecanismo sutil, porém poderoso, entrar em ação. Este mecanismo, chamado de

---

[2] "Boas cercas fazem bons vizinhos". Sobre papéis e limites na formação: Costello, T. A integração dos papéis formativos. In: Manenti, A.; Guarinelli, S.; Zollner, H. *Pessoa e formação: reflexões para a prática educativa e psicoterapêutica*. São Paulo: Paulinas, 2011, cap. 4, pp. 371-396. Dolphin, B.; Garvin, M. P.; O'Dwyer, C. A. Liderança na vida religiosa hoje. In: Manenti, A.; Guarinelli, S.; Zollner, H. *Pessoa e formação*, cit., cap. 5, pp. 397-432.

transferência, na verdade é um fenômeno mais comum do que se pode imaginar:

[...] as transferências estão presentes quando um adulto revive e sente de novo fortemente as emoções experimentadas como criança em relação a figuras importantes de seu passado infantil ou adolescente (pais, irmãos ou irmãs, professores etc.). Em outras palavras: quem age por transferência é um adulto que age ou é motivado como uma criança.[3]

No âmbito formativo, um exemplo clássico é a transferência que o formando faz da sua relação, quando criança, com a mãe ou com o pai, que foram as primeiras autoridades que encontrou na vida. Hoje, adulto, se percebe com dificuldades em sua relação com o reitor, o bispo ou outras pessoas que poderiam dizer e decidir algo a seu respeito. Ele pode experienciar o mesmo medo (de castigo e de retiro do afeto) e, consequentemente, a mesma agressividade que sentia pelos pais em relação às autoridades, mesmo sem existir motivo algum para isso. Ele mesmo não entende o porquê de sentir certa revolta em relação às autoridades em geral e, muito menos, o porquê da sua necessidade de sempre contestar e atacar (veladamente), só por contestar.

O formador maduro, que percebe a transferência no formando, poderá ajudá-lo a superar esse mecanismo e, assim, evitar que continue agindo do mesmo modo, depois da Ordenação, em relação ao bispo ou aos leigos com personalidade forte. O formador imaturo, no entanto, aquele que não conhece suas próprias necessidades, pode reagir de modo autoritário

---

[3] Rulla, L. M., sj. *Antropologia da vocação cristã: bases interdisciplinares*. São Paulo: Paulinas, 1987, pp. 458-459.

às contestações do formando, tomando seus ataques como algo que lhe é direcionado pessoalmente, caindo naquilo que conhecemos como *contratransferência*, ou seja, repete a reação que o pai ou a mãe do formando tinham, ao invés de ajudá-lo a superar o mecanismo antigo. Pode até ser que a autoridade apele para a "obediência", ou faça menção de que a Ordenação está em perigo, enquanto, na verdade, está exigindo submissão, tal qual os pais exigiam do filho.

Acabo de mencionar um exemplo de transferência "negativa". Mas evidentemente existe também a transferência "positiva", quando uma pessoa transfere um desejo positivo, de afeto, "paixão", dependência... para outra.[4] O fato de ser "autoridade" ou exercer tal papel, como é e será no caso do ministro ordenado, faz dele automaticamente um objeto de transferência em potencial. Paroquianos, mulheres e homens, podem transferir sentimentos negativos e/ou positivos reprimidos em relação às primeiras autoridades de sua vida para o ministro ordenado, o qual, percebendo, por exemplo, que a paroquiana tem muita afeição por ele, pode cair na contratransferência... e o resultado, como nos dizia Padre Rulla, em sala de aula, pode ser "um mais um igual a três". Não são poucos os casos em que o padre jovem (ou novo) não consegue desvincular-se afetivamente, mesmo assim o desejando, de uma paroquiana ou membro do grupo de jovens, porque se sentiria culpado pelo sofrimento dessa pessoa, na hipótese de que não correspondesse a seus desejos, como era possivelmente o caso com a própria mãe.

---

[4] O fenômeno "transferência-contratransferência" nem sempre é negativo e pode até ser "usado" para o bem por aquele que sabe o que faz. Veja: Bresciani, C. Contratransferência como caminho para Deus: processo terapêutico e integração da dimensão espiritual. In: Manenti, A.; Guarinelli, S.; Zollner, H. *Pessoa e formação*, cit., cap. 3, pp. 341-369.

A dinâmica de transferência também pode ocorrer com o próprio ministro ordenado quando, por exemplo, ele pensa estar comovido com o sofrimento expresso através das palavras, das atitudes ou até mesmo da fisionomia de uma pessoa que busca aconselhamento, mas, sem se dar conta, "lembra-se", embora inconscientemente, da dor (real ou por chantagem emocional) expressa pela mãe, quando ele ainda era criança. Como geralmente a mãe é a fonte de afeto e de segurança, a criança quer que a mãe esteja bem para poder cuidar dela, e fará o possível para "ajudá-la a ser feliz". De igual modo, o ministro ordenado pode se sentir impulsionado, como que obrigado, a ajudá-la (a mãe e, hoje, a paroquiana), de maneira que, se não o fizer, sente-se falho, culpado (e com medo de perder o afeto), lá onde não existe culpa alguma, pois, na ordem da natureza, é o adulto que deve cuidar da criança, e não o contrário.

Como parte do mesmo mecanismo, pode surgir uma outra atitude bem frequente, fortemente presente, não só na sociedade em geral, mas também no processo "formativo". Tanto formandos quanto formadores podem ter desenvolvido aquilo que é conhecido como *complacência*. Uma atitude complacente é quando a pessoa fala e se comporta de determinada maneira para agradar ou para evitar desagradar o outro, mesmo interiormente não concordando com aquilo que diz ou faz, vendendo, assim, a própria alma só para ser aceita ou evitar, por exemplo, oposição e crítica, ou seja, "não ser acolhida". Uma expressão que mascara bem essa atitude é "respeito humano", ou, pior ainda, obediência, erroneamente interpretada. É o que se verifica com frequência entre o clero e o bispo. Quantas reclamações são feitas pelos padres nos corredores, mas sem a coragem de falar diretamente com, por exemplo, o bispo tão criticado: "Ele poderia não gostar mais de mim, poderia mandar-me para uma paróquia distante, no interior". O medo do castigo faz com que o padre, líder da comunidade de fé, continue agindo como o menino que tem medo do pai, em vez de demonstrar uma atitude adulta para com outro homem adulto e, juntos, como pai e filho espiritual, procurarem os melhores caminhos de colaboração e enriquecimento mútuo em prol da Igreja.[5] No caso de um superior ser autoritário, vingativo ou se valer da "obediência" como arma pobre e defensiva, em vez de usar a sua autoridade espiritual como um genuíno meio de crescimento espiritual do padre, ele estaria apenas reforçando a inibição (medo) que esse padre experienciou quando criança em relação ao próprio pai ou mãe, provocando nele mais agressividade passiva ou aberta, consciente ou inconsciente, a qual pode ainda ser transferida autoritariamente para os seus paroquianos. A não ser que o padre seja mais maduro que seu superior e saiba aproveitar a relação conflituosa para sua própria e verdadeira santificação. Conseguindo isso, provavelmente com a ajuda da direção espiritual, ele estaria mudando sua complacência, que era subconsciente, em ascese consciente e eficaz.

Quando se permite que transferências, contratransferências e complacências, entre tantas outras coisas, não sejam objetivadas e trabalhadas durante o processo formativo, não estará acontecendo a verdadeira formação no sentido de amadurecimento, conforme visto no capítulo 2. Ao invés de

---

[5] O Papa Francisco, no seu Discurso na capela Palatina do palácio real de Caserta, no sábado, 26 de julho de 2014, disse, entre outras coisas: "Não é fácil pôr-se de acordo com o bispo, nem sempre é fácil, porque as ideias de um e de outro são diferentes, mas pode-se discutir... e discuta-se! Quantas vezes um filho discute com o seu pai e no fim permanecem sempre pai e filho. É preciso ter a coragem de dizer: 'Eu não penso assim, penso diversamente', e também a humildade de aceitar uma correção. [...]". Disponível em: <https://m.vatican.va/content/francesco/pt/speeches/2014/july/Documents/papa-francesco_20140726_clero-caserta.html>.

provocar a busca e a internalização de um bem real (valor autotranscendente), é permitido continuar a busca de um bem aparente (bem para mim), o que evidentemente vai persistir também depois da Ordenação e, provavelmente, durante o restante da vida. Além de se poder trabalhar esses traços presentes subconscientemente nas pessoas diretamente no processo formativo, pode-se ou deve-se trabalhá-los especificamente no colóquio de crescimento vocacional que trataremos no capítulo 8.

Ser formador: oportunidade de santificação

Alguns podem até pensar que a questão acima mencionada já nem teria mais necessidade de ser trabalhada, quando se trata de adultos. Entretanto, posso lhes garantir que, apesar de termos menos horas presenciais do que em um seminário tradicional, transferências e contratransferências acontecem regularmente e podem ser consideradas normais, estatisticamente falando. E é justamente por isso que tal mecanismo deve ser trazido à consciência. É uma questão de amor ao próximo deixar o outro livre para que possa descobrir as próprias limitações inconscientes e, assim, poder integrá-las. Um formador não procura ser amigo pessoal dos seus formandos, enquanto são formandos. Existe um problema quando, inconscientemente, o formador tem necessidades muito fortes, como, por exemplo, a dependência afetiva, o reconhecimento, a identificação, a vingança ou manipulação. Pode acontecer que o instituto como um todo ou um formando em particular esteja mais a serviço das necessidades do formador ou do professor do que o professor, formador e colaborador devem estar a serviço do formando adulto. Durante uma conversa muito difícil para um formando, quando o confrontei com certa veemência sobre algo que ele precisava ouvir pela enésima vez, ele rebateu, com agressividade, tentando fazer uso de chantagem emocional: "Belo comportamento de pastor o senhor está tendo". Minha resposta foi que, naquele momento, o pastor precisava agir como um reitor que tem a responsabilidade de que ele, formando, possa se tornar um bom pastor. O fato de se ser formador, professor ou reitor, significa, por natureza, ser visto como autoridade, tornando-se, por vezes, alvo de transferência positiva ou negativa, como acontece também com todos os padres e diáconos permanentes nas paróquias – o que não quer dizer que todos percebam quando isso acontece. Muitos membros da comunidade paroquial verão o padre ou o diácono como autoridade e, consequentemente, podem desenvolver algum tipo de transferência. Por isso, o formando deve aprender a lidar com tal realidade durante o processo da sua formação inicial, sendo, às vezes, necessário sentir na pele como esse mecanismo funciona.

Ser formador significa estar *totalmente* a serviço dos formandos, sem esperar recompensas. É o preço a ser pago. A pessoa do formador e dos colaboradores desempenha um papel importante, mesmo que não procure por isso. Talvez seja por esse motivo que há tão poucos que desejam trabalhar no mundo da formação. Certamente não é uma função das mais fáceis, porém, quem trabalha na formação, por ser confrontado continuamente com os processos de crescimento dos outros, é forçado, no bom sentido, a se autoconfrontar, o que lhe oferece sempre a possibilidade de se santificar. Penso que há poucos ambientes tão propícios para a santificação quanto o ambiente formativo, justamente pela falta de recompensas a curto prazo. Além disso, trabalhar com adultos que deixam muitas coisas para trás, para se tornarem ministros ordenados, é diferente de trabalhar com jovens que estão no início da vida. Em geral, decisões sobre o futuro do formando jovem são tomadas *sobre* ou *para* ele; quando se trata de adultos, as decisões são tomadas *com* ele.

Apenas boa vontade não é suficiente, é preciso preparar formadores

Apenas boa vontade não é suficiente para assumir responsabilidades formativas, é necessário preparar mais pessoas para essa bela missão. Sei que isso é um chavão, e também que muitas iniciativas, como organizar cursos para formadores, estão sendo tomadas. Para um instituto que trabalha somente com candidatos adultos – muitos deles já com muita experiência de vida e bem formados profissionalmente, alguns inclusive com grandes responsabilidades –, necessita-se de formadores adultos e maduros, também bem formados em sua área, voltados a preparar outros para o ministério ordenado. Para os futuros presbíteros, é um processo de transição de um estilo de vida para outro; e um processo complementar e de expansão para os futuros diáconos permanentes. Para ter formadores preparados se exige não apenas conhecimento intelectual, mas, e sobretudo, que a pessoa se conheça como um todo, perceba as próprias necessidades e limitações, e que as tenham integrado, ao menos nas áreas centrais. Sem, porém, esperar perfeição, pois seu ofício sempre envolverá um trabalho humano que depende em primeiro lugar da graça divina. Além de os formandos merecerem formadores capazes, a Igreja, povo de Deus de quem estarão a serviço, tem direito a ter também bons ministros ordenados.

Nesse sentido, os próprios formadores – ouso dizer –, em primeiro lugar, merecem e necessitam de uma séria preparação. Falando de minha própria experiência, posso dizer que, mesmo tendo contado com a graça de ter sido preparado especificamente para trabalhar na formação, nem sempre foi fácil ajudar formandos adultos: principalmente quando eu era mais novo do que muitos deles e/ou quando o formando possuía em sua própria área profissional um grau consideravelmente superior de ensino, ou, ainda, quando havia alcançado um grau de maturidade maior do que o meu.

Formadores acostumados a trabalhar com seminaristas jovens podem apresentar a tendência – natural, diria eu – de tratar os formandos adultos como os seminaristas jovens, aplicando-lhes as mesmas regras, tendo as mesmas expectativas que aquelas relacionadas aos mais novos e exigindo deles o mesmo retorno. Um exemplo seria a questão dos estudos: é evidente que adultos devem, no mínimo, ter a mesma preparação intelectual que os jovens, mas, como possuem emprego e, os formandos ao diaconato, até família, deve-se encontrar métodos de aprendizagem que combinem com o tempo disponível de um homem trabalhador (casado e com filhos).

Integrar vida de oração e vida social

Outro ponto de atenção é a integração da vida de oração com a vida social, pois será preciso se reorganizar a fim de que, além de suas atividades profissionais (e vida familiar), se possa encontrar tempo e espaço para a oração e o estudo. Aqui está o grande desafio e, ao mesmo tempo, a beleza em se oferecer esse modelo formativo, porque a vida, tanto do presbítero quanto do diácono permanente, também é cheia de atividades pastorais, que devem ser sustentadas pela oração e por algum tempo para leitura/estudo, algo que, nesse modelo formativo, já se deve aprender a fazer durante a caminhada. Faz-se necessário pontuar que, caso o formando não consiga integrar todos esses aspectos da vida durante a fase da formação inicial, fica o questionamento se vai conseguir fazê-lo depois da Ordenação.

É por isso que, dentre outros aspectos, os formadores e os colaboradores desse modelo voltado a adultos e em tempo parcial devem ter um olhar e uma abordagem diferenciados e, consequentemente, ter uma estrutura organizacional distinta daquela do estilo convencional de seminário em tempo integral.

Estamos falando de uma nova oportunidade, um novo caminho, um meio a mais, ao lado dos existentes, abrindo uma porta para aqueles que não encontraram uma estrutura propícia para se prepararem ao ministério ordenado, modelo que, consequentemente, também exige outro tipo de formadores, com olhar específico para candidatos adultos e que os trate de acordo com sua idade, sua experiência de vida e profissional e suas possibilidades de tempo, pois muitos são empregados ou profissionais liberais.

Habilidade em confrontar

Com candidatos mais velhos, pode acontecer de que alguém, mesmo com toda a idade que possui, nunca tenha encontrado uma pessoa que lhe dissesse um "não". Por muitos motivos – charme, manipulação inconsciente, dominação e controle, complacência, dentre outros –, a pessoa, até agora, sempre conseguiu o que queria. Não por maldade, mas pela história de sua própria vida. Caso a pessoa não seja confrontada com essas características, existe a grande possibilidade de que continuará esperando ser tratada como "especial", com privilégios, e/ou sendo merecedora de uma posição de destaque na diocese e na paróquia. Desse modo, ser dócil à voz do Espírito Santo e ter uma atitude de obediência madura ao bispo podem se tornar uma grande dificuldade. Também pode ocorrer o contrário: alguém que na vida aprendeu a ser passivo e submisso (pensando ser bonzinho e obediente), no entanto, no fundo, sem se dar conta, com mágoa e revolta silenciosas, *pode*, uma vez ordenado e colocado como responsável por uma comunidade, tornar-se autoritário. Há o risco de os próprios formadores entrarem no "jogo" desses mecanismos inconscientes do formando e, mesmo percebendo *algo*, não saberem apontar o que é, ou, por falta de coragem, não se disporem a "confrontar" o adulto, ficando quietos e deixando isso de lado. Na verdade, o formador, percebendo estes e outros traços na pessoa, tem o dever de, com caridade e clareza, confrontá-la – algo nem sempre agradável tanto para o formando adulto quanto para o formador. Confrontar pessoas mais novas é muito mais fácil do que aquelas da mesma idade ou (bem) mais velhas. Um formador com forte necessidade de ser aceito ou admirado pode, por isso, deixar de exercer um aspecto importante de seu papel profissional.

Dentre as várias intervenções possíveis, penso que a do confronto é uma das mais eficazes. O conceito "confronto" pode soar como enfrentar, combater. Mas não é esse o caso. Clareza é fundamental quando falamos com pessoas, ou seja: "evitar formulações inexatas, incompletas, omissões, ambivalências, expressões faciais contrárias etc. Quando a comunicação é clara e simples, o emissor não somente se faz entender, mas também se faz mais facilmente aceito".[6] No mundo

---

[6] Cencini, A. *A vida fraterna nos tempos da Nova Evangelização. A dinâmica psicológica da comunicação; considerações operativas.* São Paulo: Paulinas, 1998, p. 191.

formativo, não é incomum encontrar situações em que formadores têm dificuldade em apontar ou verbalizar exatamente os motivos de não se querer continuar com o processo formativo de um determinado formando. Chega ao ponto até mesmo de se aconselhar que faça "um ano de experiência fora do seminário e depois se analise melhor seu caso", com o intuito, porém, de que a pessoa não volte, pois, caso retorne depois de um ano, não saberão qual motivo inventar para não a readmitir. No entanto, a pessoa merece mais do que isso! Quem está em formação tem o direito de que o formador o ajude a dar um nome preciso ao aspecto ou aos aspectos nos quais pode ou deve crescer. Sem esse tipo de confronto, ele fica no escuro, sem saber por onde andar. À indagação de "quando o seminarista está em formação", Cencini nos oferece a seguinte resposta:

> Alguém pode se considerar em formação a partir daquele bendito dia em que a ação paciente de um educador o ajudou a dar *um nome a essa realidade consciente ou inconsciente*, escondida e identificável, infantil-adolescente e, apesar disso, com influência na motivação vocacional do jovem e do adulto, como que, "de butuca" às portas do coração, e ao mesmo tempo reconhecível nos sentimentos, mágoas, ideais irreais, distorções perceptíveis, rigidez de conceitos (mesmo teológicos ou pastorais), narcisismos variados, invejas e ciúmes, carreirismo e busca de promoção, saudades de uma Igreja que não existe mais, liturgismos superados. Não há formação enquanto o sujeito não der um nome preciso a essa *inconsistência central* (central porque se estabelece às portas do coração, mas em seguida se estabelece no centro do

---

Sobre a importância e a técnica de dar e receber *feedback*: Fritzen, sj. *Janela de Johari: exercícios vivenciais de dinâmica de grupo, relações humanas e de sensibilidade*. 25. ed. Petrópolis: Vozes, 2013.

coração, de onde comanda as operações). Alguém poderia passar anos e anos de formação sem jamais *estar em formação*.[7]

Formandos também são educadores e formadores uns dos outros

Na descrição do projeto original de Bovendonk, consta que a ideia era *oferecer os estudos de filosofia e de teologia em combinação com a formação prática pastoral, num ambiente de aprofundamento e de vivência espiritual pessoal e comunitária, com espaço também para celebrações litúrgicas*. Mesmo que os formandos viessem a se encontrar "apenas" duas vezes por mês e por um período de dois dias, previa-se um ambiente e um espírito comunitário. Por se tratar, em cada um desses encontros, de uma convivência de curta duração, poder-se-ia pensar que o clima de convivência sempre seria agradável, sem conflitos, pois, caso algo acontecesse no grupo, de modo a desagradar alguns dos membros, esse incômodo duraria pouco tempo, porque, afinal, "no dia seguinte cada um seguiria o seu caminho", até a próxima quinzena. Então, "melhor ficar quieto".

Evidenciar conflitos – algo absolutamente normal onde se convive com outro(s): no Matrimônio e em família, nas amizades, nos grupos e nas comunidades – faz parte do processo formativo, pois sabemos que, sem conflitos e crises, não há verdadeira formação, nem sequer crescimento pessoal e espiritual. Se em uma comunidade religiosa ou seminarística existe algum conflito, este deve ser trazido logo à luz e ser trabalhado

---

[7] Cencini, A. "Formação como itinerário rumo à verdade." Segunda palestra proferida por Cencini, durante o curso para formadores em Curitiba (PR), nos dias 27 a 29 de junho de 2017.

para que o ambiente não se torne insuportável. Como então trabalhar os desentendimentos, conflitos e crises em um grupo de adultos que se encontram apenas a cada 15 dias? Só há uma resposta: apelar para a idade e responsabilidade de todos os formandos, fazendo com que se tornem corresponsáveis, não só pelo ambiente em geral, mas, também, uns pelos outros. Vale a pena tentar evitar que, no futuro, quando forem irmãos no mesmo presbitério, alguém venha a dizer que sabia de determinada dificuldade grave do ex-colega formando, já no tempo da formação inicial, mas que nunca falara por julgar que cabia só e unicamente à coordenação observar e corrigir cada formando.

Durante a última "conversa oficial" de cada fim de ano com o reitor, era perguntado em particular a cada um se todos os seus colegas poderiam ser ordenados. De início, o indivíduo achava estranho e hesitava em "falar dos outros". No entanto, ao lhe assegurarmos que se tratava de um assunto confidencial, que sua avaliação jamais seria decisiva e que a mesma pergunta era feita a todos, inclusive sobre ele, e ao lhe explicar a importância da corresponsabilidade para o bem das comunidades de fé, essa prática foi se tornando costumeira, adquirindo um espírito de confiança, respeito, abertura e sinceridade.

Outro elemento bastante útil, nesse sentido, é que mesmo com o pouco tempo de convivência havia dois momentos de socialização para estarem juntos e conversarem sobre assuntos relevantes.

Por último, mas não menos importante, era incentivada fortemente a prática da correção fraterna espontânea entre os formandos, pois também na Igreja parece ser mais comum falar *sobre* pessoas do que falar *com* as pessoas, traindo a confiança e, mais grave ainda, revelando segredos pessoais e/ou profissionais. Quem é acostumado a falar muito de outras pessoas não consegue distinguir entre o que foi dito em conversas informais e o que foi falado na direção espiritual, na terapia, na confissão. O ministro ordenado e aqueles que trabalham com pessoas em ambiente de foro interno, devem, por isso, ser pessoas muito reservadas naquilo que dizem, mais ainda no que se refere à vida de outros.[8]

Por muitos anos, Bovendonk configurou-se como um instituto que preparava somente para o presbiterado. E algo que me chamou muito a atenção foi que, quando entraram os candidatos ao diaconato permanente – homens casados, pais e, em alguns casos, avôs –, o nível e o teor das conversas informais nos momentos de intervalos e de descontração mudaram. O ambiente se tornou, diria eu, mais saudável, mais positivo e maduro. Conversas menos condizentes com o futuro ministério dos que se preparavam para ao presbiterado eram questionadas pelos homens casados, os quais, por outro lado, também tinham mais facilidade em apontar aspectos positivos e evidenciar os dons presentes nos candidatos ao presbiterado, algo que fortalecia a autoestima desses últimos. Com a presença de esposas e filhos em alguns momentos do ano, o ambiente geral se tornava mais familiar e maduro.

Outro aspecto que merece ser destacado é que, em geral, formandos para o diaconato permanente sabem o que é se comprometer em um casamento, ter responsabilidade para

---

[8] O Papa Francisco menciona entre as 15 doenças espirituais: "A doença das fofocas, das conversas fiadas e mexericos: desta doença já falei muitas vezes, mas nunca o suficiente: é uma doença grave que começa simplesmente, talvez por causa de uma conversa fiada, e toma conta da pessoa, tornando-a 'semeadora de discórdia' (como Satanás), e em muitos casos 'assassino a sangue frio' da fama dos próprios colegas e coirmãos. É a doença de pessoas covardes, que não têm a coragem de falar diretamente e falam pelas costas". [Fonte: NEWS. VA. Cidade do Vaticano (RV), 23 de dezembro 2014.]

com outros (filhos, esposa), ter aprendido a viver a interdependência, ou seja, vivenciam o equilíbrio entre exercer sua autonomia e ao mesmo tempo ter a coragem de se fazer dependente da esposa. Tendo já essa base sólida familiar, apresentam-se para serem ordenados diáconos, mas sua vida e futuro não *dependem* disso. Já o candidato ao presbiterado vai se comprometer só e unicamente com a Igreja, tendo, desse modo, mais em jogo, o que *pode* influenciar seu comportamento, no sentido de fazer o possível para mostrar que deve ser aceito e ordenado, apresentando-se mais dócil do que é na verdade, ou, ainda, para usar outra palavra, fazendo-se complacente. O confronto saudável entre adultos casados e solteiros que se questionam, se corrigem, incentivam e se ajudam mutuamente, faz com que se tornem "educadores e formadores" uns dos outros, desde que todos tenham a docilidade de se deixarem confrontar, inclusive nos momentos menos agradáveis. A pessoa que não aceita ser questionada durante o processo formativo provavelmente se tornará uma figura autoritária na paróquia.

Fases do discernimento

Discernimento para a admissão: critérios e entrevista

Como Bovendonk é um instituto da Diocese de Breda – assim como o IDE é da Arquidiocese de Curitiba – aberto também a vocacionados de outras dioceses e congregações, o processo de discernimento para a admissão implica uma dupla responsabilidade. Primeiramente, o interessado deve se apresentar aos responsáveis pela pastoral vocacional ou aos formadores de sua própria diocese, junto a quem é feito o primeiro discernimento, para ver se diocese e vocacionado desejam mesmo iniciar uma caminhada formativa. O "delegado", ou seja, o padre nomeado pelo bispo como responsável pelos vocacionados adultos, em cada diocese, faz a ponte entre essa diocese e o instituto, encaminhando oficialmente o interessado aos responsáveis pelo instituto para vocações adultas, onde se procede um segundo discernimento. O instituto, por ter responsabilidade própria, pode decidir aceitá-lo ou não. Pela experiência prática e específica que os formadores do instituto para adultos têm, os delegados também podem pedir uma "segunda opinião" do instituto sobre o candidato, antes que a diocese decida aceitá-lo ou não.

Contudo, mesmo diante de um julgamento favorável quanto ao ingresso da pessoa para seguir o caminho formativo através do modelo específico de tempo parcial, pode acontecer de, em determinados casos, surgir pareceres divergentes no tocante a critérios, opiniões e discernimento. Diante da possibilidade real de alguém se tornar candidato, os dois, diocese e instituto, estabelecerão juntos os passos a serem dados a partir dos critérios fixados para admissão. No que tange a esse "acordo de princípios em conjunto", um exemplo de possível divergência poderia ser o estado de vida do interessado.

Bovendonk é muito claro em aceitar somente pessoas totalmente livres e desimpedidas. No entanto, com certa frequência se apresentam, inclusive com apoio e incentivo de alguns padres (raramente por bispos), interessados no presbiterado ou no diaconato, homens não viúvos, pais solteiros, divorciados ou separados, com e sem Matrimônio anulado pelo Tribunal Eclesiástico, que possuem filhos já adultos e independentes. São homens que se consideram livres e desimpedidos, pelo fato de seus filhos terem já autonomia para se sustentar, não mais necessitando do pai para sobreviver. Se eles estavam casados legitimamente quando tiveram os filhos e, depois, o Matrimônio foi declarado nulo ou não, urge refletir se isso é algo deveras relevante e a ser considerado pela autoridade eclesiástica ao se definirem critérios de admissão ou não. Quanto a homens viúvos, Bovendonk preparou alguns poucos deles, sem qualquer dificuldade específica. É muito bonito, inclusive, ver como os filhos participam do processo formativo do pai, às vezes até o auxiliando com os estudos e afazeres em casa. A presença dos filhos na Ordenação revela-se algo emocionante e profundamente espiritual.

No instituto o interessado terá várias conversas durante o processo de admissão: com os coordenadores de pastoral, de estudos, de desenvolvimento humano e com o diretor espiritual. Este último vai verificar sua caminhada de fé e oração, aspectos gerais de sua espiritualidade, sobre onde e como nasceu sua vocação, qual sua imagem de Deus, sua compreensão e adesão quanto aos ensinamentos do Magistério, se recebeu os sacramentos de iniciação, o seu grau de consciência do que vem a ser um diácono ou padre etc. Quando se trata de uma pessoa que já passou por vários seminários e/ou comunidades religiosas, é o diretor espiritual que deve aprofundar com afinco as motivações dessas entradas e saídas nas comunidades anteriores, a não ser que o reitor nomeie outro membro da sua equipe para obter essas informações.

Já o coordenador de prática pastoral vai verificar sua caminhada de participação ativa na Igreja, com que qualidade e desde quando; seus interesses pastorais, seu espírito missionário, se é um "faz tudo sozinho" ou alguém que trabalha em equipe; se tem possibilidade de ser ou de se tornar um líder religioso; como reage em situações de crise (resiliência); como seu estado de vida está relacionado à prática pastoral etc. Uma pergunta aparentemente secundária, porém, na prática, muito relevante, que com certa frequência voltava nas reuniões da equipe de coordenação e que, sendo sincero, nunca fora bem respondida, era: "Preparamos os homens para serem presbíteros ou para serem párocos?", Diante da escassez de padres, quase todos devem assumir grandes responsabilidades logo após a Ordenação. Caso quiséssemos preparar os candidatos para serem todos párocos, os critérios para Ordenação mudariam (ou deveriam mudar), exigindo-se mais resiliência, liderança, habilidades organizacionais, administrativas e de gestão humana. Um ótimo e santo presbítero, como vigário, pode se perder quando precisar assumir responsabilidades que não suporta. Mas, então, devemos deixar de aceitar alguns na Ordenação, só porque não poderão ser párocos? Ou, por outro lado, continuará o bispo depois a ter grandes dificuldades para encontrar párocos? Evidencia-se, assim, a importância de que os bispos orientem bem os formadores quanto ao perfil de presbítero diocesano que desejam ou necessitam em sua realidade diocesana, evidentemente sempre de acordo com os ensinamentos do Magistério. Para os formadores ajuda muito, e até é necessário, que tenham claro esse perfil, para poderem melhor orientar os formandos.

O coordenador de estudos avaliará em suas conversas se a pessoa possui condições necessárias para enfrentar as exigências acadêmicas. Vale destacar que Bovendonk exige nível de estudo técnico (na Holanda, um nível entre ensino médio e superior), não necessariamente universitário, baseando-se na intenção de preparar pastores para as paróquias, não professores. Considerando o tempo de existência, a história, o emprego e a finalidade de Bovendonk, julga-se que quem deseja tornar-se professor ou, segundo os planos da diocese ou congregação, ministro ordenado e professor, deve ser encaminhado para uma universidade de Teologia, pois Bovendonk não é o lugar adequado para essa pessoa. Ainda nessa dimensão acadêmica, algo que merece muita atenção é verificar se a pessoa terminou seus estudos anteriores.

Por fim, a pessoa interessada terá uma conversa (ou mais) com o coordenador do desenvolvimento humano. Nesse ponto são abordados os aspectos do desenvolvimento geral da pessoa: saúde, compromissos financeiros, situação familiar, se já precisou de psiquiatra ou psicólogo, grau de maturidade (conforme sua idade), motivações, autocrítica, valores, necessidades, relacionamentos e amizades, incluindo o tema da afetividade e sexualidade, e, ainda, outros aspectos muito importantes, como abertura, humildade, senso de realismo, transparência, grau de autocompreensão, docilidade ou predisposição para se formar e sua vontade de crescer e de se deixar ajudar nesse processo.

Não éramos favoráveis a que se pedisse, de modo padrão ou indiscriminado, uma avaliação psicológica como exigência para a admissão. Mais tarde voltarei a esse assunto, mas, por ora, basta mencionar que se perguntava ao candidato se ele estaria disposto a colaborar com uma avaliação psicológica, caso a coordenação julgasse necessário. Também era perguntado se estava disposto a iniciar uma caminhada com um diretor espiritual, já desde o primeiro momento. Vale ressaltar que o povo holandês é muito direto e aberto na discussão de assuntos que em outras culturas ainda são considerados tabus e/ou tratados com julgamentos preconceituosos ou até desrespeitosos, sendo, por conta disso, não debatidos abertamente e com transparência. Pouquíssimos interessados a ingressar no instituto se sentem constrangidos para responder perguntas diretas sobre, por exemplo, orientação sexual. Tudo, evidentemente, dentro de um contexto de confiança e de respeito, como é o caso das entrevistas de admissão. Os interessados sabem muito bem que "esconder o jogo" não ajudará nem a si mesmos nem a Igreja. Como já têm certa idade, sabem por experiência o que a vida oferece e, ao fazer a opção pelo celibato, seja qual for a orientação sexual, têm total confiança de que estão tomando uma decisão livre e consciente. O conteúdo dessas primeiras conversas está evidentemente no nível da consciência e, portanto, não exclui a necessidade de se ir mais a fundo em sua história, o que acontecerá nos colóquios de crescimento vocacional durante o processo formativo.

Nada pressupor, nem apressar

Não apenas com relação aos jovens, mas também com respeito a aspirantes adultos, não se pode (mais) cegamente pressupor que tragam o conteúdo básico da doutrina católica de casa. Já nas entrevistas para a admissão, pode aparecer que o indivíduo não tem ideia clara do que está pedindo, quando diz querer ser diácono permanente ou padre. Faz-se necessário, portanto, averiguar até que ponto o interessado está consciente do verdadeiro significado do ministério ordenado e suas consequências e, dependendo da situação, gastar bastante tempo com esclarecimentos. Mesmo que tenha passado por encontros vocacionais, pode estar tão empolgado com a descoberta da vocação, que não dá a devida importância às consequências práticas e menos evidentes. Entretanto, o candidato tem direito a ser bem informado e a ter respondidas todas as suas perguntas, dentro do possível, *antes* de iniciar uma caminhada formativa. Promotores vocacionais e formadores devem exercer na caridade a virtude da paciência, porque, embora se trate de conteúdos por nós bem conhecidos, porque já os repetimos centenas de vezes, para eles é novo. Desse modo, à medida que vai participando de um ou mais encontros, o indivíduo pode ir formando uma ideia mais realista de seu desejado futuro. Enquanto não tiver uma visão correta e esclarecida, é melhor esperar mais um tempo para que possa refletir, conversar com as pessoas de sua casa e com seu pároco, participar talvez de um retiro, para, assim, diminuir possíveis decepções já no início da caminhada formativa ou ter de desistir ainda no primeiro ano. É bom fazer os cálculos certos, antes de iniciar a construção. Nesse contexto, temos também a responsabilidade de "proteger" o interessado.

Espera-se moderação, "normalidade" e senso comum

A sabedoria, segundo a qual "a virtude sempre está no meio", também se aplica aos comportamentos. A experiência já nos ensinou que devemos estar atentos a todos os tipos de *exageros* comportamentais (considerando, portanto, como normais, os traços característicos pessoais de cada tipo de personalidade), tais como: rigidez, isolamento, silêncio, dogmatismo, "liturgismo", perfeição, exibicionismo, moralismo, passividade, fechamento, dominação e controle, "falação" etc. Assim como "águas paradas são profundas", os tipos "maritaca" só fazem jorrar palavras de sua boca, sem refletir sobre o que dizem, sem profundidade alguma, o que interfere na capacidade de silenciar e de escutar – primeiros requisitos da boa comunicação. Em outras palavras, o que se espera de um futuro ministro é que seja alguém "moderado", "normal", sem exageros, com qualidades e também limitações, que se conheça e se aceite, que conviva bem consigo mesmo e com os outros, que tenha bom senso e se saiba dependente da graça divina.

Durante o processo de admissão de adultos, não podem surgir muitas e grandes dúvidas em relação à possibilidade de o interessado ser um bom formando e um bom e realizado futuro ministro ordenado. Formadores devem seguir as próprias intuições e o senso comum na hora de decidir sobre a admissão ou não de um candidato. Para evitar que a decisão seja tomada por uma só pessoa, com o perigo de ela se deixar influenciar por sentimentos de simpatia ou antipatia, o interessado deve passar por vários formadores, pois, quanto mais pessoas expressarem um juízo sobre a aptidão do interessado, mais objetiva se tornará a decisão. Nos processos de admissão e de formação, ninguém jamais pode depender da opinião e da decisão somente de um responsável; não é bom para o candidato nem para a pessoa, que deve decidir sozinha.

As casas e os institutos de formação, muito menos um instituto especificamente para adultos (por estes terem a personalidade já mais formada e consolidada), não são nem podem se tornar centros psicoterapêuticos. Repito aquilo que, às vezes, eu dizia aos meus colegas, durante as reuniões de discernimento sobre a admissão ou não dos candidatos: que o critério mais importante *deveria* ser que, *quanto à sua maturidade humana e espiritual*, a pessoa poderia ser ordenada amanhã, embora tenha ainda muito a aprender para se tornar um presbítero ou um diácono permanente. Infelizmente, entre o "deveria ser possível" e o que, "de fato, é possível", há um abismo ainda muito grande, e não vejo nenhuma tendência na diminuição desse abismo. Se levássemos esse critério realmente a sério – o que seria o ideal –, iríamos preparar-nos para trabalhar com grupos bem pequenos de formandos. É uma escolha que cada instituto deve fazer: ou trabalhar com grupos pequenos de pessoas realmente maduras, ou oferecer uma estrutura bem mais equipada para acompanhar mais pessoas, mesmo com o risco de haver maior percentual de candidatos que não chegarão ao fim do processo formativo. Desse modo, o processo de admissão se torna crucial, conforme a escolha feita.

Recente perda emocional

Durante os anos em que fui reitor, algo que me foi chamando a atenção se refere ao fato de algumas pessoas terem se apresentado para dar início ao processo formativo logo após (até mais ou menos dois anos) alguma perda significativa na família ou no círculo de boas amizades. É verdade que, em alguns casos, o indivíduo já possuía há um bom tempo o desejo de ser presbítero, mas não queria deixar, por exemplo, a mãe, de quem se comprometeu a cuidar até o fim da vida. Eis aí, em si, um nobre motivo. Mas há histórias nas quais fica difícil traçar uma verdadeira convicção religiosa, mesmo quando se trata de alguém que participa da Igreja desde antes do falecimento do ente querido e, "de repente", após o trágico acontecimento, decide ser presbítero ou diácono permanente. Nesses casos, será necessário verificar a presença de um possível e profundo sentimento de culpa ligado a pensamentos irreais e indescritíveis, como: não ter feito o suficiente para amenizar o sofrimento da pessoa falecida; haver algo em que não (a) perdoou ou que por ela não foi perdoado; ou, ainda, certa convicção de ser alguém realmente mau. Há situações em que, inconscientemente, a pessoa tenta compensar ou desfazer a culpa inexistente, querendo fazer algo de bom na vida, sendo, por exemplo, ministro ordenado, entregando-se à mais alta autoridade capaz de perdoar, ou seja, a Deus.

Nos casos dos quais me recordo, a pessoa não havia feito um adequado processo de luto (aliás, frequentemente confundido com "depressão", por ter vários sintomas em comum), com a consequente possibilidade de tomar decisões precipitadas, inclusive em relação à "vocação". O que observei, evidentemente, não ocorre em todos os casos de perdas significativas, mas mantenho a observação, com a recomendação de se tomar mais tempo de acompanhamento e discernimento antes de a pessoa ser admitida.

Fatores familiares (no caso dos diáconos permanentes)

Na prática, o homem casado pode ficar tão entusiasmado com o convite do pároco para ser diácono permanente, que, por pensar só em si mesmo, não considera de modo sério as consequências de "sua escolha" para a esposa e os filhos. Quantas vezes já aconteceu, por exemplo, de homens recém-casados, com crianças bem pequenas ou planejando ter filhos, se apresentarem para ser diáconos, sem se dar conta do direito que a criança possui de ter o pai em casa, bem como da necessidade da esposa de ter o marido ao seu lado, para ajudá-la nos cuidados com os filhos. Ele pode ser diácono permanente pelo resto da vida, mas a criança pode ter o pai presente apenas uma vez. Alguns até ficam chateados, quando são confrontados com perguntas sobre o que a família acha de sua ideia; mais ainda, quando faço o papel de "advogado do diabo", colocando empecilhos como: você ainda é muito jovem e recém-casado, não é bom se ausentar com tanta frequência de sua casa; seus filhos ainda são pequenos e precisam do pai em casa etc. Em geral, quem pede para ser admitido, não espera perguntas desse tipo, vindas de um padre.

Aos candidatos ao diaconato, é pedido que a esposa venha junto, numa conversa posterior, para que também expresse seu pensamento sobre a possibilidade de seu marido ser um ministro ordenado, bem como sobre suas expectativas, dúvidas e preocupações – se as tiver.

Parece que há fases e momentos certos para alguém ser diácono permanente, dependendo muito da situação familiar. A primeira vocação do homem casado é a de ser marido e pai, de cuidar da família. Mesmo o diácono vivendo uma dupla fidelidade, à família e à Igreja, sua família vem em primeiro lugar. Nesse sentido, a decisão do homem terá consideráveis consequências em casa, consequências essas que ele mesmo pode não perceber ou, ainda, prever, quando elas se apresentarem: ausência em vários finais de semana; necessidade de tempo para estudar em casa; aumento nos pedidos de ajuda por parte da paróquia; mudança na dinâmica familiar etc. Não estou dizendo que os "empecilhos" ou questionamentos que faço devem necessariamente provocar a desistência do candidato, mas é responsabilidade nossa também "proteger" o interessado contra decisões precipitadas. Não podemos pensar somente na riqueza de ter mais essa pessoa como ministro ordenado em nossa comunidade. Outrossim, devemos, em primeiro lugar, pensar no bem de seu casamento e de sua família – a médio e longo prazo. É nosso dever expor esses pontos, para que o interessado volte para casa e converse (novamente?) seriamente com a esposa e com os filhos, para depois tomar uma decisão. Caso a esposa não apoie "cem por cento" o marido em sua nova caminhada, ele não deve nem pode iniciar o processo formativo, pois a Igreja exige que também a esposa assine o pedido de Ordenação.

Já aconteceu várias vezes de o interessado, depois de conversar mais uma vez com a família, desistir da ideia e até nos agradecer, admitindo ter pensado apenas em si mesmo. Na prática, vejo dificuldades, embora não impedimento, para pais com crianças entre 0 e 6 anos de idade (para que a esposa não fique sozinha com a responsabilidade pela educação dos filhos e por causa da identificação sexual da criança, processo que acontece por volta dos 5 anos de idade), bem como com filhos entre 12 e 17 anos (a adolescência pode ser turbulenta). Repito que se trata apenas de aspectos a serem considerados e avaliados.

Discernir o carisma vocacional

Outro elemento importante, durante o processo de admissão, é o discernimento a respeito do carisma. Às vezes, é até evidente que a pessoa interessada parece ser chamada por

Deus, porém, ao contrário do que ela pensa, não é um chamado à vida presbiteral diocesana. Houve vários interessados que foram encaminhados para congregações e ordens religiosas, e que lá encontraram seu lugar. Lembro-me de um homem com bom coração, que tinha como ideal ser padre diocesano para ficar a maior parte do tempo rezando, no sótão da casa paroquial. Ao final, ele se tornou um monge muito realizado. Como os responsáveis pela formação estão ao mesmo tempo a serviço da Igreja e de cada pessoa enviada por Deus, temos a responsabilidade de discernir desinteressadamente o que é melhor para o indivíduo e para a Igreja. Sempre achei estranho que, em uma paróquia cuidada por religiosos padres, Deus chame jovens e adultos somente para a congregação do pároco e, numa paróquia cuidada por padres diocesanos, somente para o clero diocesano. As vocações não são "nossas". É necessário verificar o carisma que Deus colocou na pessoa e discernir onde ela poderá realizá-lo de modo mais pleno e eficaz.

No instituto fizemos um acordo entre os participantes diocesanos e religiosos de que não era permitido que um formando, durante a caminhada formativa, mudasse de diocese para congregação ou vice-versa, para evitar o que chamávamos de "pirataria vocacional". Caso um formando realmente quisesse mudar, era exigido que deixasse o instituto e fizesse um novo processo de discernimento antes de continuar, isso com um intervalo de dois a três anos. A mesma regra vale também para um candidato solteiro ao diaconato que "mude de ideia", querendo tornar-se presbítero, e para um candidato ao presbiterado que se apaixone e queira continuar o caminho formativo, mas, agora, com objetivo de se tornar diácono permanente. De igual modo, quando se trata de egressos, deve-se estabelecer um intervalo entre a saída de uma instituição e a eventual entrada em outra.

Idade cronológica não é o único critério, e ela é relativa

Conforme o que já destacamos, deve ficar bem claro que um instituto para vocações adultas não pode nem deve ter como critério apenas a idade cronológica do vocacionado. Pois há pessoas que, embora ainda não tenham alcançado a idade mínima estabelecida para entrar no instituto (em nosso caso: 28 anos), possuem maturidade e todas as condições para fazer uma boa e eficaz caminhada através desse modelo formativo, em tempo parcial. Nesse caso, eu abriria as portas também a essas pessoas.

Há, portanto, muitas variáveis a serem avaliadas e discernidas. Não pode acontecer também de todos os interessados, indistintamente, *deverem* entrar em um modelo formativo, só porque é o único existente, mas que se tenha a possibilidade de considerar a situação e as condições de cada indivíduo nesse momento específico de sua vida, para ajudá-lo a realizar seus anseios da melhor maneira possível. A riqueza de termos mais esse modelo formativo na Igreja consiste em poder oferecer o melhor caminho *para esse indivíduo* poder se tornar um bom ministro ordenado. Em última análise, evidentemente, sempre será o bispo ou o superior religioso maior, guardiões da fé da Igreja, que decidirá qual o caminho que o vocacionado deve percorrer para se preparar bem.

Se é pertinente que se faça a pergunta sobre se o instituto é o melhor caminho para essa pessoa, o contrário também é verdadeiro: essa pessoa fará bem ao grupo? Ela se enquadra *nessa* proposta formativa? No início do segundo capítulo, destacamos uma citação do Padre Rulla, segundo a qual, "uma instituição que – seguindo os seus princípios de base – não procura elaborar uma visão antropológica própria, acaba inevitavelmente aceitando outras, principalmente as que estão mais na moda". Nesse sentido, o nosso instituto tem uma visão antropológica própria e bastante clara. Sabemos qual é nossa proposta e o que se pretende com ela; delimitamos o método de trabalho e temos finalidades definidas, sempre nos baseando nos documentos do Magistério. Não é impossível, porém, que alguém, deveras vocacionado, por certo motivo não se enquadre ou não aceite nossa visão antropológica e nosso modelo formativo geral, o que faz com que se torne inviável sua admissão. Deve ser dito também que nem todos os bispos acreditam nesse modelo formativo, e muitos preferem que todos os seus candidatos sigam o caminho existente na sua diocese. Entretanto, como não veem outras opções para vocações adultas, às vezes mandam algum candidato para esse modelo de tempo parcial, mesmo o vendo como um "mal necessário". Caso isso aconteça, deve ser avaliado se o eventual futuro formando terá o apoio sincero e necessário de sua diocese para poder fazer uma boa e eficaz caminhada.

Verificar o passado de egressos

É o diretor espiritual, por excelência, mas depois também o formador de integração (ou psicoespiritual) que deve falar com o interessado sobre as suas motivações e, no caso de egressos, combinar com o reitor quem da equipe dos responsáveis do instituto deve entrar em contato com os responsáveis por comunidades pelas quais o interessado passou, a fim de obter informações a seu respeito. Entre os que pedem informações ou expressam o desejo de iniciar o processo formativo, há muitos que passaram por outras instituições religiosas ou seminários, seja na adolescência ou na vida adulta. Entre os muitos e vários motivos que egressos apresentam para pedir admissão estão: ter deixado a vida consagrada para se tornar diocesano (pensando ter mais liberdade); ter abandonado a caminhada vocacional por causa de doença de um dos pais e agora, muitos anos depois, querer continuar de onde parou; ter passado por várias comunidades, mas não se ter adaptado; ter tido desencontros com os superiores; não ser aceito por causa da idade; ter sido mandado embora, sem ser informado sobre os motivos; quando jovem, ter frequentado o seminário e saído para uma experiência de namoro etc. Algumas pessoas são bem sinceras, claras e específicas ao revelar suas motivações, já outras tentam propositalmente não revelar todo o seu passado. O formador, com olhar e ouvidos clínicos, perceberá que falta transparência e, por isso, não recomendará que a pessoa seja admitida. Evidentemente, há situações que justificam mais uma chance. Na prática, existem vários exemplos bons de padres que passaram por duas casas diferentes de formação... duas, reitero. De todos os egressos que se apresentam, pela minha experiência, aproximadamente 15% são admitidos. Deixar de buscar informações nas casas por onde o egresso passou – um trabalho necessário, mas que exige tempo e paciência – caracteriza uma grande omissão.[9]

Algo que poderia ajudar muito, seria que, sob controle de um órgão da Igreja, cada país tivesse um banco de dados, dentro dos limites da lei de privacidade, com os nomes de todos os que buscam entrar em seminários e casas religiosas. Assim, quando alguém se apresentasse, seria mais fácil obter algumas informações mínimas, consultando-se o banco de dados.[10]

---

[9] A esse respeito, anexo ao Documento n. 93 da CNBB, encontra-se o Decreto Geral Legislativo sobre a Admissão de Egressos ao Seminário, de 18 de abril de 1997.

[10] Conforme o disposto na legislação brasileira, segundo a Lei Geral de Proteção de Dados Pessoais (LGPD), n. 13.709, de 14 de agosto de 2018.

Decisão final sobre admissão

Na reunião da equipe coordenada pelo reitor, são partilhados os dados obtidos e as impressões de cada membro que entrevistou o interessado, a fim de, após se considerar os muitos elementos acima citados, decidir sobre sua possível admissão. Uma vez que o interessado seja considerado um possível formando, ele será convidado a participar de uma etapa na qual poderá experimentar a dinâmica do instituto, encontrar-se com os eventuais futuros colegas formandos e conversar com outros membros da equipe, se for necessário. De igual modo, sua participação também oferecerá aos formadores uma ideia de como se comporta dentro de um grupo – algo de grande importância. Uma coisa é ver e conversar com a pessoa individualmente; outra, é vê-la no grupo. Sempre pensei, e ainda penso, que seria necessário adotarmos um instrumento utilizado pela Igreja anglicana: como no Reino Unido há vários institutos para vocações adultas – na verdade, a maioria dos ministros ordenados passou por tais institutos, mais que nos *theological colleges* internos –, é realizado um encontro anual de vários dias, para reunir todos os interessados no país, para a convivência com uma equipe de profissionais de várias áreas. Depois dessa última fase do processo de admissão, a equipe nacional faz o discernimento definitivo sobre a admissão de cada um (e cada uma, no caso dos anglicanos). Infelizmente, esse pensamento não foi levado adiante, mas permanece como um ideal, que, na verdade, não é difícil de ser realizado.

Aspectos práticos e de discernimento durante a caminhada formativa

Assumir a responsabilidade pela própria vocação

Deus chama quem, como e quando quer. À Igreja, por sua vez, é confiada a missão de, em nome de Deus, cuidar para que o plano divino possa se realizar na vida da pessoa. Não cabe aos formadores questionarem o chamado, pois seria algo como questionar a Deus. No entanto, também não cabe ao indivíduo, que se diz ser chamado, apropriar-se de uma suposta certeza, quase exigindo que todos os responsáveis pela formação endossem cegamente sua "certeza subjetiva". O que pode e deve ser questionado, averiguado, observado, incentivado e acompanhado, é a resposta que a pessoa dá ao chamado que ela diz ter na prática do dia a dia: seu modo de viver e de se relacionar, seu esforço sincero para internalizar e viver, de modo consistente, os valores próprios do cristão como futuro ministro ordenado.

Se o jovem seminarista deve aprender com o tempo a se tornar cada vez menos objeto e mais sujeito de sua educação/formação, espera-se dos adultos que desde o início da caminhada se assumam totalmente como sujeitos do processo, sob supervisão dos formadores, que, por isso, são chamados de assessores. O jovem tem não só a necessidade, mas também o direito de ser ativamente incentivado, empurrado, corrigido, encorajado e, por vezes, elogiado pelos formadores, assim como um bom pai faz (sem se tornar paternalista), enquanto os formandos adultos têm a seu lado assessores, tais quais irmãos mais experientes que os auxiliam em seu processo, apoiando-os.

Uma das dificuldades que encontramos em ministros ordenados é a passividade e a expectativa de receber um tratamento privilegiado – traços não poucas vezes subliminarmente e/ou com mensagens ambíguas reforçados no tempo da formação inicial. Formandos adultos, com especial atenção àqueles que no passado já tenham sido seminaristas, que continuam com traços de muita passividade, não devem continuar o processo formativo. É por isso também que um dos critérios de admissão é que a pessoa tenha um emprego ou que seja profissional autônomo. Para que tenha o "cheiro das ovelhas", como o Papa Francisco gosta de dizer; para ser, como ministro ordenado, um membro da comunidade, que, como todos os outros, também está à procura de Deus, faz-se necessário ter líderes religiosos proativos, sem traços clericais e/ou de vitimismo. Nesse sentido, na dinâmica das conversas oficiais semestrais com o reitor, espera-se um diálogo entre dois adultos e que o formando se coloque como sujeito responsável pela própria educação-formação ao ministério ordenado. Não deve ser mais necessária a dinâmica de perguntas e respostas, mas se pede que o formando prepare a conversa para informar ao reitor como está se desenvolvendo nas quatro dimensões formativas: humana, espiritual, intelectual e pastoral-missionária. Esse exercício de autoavaliação (evidentemente não sem comentários, troca de ideias e, por vezes, confrontações por parte do reitor) ajuda o indivíduo a refletir sistematicamente sobre seu próprio crescimento. E uma boa autocrítica é algo que não pode faltar. Alguém pode pensar que já tem bastante experiência, mas é fato que experiência apenas não basta. A pergunta é o que a pessoa aprendeu com a experiência e se ela consegue elaborar isso verbalmente. Conversas com o reitor e com outros membros da equipe servem para ajudar nesse exercício.

Vitimismo e clericalismo

Um dos indícios de uma acentuada busca de autopromoção – movimento contrário ao de se tornar dom – tem-se observado na proeminência de um grande grupo de vocacionados e de ministros ordenados, o que instaurou, já há um bom tempo, uma cultura muito difícil de ser erradicada, o "vitimismo", acompanhado, não raramente, por clericalismo – mentalidade e postura repetidamente condenadas pelo Papa Francisco. Entre as muitas maneiras de explicar o que vem a ser "clericalismo", penso que o núcleo dessa mentalidade esteja no fato de a pessoa se considerar especial, pertencente a uma "casta" mais alta, privilegiada e "escolhida" para poder receber honras, glórias e louvores, além de presentes e elogios dos leigos.

Ainda hoje, mas, por sorte, cada vez menos, os leigos se mantêm calados quando não são bem tratados pelo "clérigo autoritário", que pensa que pode dizer e fazer tudo e que está acima da lei, inclusive da lei da caridade, da humildade e do correto uso dos bens materiais da comunidade. Esse modo de ser e de agir nem sempre é consciente e pode persistir, porque os leigos (e outros), nesta parte do mundo, raramente têm coragem de confrontar o ministro ordenado diretamente, por conta de algo falsamente chamado de "respeito humano". Ora, respeito humano quer dizer também ajudar o outro a se enxergar, independentemente da posição ou função que ocupa. Quanto mais alto na hierarquia – pelo menos é o que parece –, menos acontecem o confronto e a correção fraterna (emitida e recebida), e isso nem sempre por respeito, mas por medo da autoridade, figura vista como "aquele que pode dizer ou decidir algo sobre mim" ou aquele que "pode me castigar". Pode ocorrer também de alguém, por ter subido na hierarquia, não julgar mais ser necessário ser confrontado e/ou procurar, por exemplo, ajuda profissional, enquanto, na verdade, pela responsabilidade e pelo peso do seu cargo, precisaria até de mais apoio do que antes.

A linha entre autoridade e autoritarismo é muito tênue. Quem se faz de vítima é como o bebê que se vê frustrado por não obter aquilo que desejava. Chora e reclama, como os ministros ordenados que se queixam de muito trabalho, estresse e pressão. Todo trabalhador sofre; todo líder enfrenta estresse e pressões, mas não se queixa, pois sabe que as dificuldades fazem parte da vida que escolheu. Quando eu era seminarista, nosso professor de psicologia disse, já na primeira aula, que ninguém morre de muito trabalhar, e que o modo de trabalhar é que pode prejudicar a pessoa. Qual o universitário que, ainda antes de receber a graduação, já tem a certeza de ter um emprego vitalício, uma casa para morar, plano de saúde, um carro à disposição, salário garantido? O que chama a atenção é que o clericalismo é mais forte entre ministros jovens, sem negar, no entanto, que existe também entre os de mais idade.

Vitimismo, clericalismo e autoritarismo andam de mãos dadas. Uma das fontes do autoritarismo pode estar na formação inacabada da personalidade e/ou, em muitos casos, pode ser algo consequente de ordenações precipitadas. Se décadas atrás a pessoa podia ser considerada "adulta" aos 18-20 anos de idade, hoje a idade a ser considerada fica em torno dos 28 anos. Mesmo assim, não poucos são ordenados na idade mínima canônica de 25 anos. Isso quando não se dá, por pressa, a dispensa de um ano para que a pessoa seja ordenada já aos 24. Até hoje nunca ouvi falar seriamente na possibilidade de se elevar a idade mínima para a Ordenação presbiteral.[11] Quando jovem, é comum pensar que se pode abraçar o mundo. Também alguns recém-ordenados, exatamente aqueles menos prudentes, pensam poder ser, e desejam, já de início, párocos ou reitores de seminário. De um dia para o outro, tendo mal saído dos bancos da escola, querem tornar-se ou se tornam administradores de uma paróquia, pastores de milhares de pessoas, arquitetos, engenheiros, construtores, moderadores de conflitos, gestores de funcionários, coordenadores diocesanos de movimentos e pastorais, diretores espirituais... tudo em uma pessoa só. Não

---

[11] Sobre esta questão de maturidade, bem como sobre a diferença entre a formação de adultos e o processo convencional, cf.: Nentwig, R. Formação de vocações adultas: questões em torno do processo formativo convencional. *Revista Eclesiástica Brasileira*, 79 (312, 2019), pp. 159-188.

é de se estranhar o fato de alguns logo desenvolverem *burnout*, depressão, ou caírem, fragilizados e sem defesa, em relacionamentos indesejáveis, ou, ainda, se tornarem autoritários.[12]

Essa última "solução" defensiva pode ocorrer quando falta estrutura para basear a autoridade "natural" em uma personalidade integrada, em uma vida virtuosa, em conhecimento, experiência e sabedoria. Alguns podem apelar, então, para sua "autoridade institucionalizada", quando a única coisa que lhes resta é dizer: *eu sou o padre, quem manda aqui sou eu*! E, como já aconteceu, andar com a nomeação de pároco no bolso para mostrar a quem ousa duvidar do seu poder. Fazer-se de vítima ou, quem sabe, ser feito de vítima por ter de aceitar uma responsabilidade impossível, por conta da idade – e isso por "obediência" –, não deixa de transparecer certa renúncia em ser protagonista da própria vida, da própria vocação e do amor-próprio (que, para Cencini, significa investir e se interessar pelo próprio crescimento, em todos os sentidos). Cada um é responsável pela própria vida e pelo ministério assumido. Cada um deve se assumir e procurar meios para crescer, amadurecer e evitar situações das quais venha a se queixar depois. O ministério ordenado é para os que podem ou poderão ser líderes religiosos, autônomos, interdependentes e responsáveis por si mesmos e por outros em seu contexto, assumindo a missão recebida de Deus, com liberdade responsável, alegria e esperança.

Aplicando o que foi dito acima aos candidatos adultos, penso poder afirmar que o perigo do clericalismo é bem menor, mas não pode, porém, ser ignorado. O programa formativo de Bovendonk – e do IDE – inclui, além dos encontros periódicos

---

[12] Veja também: Castilho Pereira, W. C. *Sofrimento psíquico dos presbíteros: dor institucional*. Petrópolis: Vozes, 2012.

no instituto, visitas à casa, à paróquia e acompanhamento do trabalho do formando, realizados pelo coordenador da pastoral e pelo reitor. As informações obtidas durante essas visitas, feitas com certa frequência, junto aos padres e diáconos permanentes que conhecem o formando, a leigos engajados e prudentes, colegas de trabalho, entre outros, ajudam consideravelmente o candidato adulto em formação, nas conversas abertas sobre liderança, sobre a visão que têm de Deus, sobre a Igreja e o ministério ordenado. Nós, formadores, exigimos de nós mesmos detectar, dentre outras coisas, os possíveis sinais de clericalismo e/ou vitimismo, que, caso existam, pedem por tomadas de decisões.

Obediência: meio de santificação

Apresentar-se e ser admitido como formando ao ministério ordenado é diferente de simplesmente se inscrever numa faculdade ou em qualquer outro curso, como, às vezes, dizem: "Vim me inscrever para o cursinho de diácono". O Direito Canônico, nos cân. 265-272, trata da incardinação que se efetiva com a ordenação diaconal, explicando, na nota do cân. 265, que se trata do "ato mediante o qual, quer por disposição do direito, quer por determinação do superior legítimo, um clérigo fica absoluta e definitivamente incorporado a uma Igreja particular, a uma prelazia pessoal, a um instituto de vida consagrada ou a uma sociedade com essa faculdade". Em seguida, o Código, nos cân. 273-289, traz as obrigações e os direitos dos clérigos. Já no cân. 273, é expressa a séria consequência da incardinação: "Os clérigos têm obrigação especial de prestar reverência e obediência ao Romano Pontífice e ao respectivo ordinário". Por outro lado, o cân. 281 garante que os clérigos merecem "uma remuneração condizente com sua condição" e dispõe "que gozem de previdência social tal que atenda convenientemente as suas necessidades, em caso de enfermidade, invalidez ou velhice". Com a incardinação, é estabelecido um vínculo jurídico, prático e espiritual entre o ordinário e o clérigo. Não existem padres e diáconos permanentes *freelances*; os dois são como que uma extensão do bispo e, consequentemente, se não estiverem em sintonia com ele ou com a congregação, o clérigo fica "vagando" e, portanto, sem possibilidade de exercer o ministério.

No Rito da Ordenação, o candidato promete obediência ao bispo e a seus sucessores. Parece até estranho que um homem adulto deva obediência a outro adulto. Será mesmo necessário? Não seria suficiente um mero acordo de que a autoridade deve ser respeitada, em virtude de sua função? Penso que vale a pena olharmos mais de perto o conceito de "obediência", a fim de compreendê-lo corretamente, não como mero ato de submissão funcional ao superior, mas como um verdadeiro e importante meio espiritual de santificação. Formandos adultos empregados conhecem bem as estruturas hierárquicas nas empresas e aceitam, nem sempre sem resistência, as consequências, caso venham a agir sem o consentimento dos seus chefes, o que pode fazer com que se tornem complacentes e simples executores de ordens. Contudo, não é uma obediência do tipo submissão, sob pena de castigo, que o Senhor nos pede e que lhe prometemos no momento da Ordenação. Estudar os documentos da Igreja sobre o diaconato e o presbiterado, já no primeiro semestre do primeiro ano, faz suscitar muitas perguntas, a respeito das consequências, nos propedeutas, caso o ministro ordenado não cumpra as exigências descritas, revelando uma mentalidade, por vezes, moralista, infantil e/ou empresarial do medo do castigo da autoridade. Superar e converter esse medo em obediência livre e religiosa é um grande desafio, seja para formandos que, na sociedade e em seus empregos, ainda são muitas vezes coagidos a ser apenas submissos, seja para formadores que não têm a coragem de corrigir tal mentalidade, exigindo obediência dos formandos adultos, agora com outra finalidade, porém. Será, portanto, necessário explicar bem a diferença entre os dois tipos de obediência, porque um é o oposto do outro.

A maioria de nós aprendeu desde cedo, em casa, com os pais, que obedecer é: "eu tenho de fazer o que me mandarem". O outro, a autoridade, que são os pais ou responsáveis, é mais forte, decide sobre nós. Nós dependemos dele(s) e, na pior das hipóteses, seremos castigados, em alguns casos até de modo desproporcional e até irracionalmente severo, caso não lhes obedeça. Não é de estranhar que o resultado disso *possa* ser, e muitas vezes é, um sentimento de agressividade, que pode externar-se abertamente ou ficar velado, dependendo da criança e das circunstâncias. Nesse ato de "obediência", não há nada de liberdade, nada de livre consentimento, mas sim revolta e ressentimento – o que na vida adulta pode tomar formas das mais variadas possíveis. Quem é ordenado com esse tipo de revolta inconsciente terá dificuldades em ser um colaborador, dócil e construtivo, do bispo ou do superior religioso, pois pode transferir sua agressividade, mesmo que com um sorriso e mostrando-se simpático, para a autoridade que representa/simboliza aquela primeira autoridade em sua vida.

Ora, a obediência religiosa é exatamente o oposto. Não é mais "eu tenho de fazer o que me mandam", mas "eu sou tão livre interiormente que posso, decido e quero deixar de fazer a minha vontade para que a sua seja feita". Essa é a obediência que Jesus nos ensina, esvaziando a si mesmo para que a vontade do Pai possa ser realizada nele: "seja feita a tua vontade". O *Shemá*-Escuta Israel do capítulo seis do Deuteronômio só acontece na medida em que o formando se torna mais dócil à voz de Deus, a fim de que ele possa agir no e através do ministro ordenado. No decorrer da caminhada vocacional, o formando deve, assim, "desaprender" essa ideia de interpretar como sendo uma obrigação aquilo que os assessores e o quadro teórico formativo propõem, e aprender a se esvaziar, deixando de fazer a própria vontade, abrindo-se a ouvir mais e melhor a voz ou a vontade de Deus em sua vida.

Na prática haverá momentos em que não concordaremos com nosso superior, mas o importante não é fazer ou deixar de fazer a vontade dele, e sim ter a capacidade de abdicar da nossa vontade. E isso não quer dizer simplesmente aceitar tudo, sem diálogo, sem colocar nossas considerações e sem expor os frutos de nossa oração sobre o assunto – o que, por vezes, pode ser feito até com veemência, como acontece entre pai e filho. Depois de tudo isso, quando chega a decisão final do superior – que esperamos que também tenha rezado e levado em consideração as nossas ponderações –, procuramos acatá-las com a liberdade e convicção de que só nossa vontade não nos levará ao esvaziamento espiritual que nos permitirá estar cada vez mais a serviço de Deus. A verdadeira obediência se torna, assim, uma virtude espiritual a ser aprendida, para sairmos da autodeterminação e crescermos na doação de nós mesmos, tornar-nos dom.

Perfeccionismo e efetividade pastoral

Nos tópicos anteriores, tocamos suscintamente na relação entre "eficiência-eficácia". Nossos formandos, em sua maioria, são profissionais de diversas áreas, treinados para solucionar com eficiência os mais variados desafios. A sociedade e o mundo do trabalho exigem deles bom desempenho, com o máximo de produção, em menos tempo, e com o menor custo possível, além de metas a serem alcançadas, pois "tempo é dinheiro". Quando iniciam o processo formativo para o ministério ordenado, esses homens trazem essa mentalidade consigo, mesmo sem se dar conta, por ter se tornado algo habitual. A Igreja, porém, na sua ação pastoral e na abordagem individual dos fiéis em suas múltiplas situações de vida, não é chamada a ser predominantemente eficiente, mas pastoralmente eficaz. Visitar duas pessoas doentes, ficando por um bom tempo escutando-as, participar de uma reunião e celebrar a Eucaristia, não parece ser um uso muito eficiente do tempo disponível em um dia. Não são raras as vezes em que se chega ao fim do dia com o seguinte questionamento: o que "fiz" o dia todo? A presença, porém, junto às pessoas doentes e a condução de uma reunião bem-feita, para não mencionar o valor da celebração Eucarística, provavelmente serão muito eficazes, permitindo que a graça divina passe pelo ministro ordenado para chegar às pessoas que precisam de uma escuta, de uma orientação, de um momento com o Senhor na Eucaristia.

Provocar uma mudança gradual nos formandos, da mentalidade de ser eficiente para a concepção de eficácia pastoral, é um dos maiores desafios do nosso modelo formativo. No mundo profissional aprende-se que "ter sucesso" depende quase que somente de desempenho e bom êxito, já o cristão, e ainda mais o cristão que é ministro ordenado, deve aprender que é apenas um servo inútil, que depende totalmente da graça divina, com a qual ele faz o humanamente possível para colaborar.

Em teoria, isso é até relativamente fácil de compreender, mas, na prática, custa muito internalizar essa verdade e, por conseguinte, vivê-la. Dentre os vários aspectos que podem dificultar ou até sabotar essa mudança de mentalidade, creio haver duas realidades que mais chamam a atenção: o sentimento de culpa e o conceito errado de "perfeição" – duas coisas que estão intimamente ligadas. Há pessoas que se consideram perfeccionistas, e, quando confrontadas com a pergunta se o tal de perfeccionismo existe, dizem que não. Em algum lugar, porém, sabem que estão correndo atrás de um fantasma, mas não conseguem soltá-lo; há uma ameaça interna por aí. São aquelas pessoas que, no fundo, consideram a vida como um dever, e tudo é um dever mesmo, até tirar férias, porque, "afinal, o ser humano *tem de* descansar, não é?". E, para aliviar um pouco o peso que carregam com essa dinâmica, consideram-se "muito ou extremamente responsáveis". Não é agradável conviver com pessoas assim, pois, além de serem extremamente exigentes com si mesmas, o são também com os outros. Quem vem ao nosso instituto para se tornar mais perfeito, vai ficar decepcionado, pois tentaremos ensiná-lo a ser menos perfeito. Procurar tirar notas máximas e agir como se já fosse santo é algo que não nos impressiona; e os ensinaremos, na teoria e na prática, que podem e, quem sabe, até devem conhecer, aceitar e integrar as suas próprias limitações, as dos outros e as que a vida lhes impõe. Diz Cencini, a respeito da diferença entre santidade e perfeição:

> Também o discípulo de Cristo, enquanto consagrado, não está imune a esta ilusão tentadora; aliás, no seu caso específico, tal ilusão é mais sutil e mais difícil de ser descoberta nas suas camuflagens e ramificações. É a tentação – da qual já falamos – de confundir a santidade, que é um dom, com a perfeição, que é acima de tudo uma conquista; e de entender esta última como o fruto improvável dos próprios esforços ou simplesmente do exercício dos próprios ascetismos, como se tudo dependesse do eu e o eu mesmo fosse criador e dono do próprio destino (inclusive de destino eterno).[13]

---

[13] Cencini, A. *O respiro da vida: a graça da formação permanente*. 3. ed. São Paulo: Paulinas. 2010, pp. 248-249.

Em Mt 5,48 se lê: "Portanto, deveis ser perfeitos como o vosso Pai celeste é perfeito". A palavra, ou melhor, o conceito hebraico, traduzido para o grego *téleios*, muitas vezes é traduzido como "perfeito" (como na língua inglesa na Bíblia RSV), enquanto na língua holandesa, por exemplo, é traduzido como *volmaakt*, o que significa "acabado/pleno". *Téleios* significa mais direcionar a intenção; conhecer os limites; ser imaculado; ser plenamente desenvolvido; ser adulto, maduro; estar completo ou, ainda, chegar ao acabamento por purificação; ser de uma só peça; orientar-se com coração *indiviso* e lançar-se para uma só meta a ser alcançada, tornando-se totalmente quem é, conforme o Criador o pensou, assim como o Pai Celeste é totalmente Ele Mesmo. Trata-se de um convite, de uma exortação para ir além do perfeito conhecimento e da perfeita vivência da lei, que, para os judeus, era a essência da religião. Dá para entender que, com essa exortação, a justiça e a misericórdia começam lá onde a lei termina, levando ao ponto de não mais se desejar vingança e a amar os inimigos. "Perfeição", no entendimento popular, também é "aperfeiçoamento", mas tende a ser interpretada como algo "sem imperfeições".[14] Muitos sentimentos, reações automáticas e emoções são considerados como incômodos, ameaçadores, não aceitos pela sociedade ou até como sendo fraqueza, de tal modo que precisam ser reprimidos ou negados. Ser pleno, ser adulto, significa sê-lo *como pessoa* e, portanto, também com aquelas "fraquezas", que, na verdade, nada mais são que a própria condição humana. Daí o paradoxo segundo o qual, para ser mais pleno, deve-se, muitas vezes, aprender a ser menos perfeito. Possivelmente, a ordem de Jesus poderá ser entendida como:

---

[14] Em Lucas, o texto paralelo ao de Mateus diz: "Sede misericordiosos como o vosso Pai é misericordioso" (Lc 6,36). Quando a santidade é lida como misericórdia, evidencia-se mais a intenção humanizadora presente no mandato divino.

"Purifique seus objetivos, não se distraia, mas direcione suas intenções com coração indiviso, para se tornar pleno, adulto". A tarefa de nossa vida espiritual é nos fazer crescer como pessoas, até que um dia atinjamos a estatura da plenitude de Cristo (cf. Ef 4,13).

Quando falo desse assunto em palestras, uso como exemplo o fruto que cai da árvore no momento em que alcançou sua maturidade, sua plenitude. Quando cai por ser maduro, não é que não tenha deformações, uma mancha, uma perfuração de um inseto. Mas é/está pleno, maduro; chegou ao seu auge, à sua plenitude. Muitos personagens bíblicos são chamados de justos, de perfeitos, como, por exemplo, Abraão, Moisés e Davi, Pedro, Paulo, entre outros. No entanto, também eles apresentavam traços ou práticas "incorretas". O que importa é que foram homens que buscavam a Deus com o coração indiviso, totalmente dedicados ao Senhor.

Quando a expressão "busca de perfeição" é utilizada como sinônimo de "santidade", há o perigo de negar, de não se aceitar as limitações próprias do ser humano. E, vamos ser sinceros, quem aprendeu em casa, com os pais, que podia sentir, por exemplo, raiva? E qual catequista nos ensinou que não é pecado ter este e tantos outros sentimentos? Fomos repreendidos por *expressar* certos sentimentos, mas sem nos explicarem que poderíamos sentir, embora sem precisar expressá-los de modo inconveniente. Fomos, assim, compreendendo, erroneamente, que também não podíamos sentir. Esse é apenas um dos muitos exemplos possíveis que nos levaram a nos sentirmos culpados: é errado sentir. Ora, a busca da inexistente perfeição, em muitos casos, é uma tentativa para se evitar a tomada de consciência do sentir "coisas desagradáveis ou proibidas". Nesse sentido, a busca da "perfeição" serve mais como defesa (algo para encobrir, evitar) do que para a procura do bem e do Reino de Deus (e da pessoa).

Ser eficiente – a exigência do mercado de trabalho, mas também do mundo acadêmico e da sociedade em geral – não está muito longe daquilo que foi dito em relação à perfeição. Quantos jovens, por exemplo, andam estressados, para não mencionar a depressão e os suicídios, com as demandas e exigências altíssimas para obterem bons resultados, a fim de poderem acompanhar o ritmo da sociedade? Ministros ordenados devem ser "oásis" de paz e serenidade, no meio desta correria do mundo; bons pastores, nos quais as pessoas cansadas, sob o peso dos mais variáveis fardos, possam encontrar um lugar, um ouvido, uma presença, uma ponte com o transcendente, para poder "descansar", em vez de encontrar outro estressado, sem tempo para elas, porque devem planejar (só planejar) a pastoral, construir salões paroquiais e participar de um infinito número de reuniões (cf. Mt 11,28-30).

O ministro ordenado, principalmente o recém-ordenado, frequentemente tem o impulso de querer ter respostas para tudo, caso contrário, não seria um bom padre ou diácono. Admitir e dizer que também não sabe não é opção para ele. Caso não "produza", se sente falho, inútil, inferior ou frustrado, no que diz respeito a suas necessidades de, por exemplo, reconhecimento social, dependência afetiva, exibicionismo e outras. Comportamentos de dominação, de extrema ordem, de forte controle, por exemplo, podem ser meios (inconscientes) de driblar esses sentimentos dolorosos e ameaçadores. A educação e a formação falham, caso estes aspectos todos (não que todos estejam presentes em todas as pessoas) não sejam evidenciados e trabalhados durante o processo de preparação para a Ordenação.

Dimensão afetivo-sexual

Em qualquer abordagem sobre processos formativos, não há como não mencionar a dimensão afetivo-sexual. Trata-se da dimensão da vida através da qual é ou, sobretudo, deveria ser expressa a afetividade, o amor; por ela se coloca em prática o segundo maior mandamento do Senhor: *amarás o teu próximo como a ti mesmo* (Mt 22,39), *assim como eu vos amei* (Jo 15,12).

Mas esse assunto, que deveria ser o mais central e bonito a ser tratado, parece ter se tornado alvo de desconfiança, preocupação, ameaça ou, ainda, de possíveis futuros problemas, de modo especial em relação àqueles que optam pela vida consagrada e/ou presbiteral. Não é por menos, se tivermos em vista os inúmeros casos de abusos e desvios nessa área, que se tornaram públicos nas últimas décadas e que continuam atuais.

Pensei muito antes de escrever sobre esse tópico. Decidi não entrar em detalhes porque seria leviandade abordar um assunto com tamanha importância e complexidade em poucas linhas. Felizmente, além dos documentos oficiais da Igreja sobre o tema, existem bons estudos e livros tratando dos processos e das etapas de desenvolvimento da pessoa humana, do mundo dos relacionamentos, das complicações que podem causar desvios nessa área, da questão da orientação sexual, do desenvolvimento da personalidade e da identidade, das intervenções que podem/devem ser feitas, da gritante realidade do abuso sexual de menores na Igreja etc.[15]

---

[15] Por exemplo: Cencini, A. *Virgindade e celibato hoje: para uma sexualidade pascal.* São Paulo: Paulinas, 2012; Manenti, A. *Coppia e Famiglia Come e Persché: aspetti psicologici.* Bologna: EDB, 1993; Mezerville, G. de. *Maturidade sacerdotal e religiosa*, v. I: *A formação para a maturidade*, e v. II: *A vivência da maturidade.* São Paulo: Paulus, 2000; Imoda, F. *Psicologia e mistério: o desenvolvimento humano.* São Paulo: Paulinas, 1996. A obra mais completa sobre o celibato consagrado é de Cencini, A., *Per Amore: libertà e maturità affettiva nel celibato consacrato*

No instituto, esses assuntos são tratados especificamente nos cursos "Afetividade e relações pastorais" e "Afetividade e sexualidade dos estados de vida". Pretendo me restringir a algumas observações gerais, a partir daquilo que aprendi ser pertinente durante os 12 anos em que fui reitor, trabalhando com homens adultos, solteiros e casados, no contexto eclesial holandês.

A primeira pergunta que sempre surge é: por que dar tanta importância à área afetivo-sexual? Stefano Guarinelli responde: "porque, se a personalidade é um grande sistema que organiza todo o conjunto de traços que pertencem a uma pessoa, a sexualidade não é um traço, nem mesmo um simples subconjunto de traços, mas um microssistema real e próprio da personalidade. Seria como dizer: na sexualidade se encontra 'em pequeno' o que 'em grande', isto é, no total, se encontra em toda a personalidade".[16] E, sobre a relação entre afetividade e sexualidade, diz Cencini: "Se a afetividade indica o amor enquanto sentimento e o ser humano como capacidade amante, a sexualidade é a energia que exprime o amor e que distingue a capacidade amante do homem e da mulher; de um lado, a sexualidade adquire verdadeira qualidade humana somente se orientada, elevada e integrada pelo amor, cresce e se realiza somente na liberdade de acolher o amor e fazer-se dom. Do outro lado, a sexualidade 'dá corpo' ao amor e o torna fecundo".[17] Dessas duas afirmações segue que a vida afetivo-sexual não pode ser vista nem abordada de modo isolado, mas somente no conjunto da totalidade da vida da pessoa. Nesse sentido, a

---

(v. 1, partes I e II), *Con Amore: libertà e maturità affettiva nel celibato consacrato* (v. 2, parte III), *Nell'Amore: libertà e maturità affettiva nel celibato consacrato* (v. 3, parte IV), Bologna, EDB, 1994 (v. 1 e 2) e 1995 (v. 3).

[16] Guarinelli, S. *Il celibato dei preti. Perché sceglierlo ancora?* 3. ed. Milano: Paoline Editoriale Libri, 2019, p. 39.

[17] Cencini, op. cit.

qualidade e maturidade da e na vida afetivo-sexual são uma expressão do grau de desenvolvimento geral que a pessoa alcançou até o presente momento de sua vida.

Uma das complicações, nesse contexto, é a discordância entre as diversas visões e pontos de vista que existem a respeito do ser humano e seu comportamento, incluindo aquilo que é considerado normal e aceitável. De igual modo, os critérios a serem usados para avaliar o que é ou não correto na vivência da sexualidade, por exemplo, são decorrentes da visão que se tem daquilo que venha a ser a pessoa humana, ou seja, da antropologia de base seguida. Para um cristão, evidentemente, será uma antropologia cristã e, em nosso caso, cristã católica, conforme os ensinamentos do Magistério da Igreja, incluindo os valores a respeito do Matrimônio, da virgindade e do celibato.[18] Por se tratar de uma expressão de *todo* o desenvolvimento da pessoa, a qualidade dos relacionamentos em geral – inclusive os relacionamentos pastorais, o Matrimônio e a vida familiar, a vivência da virgindade e do celibato – reflete se o desenvolvimento geral da pessoa foi bem-sucedido ou se houve "arestas" em certas fases da vida. Vale para os futuros presbíteros que, se "a formação no passado acentuou por demais o aspecto da renúncia e da mortificação, como se bastasse abster-se de qualquer recurso à genitalidade para ser fiel ao voto de castidade, hoje, somos convidados a testemunhar que a virgindade significa que o homem integrado no amor divino não necessita mais de nenhum símbolo erótico para experimentar o amor e crer nele. O homem virgem passa da necessidade de ser amado à convicção de que o é".[19]

---

[18] CNBB. *Compêndio do Vaticano II: Constituição pastoral Gaudium et Spes*. 21. ed. Petrópolis: Vozes, 1991 e *Catecismo da Igreja Católica*, 1992.
[19] Averincev e Rupnik, apud Cencini, op. cit, p. 13.

Todos os conflitos internos, bem como as crises de uma pessoa *podem*, portanto, encontrar uma expressão através do canal afetivo-relacional-sexual. Ter esse olhar e abordagem holísticos, tanto no processo de admissão quanto, depois, durante a formação inicial, é fundamental, não para saber da vida afetivo-sexual em si, mas para conhecê-la como expressão da caminhada geral – no passado e no presente – da pessoa, a fim de que possa se ajudar e, eventualmente, ser ajudada na compreensão de si mesma, tendo em vista seu processo contínuo de santificação, rumo ao ministério ordenado, conforme o desejo que expressa ter. É nesse sentido que deve ser compreendida a importância dessa dimensão nos colóquios de crescimento vocacional, na direção espiritual e nas conversas oficiais com o reitor – com a profundidade e o enfoque próprios do tipo e da finalidade de cada conversa. Por se tratar de adultos, não se espera mais que "escondam o jogo", como *pode* acontecer com jovens, principalmente aqueles que cresceram em ambiente familiar e cultural autoritário e repressivo, repleto de tabus, de discriminação e de desrespeito em relação a tudo o que concerne à vida íntima.

Infelizmente, ainda há muita vergonha e medo de julgamentos, a respeito dessa área delicada da vida. Não estamos falando de curiosidade, nem de caça às bruxas, nem mesmo de desconfianças ou de busca de provas para excluir futuros "problemas", pois a vida íntimo-afetiva de cada um é sagrada e deve ser vista e tratada com respeito, como algo positivo, como fonte de energia para amar, para se relacionar bem com todas as pessoas e, assim, poder ser um Bom Pastor.

Do formando se espera, portanto, transparência, honestidade e disponibilidade para se conhecer e deixar-se conhecer na sua totalidade; que se esforce, colaborando genuinamente com o processo formativo, para alcançar tal conhecimento e a aceitação plena de si mesmo – requisito necessário para, a partir do ponto em que se encontra no momento atual de sua vida, poder continuar desenvolvendo a sua vocação, a fim de se tornar um ministro realizado, equilibrado e, também, um dom para a Igreja. Afinal, cada batizado é chamado a tornar-se dom. E amor-próprio é isso: interessar-se por e investir no próprio desenvolvimento e crescimento, para se transformar cada vez mais em como o Criador o pensou. Todavia, alguém poderia perguntar: "Por que devo me fazer conhecer aos formadores e ao bispo ou a outro superior religioso? O que eles têm a ver com a minha vida íntima?". Além da transparência de que falamos ser muito importante para o processo de autoconhecimento e crescimento pessoal, devemos considerar o fato de que o formando diocesano, a partir da ordenação diaconal, e o religioso, a partir dos votos solenes ou perpétuos, passam a fazer parte do presbitério e/ou membro pleno de um instituto religioso, com a consequência de que o bispo ou o superior maior religioso se torna, através de um vínculo não apenas espiritual e prático/material, mas também jurídico, responsável pelo padre, diácono permanente, ou pelo religioso. Eles têm, portanto, o direito e o dever de conhecer e saber *quem* é a pessoa por quem assumirão tal responsabilidade. Nesse sentido, o ministro ordenado e o religioso não são como os profissionais liberais, que, mantendo sua plena autonomia e independência, se afiliam pelo tempo que quiserem a uma determinada "categoria" ou sindicato, pois prometem obediência ao bispo ou ao superior religioso, assumindo, assim, também os deveres diante daquele que por ele é responsável.

Abordar o assunto da vivência prática-moral da vida afetivo-relacional, durante as entrevistas de admissão e demais conversas, durante o processo de formação inicial do formando, por vezes pode ser mais difícil ou constrangedor para o entrevistador do que para o entrevistado. E, de fato, para formadores inexperientes ou bem mais novos do que o entrevistado, não é fácil fazer determinadas perguntas, como, por exemplo, a um homem casado que é candidato ao diaconato permanente, o qual, afinal, também deve viver a castidade e ser exemplo de fidelidade no seu Matrimônio, dando testemunho na comunidade de fé. Por embaraço ou vergonha, certas perguntas podem ser deixadas de ser feitas e dimensões importantes da vida, como a da vida afetivo-relacional, podem ficar completamente de lado, "supondo-se" que está tudo bem, com a possível consequência de que mais adiante na caminhada ou já depois da Ordenação apareçam "surpresas". Entre pensar que sempre deve haver um problema em potencial e pressupor que está tudo bem, quando alguém se apresenta como candidato, existe o caminho de olhar cada pessoa com neutralidade, liberdade, sem pressuposições, sem prejulgamentos; não é verdade que o homem casado, que se apresenta para ser diácono, *por ser casado* e ter filhos, não possa ter dificuldades maiores e até mais graves na vivência da área afetivo-sexual- -relacional, assim como não é verdade que alguém com orientação para o mesmo sexo, *por isso*, automaticamente e sempre seja incapaz de viver o celibato e de ser ou se tornar um ótimo e santo presbítero. Cada pessoa deve ser olhada e ter a sua vocação avaliada individualmente, com base na totalidade do seu ser e da sua vivência cotidiana. A pergunta final deve avaliar se a pessoa adere com sinceridade e com convicção aos valores próprios da vocação que quer seguir e às exigências colocadas pelo Evangelho e pelo Magistério da Igreja, se ela tenta vivê- -los e, caso tenha dificuldades maiores nessa área, se as admite e as corrige com a ajuda de pessoas competentes.

O adulto *maduro*, que constata que, mesmo com a ajuda de formadores de integração (cap. 7), não consegue viver consistentemente os valores centrais condizentes com a vocação à qual pensava ter sido chamado, deve ele próprio chegar à conclusão de que o ministério ordenado (ou vida consagrada) não é para ele, pois viverá o resto da vida com o coração dividido, algo que uma pessoa madura não pode querer. Já uma pessoa *imatura*, muitas vezes não se revela por medo de não ser admitida ou de ser dispensada (algo muito corriqueiro nas casas de formação em geral), pois não confia na possibilidade de os formadores quererem ajudá-la com a sua dificuldade, esperando de antemão uma condenação (infelizmente nem sempre sem razão). Consciente de não conseguir (ou, às vezes, nem querer) viver coerentemente de acordo com os critérios que a Igreja pede, insistindo teimosamente em querer ser admitido ou continuar o processo formativo, o indivíduo coloca seu querer ser ministro ordenado (ou religioso/a) acima da sua própria integridade e possibilidade de autorrealização. No entanto, ele não poderá realizar esse seu desejo, por vários motivos: por viver uma vida dupla, ou viver insatisfeito, ou por sempre ter que se esconder com medo de ser descoberto, ou mesmo porque presumivelmente se rebelará passiva ou ativamente contra a ordem estabelecida pela Igreja, criando dificuldades para os seus superiores e até para as comunidades de fé. De qualquer modo, essa pessoa não poderá ser totalmente ela mesma. Nesses casos, os formadores devem proteger o formando e a Igreja; proteger o formando de si mesmo, e proteger a Igreja de mais um insatisfeito.

Outra observação é a de que devemos aceitar a realidade de que, na vida, nem tudo pode ser previsto nem evitado. Há o perigo de se desejar ou até esperar que todos os que terminam um processo de formação inicial estejam "totalmente resolvidos", prontos, completos. Estamos falando de formação inicial, cientes da necessidade de um programa e da busca pessoal de formação continuada ou permanente, programa esse que não se limita aos encontros anuais de dois ou três dias de informação mais do que de formação.[20] Não é nem um pouco impossível, e quantas vezes acontece de fato, que, não só na área afetivo-sexual-relacional, mas em muitas outras áreas da vida, algo inesperado "estoure" na pessoa em idade já mais avançada. Crises, conflitos, experiências nunca vividas anteriormente. É muito difícil um casal de noivos conseguir prever o que vai acontecer depois do casamento, depois de ter filhos. Assim, para o ministro ordenado, é também impossível saber com quais desafios externos mas também internos vai se defrontar, mesmo tendo levado muito a sério seu processo de formação inicial, quando tudo não só parecia, mas de fato ia bem. Seja qual for a dificuldade, diante de novas e inesperadas experiências, às vezes chocantes e desestabilizadoras, a pessoa deve reagir, tomar atitude e tirar conclusões. Em muitos casos, é aconselhável iniciar ou retomar um processo de acompanhamento personalizado.

Como essa situação se trata de uma realidade pós-formação inicial, julgo que extrapola o objetivo desta edição e quero me limitar a indicar mais uma obra de Cencini a respeito.[21]

Contudo, em muitos candidatos que se apresentam para iniciar o processo formativo se percebe, durante as entrevistas de admissão, que na área afetivo-sexual-relacional reina paz e harmonia e que a pessoa já integrou bem essa dimensão da vida. Essa é uma vantagem, quando se trata de homens adultos maduros, pois conseguem falar sem rodeios sobre as experiências que tiveram, mesmo sobre as menos santas, e como as integraram na totalidade de sua vida. Outros expressam suas

---

[20] Cencini, *O respiro da vida*, cit.
[21] Id. *A hora de Deus; a crise na vida cristã*. São Paulo: Paulus, 2011.

preocupações ou dúvidas sobre certos movimentos interiores que ainda não sabem explicar/integrar, os quais querem conhecer melhor. Para "medir" o grau de autoconhecimento do entrevistado, e mesmo durante todo o processo formativo, é importante perguntar em quais áreas da vida o indivíduo acredita precisar crescer para se tornar um bom e coerente ministro ordenado. A pergunta visa perscrutar se ele vai além das respostas óbvias, como, por exemplo, crescer em conhecimento intelectual, espiritual e pastoral.

Assuntos materiais

Algo que não pode ser esquecido e que deve ser tratado já no início da caminhada formativa são os assuntos de cunho prático material. Alguns dos interessados que se apresentam, possuem um ou mais imóveis, têm salário fixo – às vezes maior do que o que receberão como presbíteros –, certa segurança social, aposentadoria, plano de saúde etc. Não me lembro de nenhum candidato que, quando de sua apresentação ou durante os primeiros anos do processo formativo, tenha perguntado explicitamente sobre a regulamentação da diocese, quanto à questão financeira, após a Ordenação. A ausência de tal questionamento pode até soar como um bom sinal, mas também pode ser que não ousem perguntar para não "dar uma má impressão". Entretanto, algumas dúvidas aparecem no terceiro ou, principalmente, no fim do primeiro semestre do quarto ano, quando deve ser tomada a decisão sobre a passagem do emprego fixo para o estágio, momento em que o assunto se torna pertinente e exige clareza. Não é porque se tornar ministro ordenado pertence à ordem espiritual, que não se pode tocar nas questões materiais; e isso por várias razões, especialmente para que o candidato possa se preparar e ter consciência de sua futura realidade material. Quanto menos dúvidas houver durante o processo formativo, melhor. Além disso, em alguns casos, o candidato deve ser "protegido" contra decisões precipitadas que porventura pretenda tomar, como, por exemplo, vender sua casa logo, por ocasião de sua entrada no estágio.

Por último, e não menos importante, deve-se observar como o formando administra seus bens, pois já aconteceu de conselhos paroquiais se queixarem, para o ecônomo, da diocese do padre que não administra bem o dinheiro e outros bens materiais da paróquia, centralizando o poder e o controle do caixa, sem transparência alguma. Para evitar surpresas e insatisfações futuras de ambos os lados, incluem-se no currículo cursos sobre administração de bens temporais, gestão humana e sobre arte sacra, para que os ministros ordenados conheçam o valor espiritual, cultural e também material das coisas, a fim de não "maltratarem" objetos religiosos valiosos. Durante as visitas feitas aos formandos, deve-se conversar sobre o assunto, e, no mais tardar, durante o primeiro semestre do quarto ano, cada formando deve ter uma conversa pessoal com o ecônomo da diocese, que verificará se aquele candidato tem grandes dívidas ou outros compromissos que possam comprometer a diocese futuramente.

Estudos anteriores não concluídos

Outro aspecto relevante se refere aos estudos precedentes e, em especial, àqueles não concluídos. Chamou-me a atenção o fato de que os formandos que não haviam finalizado seus estudos superiores, iniciados antes do ingresso no instituto, não chegaram à Ordenação; por parte dos formadores, porém, não por esse motivo em si. Muitas vezes, faltava-lhes apenas terminar de escrever e entregar o Trabalho de Conclusão do Curso, enquanto os resultados das disciplinas cursadas eram bons. Dei-me conta desse "padrão" apenas quando estava quase deixando o instituto, ao reunir as estatísticas dos que foram ordenados ou não durante meu tempo de reitorado. Não é minha intenção assustar aqueles com quem aconteceu a mesma coisa e que atualmente estão (ou pretendem estar) em um processo de formação. Foi, entretanto, algo que observei e que merece atenção: pessoas inteligentes e que, por pouco, não conseguiram concluir os estudos.

Não tenho conhecimento de pesquisas feitas quanto a esse fenômeno em específico, mas posso acenar ter percebido certa relação com o segundo e/ou o quarto conflito descrito por Erikson, a saber, aquele de autonomia *versus* vergonha e dúvida (segundo conflito), ou aquele de produtividade *versus* inferioridade (quarto conflito, que ocorre entre os 5 e os 12 anos de idade).[22] Se a questão tiver relação com o segundo conflito (o processo de desenvolvimento do segundo e terceiro anos de vida não ocorreu às mil maravilhas), *pode ser* que o sentimento de pleno sucesso traga consigo uma ameaça, a saber, a prova de independência pela qual a pessoa não mais necessitaria de outros, "preço" que ela não deseja pagar. Mas *pode ser*, também, que, apesar dos bons resultados conseguidos anteriormente, a angústia de falhar esteja surgindo mais fortemente. Falhar significa, então, experimentar a humilhação; e o indivíduo deseja evitar isso. Na fase entre 5 e 12 anos de vida, a escola tem grande influência sobre a criança e seu desenvolvimento. Tarefas específicas devem ser executadas (produção), e as habilidades de conseguir aceitação e desenvolver costumes sociais devem ser adquiridas. Existe nessa situação

---

[22] Hall, C. S.; Lindzey, G.; Erik H. Erikson. *Theories in Personality*. New York: John Wiley & Sons, 1957 (3. ed., 1978), pp. 87-100. Ou: <https://psicoativo.com/2016/08/as-8-fases-do-desenvolvimento-psicossocial-de-erik-erikson.html>.

o perigo de que a criança, por um ou outro motivo, não consiga satisfazer as expectativas, desenvolvendo, por exemplo, um sentimento de inferioridade (quarto conflito), o qual trará consigo até descobrir que aquilo que sente não condiz com as suas reais capacidades e com a vida em geral. Durante os anos de formação, geralmente não se fala sobre estudos interrompidos anteriormente. Mas, analisando posteriormente os vários aspectos que foram observados durante a caminhada e que fizeram com que a pessoa fosse considerada inapta para a Ordenação (se o formando já não desistiu antes, por conta própria), esses aspectos tinham suas raízes nos mesmos conflitos não integrados que foram responsáveis pela não conclusão dos estudos anteriores.

Responsabilidade pelas próprias decisões

A prática nos fez constatar que adultos, pela forte motivação que possuem, não perdem encontros presenciais nem se esquivam de atividades próprias do processo formativo, a não ser por motivos de força maior. Cientes de que se trata de um processo em tempo parcial, concordam com a regra de que os encontros formativos são "sagrados". Não é necessário pedir licença para se ausentar por motivos de força maior; basta avisar, comunicando a razão. Entretanto, aniversários, casamentos, celebrações e outras atividades pastorais não são considerados motivos de força maior. Já no primeiro ano, formandos tomam conhecimento de que jamais deverão perguntar se podem se ausentar, porque a resposta padrão será "não", seguida do lembrete de que são maduros e sábios o suficiente para decidir quando realmente se poderão ausentar. Um ou outro indivíduo tenta, no início, alguma confirmação da sua decisão, sem, porém, obtê-la. Em alguns casos, a não confirmação é motivo para que o formando fique inseguro ou até venha a sentir certo incômodo. Mas tomar decisões faz parte das responsabilidades, e isso deve acontecer de modo independente, sem confirmação externa e sem conflitos. De vez em quando, um estudante anuncia que estará ausente durante alguns períodos dos finais de semana. Nesses casos, é nosso papel lembrar-lhe que o regulamento interno permite até 10% de faltas, embora a decisão continue sendo dele. Isso ajuda a compreender que assumir responsabilidades significa também arcar com as consequências das decisões tomadas. Quando, sem motivos, um formando começa a faltar a compromissos do processo formativo, como, por exemplo, deixar de entregar ou atrasar a entrega de trabalhos acadêmicos, ou, ainda, "esquecer" compromissos marcados em geral, deve ser verificado logo o que de mais sério pode estar acontecendo, para evitar que isso comece a se arrastar. Evidentemente se espera que pessoas adultas se expliquem espontaneamente, quando essas coisas acontecem, mas, caso não o façam, o formador deve interpelá-las.

Na vida ministerial, futuramente, muitas vezes não será possível estar presente em festas de família e dos amigos, por causa de compromissos pastorais. Logo, escolhas terão de ser feitas. O formando para o diaconato permanente vai aprender aquilo que podemos chamar de "dupla lealdade": à família e à Igreja. Para ele, nem sempre será fácil discernir entre os compromissos familiares e os pastorais. Ele terá de aprender a administrar bem seu tempo cronológico e emocional, para poder viver com um coração indiviso, mesmo com essa dupla lealdade. Também o formando para o presbiterado verá que, uma vez ordenado, será defrontado com vários convites e compromissos simultâneos. Como discernir a qual ir e a qual declinar? Conforme um velho ditado alemão: "Cada escolha é uma separação (ou: deixar algo)". Uma pergunta a ser feita, para facilitar o discernimento (ou escolha), é: "Como padre ou diácono, onde sou mais necessário neste momento?". O critério para discernir a qual necessidade pastoral atender não deve ter por base um gosto ou preferência pessoal, mas o ministério assumido e a necessidade da sua presença como ministro.

Formação de identidade e possível conflito de papéis

No desenvolvimento das atividades pastorais durante o processo formativo, principalmente nos dois anos do estágio pastoral, o formando deve construir, em acréscimo à sua identidade pessoal e cristã já conquistadas, uma firme e estável identidade diaconal ou presbiteral, de modo a encontrar e consolidar harmonia e concordância interior. Integrar o saber, o querer, o sentir e o fazer, significa viver o ministério com coração indiviso e se sentir "em casa" consigo mesmo. Evidentemente esse processo não termina com a Ordenação, e sim durará a vida inteira. É válido recordar que identidade é diferente de "papel". Uma pessoa exerce ou vivencia um papel quando *faz* e, aparentemente, vive *como* diácono ou presbítero – às vezes, muito bem, por sinal –, embora no mais profundo do seu ser existam interesses, necessidades, desejos, convicções contraditórias, o que faz com que ela viva em contínua tensão (mesmo inconsciente), e isso pode causar somatizações e doenças inexplicáveis, levar a atitudes contrárias aos valores próprios do ministério e a crises existenciais etc.[23] Essas forças dissonantes agem de modo inconsciente. Caso assim não fosse, o indivíduo seria visto como um charlatão, um ator no

---

[23] Veja o quinto conflito de Erikson, na obra citada anteriormente. Esse é um conflito próprio da adolescência, às vezes turbulenta, e é chamado de conflito de identidade *versus* confusão de identidade ou papéis. Ver também: Spiegel, J. P. The resolution of role conflict within the family. In: Greenblatt, M.; Levinson, D. J.; Williams, R. H. *The Patient and the Mental Hospital*. New York: Free Press, 1957.

palco da vida e da Igreja. E é difícil imaginar que alguém queira viver assim. Para algumas pessoas, porém, essas forças não estão só e totalmente no nível inconsciente, mas parcialmente no pré-consciente; em algum lugar, dentro de si, *sabem* que *algo* não está totalmente de acordo. Quem for sincero consigo mesmo verbalizará essa "desconfiança em relação a si mesmo" para a pessoa que o acompanha, sendo auxiliado, assim, a trazer à tona as contradições ou inconsistências que possa sentir existir, a fim de poder integrá-las com sua história e sua decisão vocacional.

Sem identidade pessoal e ministerial sólida, abrindo-se a possibilidade de a pessoa viver, pelo menos parcialmente, apenas um papel, forças externas poderão influenciar e abalar a identidade frágil do ministro, principalmente a partir da Ordenação. Pois, com a Ordenação, o novo ministro *recebe* um papel legítimo, uma missão da e na Igreja. Por outro lado, os fiéis, em geral, *atribuem* um papel ao presbítero e ao diácono permanente, papel muitas vezes baseado em expectativas subjetivas, a partir de imagens que têm da Igreja e de seus ministros ou daquilo que gostariam que a Igreja e seus ministros fossem. Ademais, como o papel *atribuído* nem sempre coincide com o papel *recebido*, um ministro com fraca identidade ministerial e, mais ainda, com forte necessidade de aceitação, reconhecimento, valorização ou dependência afetiva, por exemplo, pode se sentir em meio a fogo cruzado, desejando e tentando agradar, por um lado, os superiores eclesiásticos e, por outro lado, o povo de Deus (como se fossem duas entidades diferentes). Confusão de identidade ou identidade fraca também pode levar a situações em que o sujeito se vê impulsionado a agradar a si mesmo, buscando compensações de vários tipos. Nem sempre é fácil ser fiel a Deus, à hierarquia, ao povo de Deus, e a si mesmo.

Conflitos e crises

Além das questões intelectuais, espirituais, pastorais, comunitárias, bem como das relacionadas a todos os já conhecidos elementos próprios da formação, exigidos de quem se prepara para o ministério ordenado, devemos estar preparados para enfrentar também questionamentos, crises e conflitos. Isso, em quatro níveis, cada um exigindo abordagem e suporte apropriados. A esse respeito, sintetiza Manenti (com acréscimos nossos): "Simplificando um pouco, podemos dizer que os problemas que podemos encontrar na vida podem se enquadrar em quatro tipologias":

Problemas psicopatológicos: salvo o primado da graça, as forças conscientes e inconscientes interferem fortemente na liberdade de autoadministração e de autotranscendência (a pessoa não pode querer, mesmo que quisesse).

Problemas de desenvolvimento (evolutivos): por exemplo, crise de idade na adolescência. São aquelas dificuldades próprias da passagem de uma fase evolutiva para outra. Embora se possa pensar nas fases subsequentes da vida de seminário (menor e maior), considerando-se o trabalho com vocações adultas, isso vale também para a "crise da meia-idade", que, quando ocorre, aparece normalmente entre os 45 e os 60 anos de idade.

Abrindo um parêntese aqui, James Hollis faz o questionamento seguinte: "Por que grande número de pessoas passa por tanta perturbação na meia-idade? Por que a consideram uma *crise*? A passagem do meio da vida apresenta-nos a oportunidade de reexaminar a nossa vida e perguntar: quem sou eu, além da minha história e dos papéis que representei?".[24]

---

[24] Hollis, J. *A passagem do meio: da miséria ao significado da meia-idade.* São Paulo: Paulus, 1995.

Problemas de fé e de moral: por exemplo, os casos de consciência em relação à tomada de decisões e de atitudes em casos pontuais; os casos nos quais se pode errar ou até mesmo pecar; quando a pessoa tem dúvidas a respeito dos seus ideais; quando ainda não entendeu o significado objetivo de certos valores e, por isso, quer deixar de vivê-los. Tudo isso, não por motivos psicológicos, mas pela falta de uma consciência certa ou reta (a pessoa não sabe o que quer nem como querer).

Problemas de integração fé e vida: por exemplo, as dificuldades em se manter a crença nos valores, mesmo aqueles desejados e acreditados, diante de situações desorientadoras, porque se tornam fontes de ansiedade, medo e dor. A pessoa é sã, funciona coerentemente no seu nível evolutivo, tem convicções sadias, mas, às vezes, e com pesar, em vez de seguir o bem real, segue um bem aparente (ela gostaria, se pudesse).[25]

Durante o processo formativo, quase não há como os formandos não se questionarem profundamente; questionamentos muitas vezes acompanhados por momentos ou períodos de confusão interior, e que podem estar relacionados a dúvidas e interrogações sobre a fé; situações familiares e do trabalho; pressão ou conteúdo dos estudos; a imagem que tinham da Igreja; o celibato ou Matrimônio; questões financeiras; conflitos latentes que vêm à tona na relação com o poder e com a autoridade; vida afetiva; obediência; lealdade; a vida ou a caminhada vocacional que iniciaram; momentos em que se duvida de si mesmos e das próprias capacidades, de suas verdadeiras motivações: se conseguirão viver os valores próprios do

---

[25] Manenti, A. *Compreendere e Accompagnhare La Persona Umana: Manuale teórico e pratico per il formatore psico-spirituale.* Bologna: EDB, 2013, pp. 112-113. Este livro foi traduzido e publicado por Paulinas Editora. A meu ver, trata-se de uma publicação de estudo obrigatório para todos os que acompanham formandos e formandas à vida ministerial e/ou consagrada.

ministério ordenado, se vale a pena deixar tudo para trás, se estão "à altura" do ministério. No meio disso tudo, o momento crucial é quando se dão conta de serem chamados a uma *verdadeira* mudança de vida, ou seja, à *metanoia*.

Metanoia, na língua Koiné, significava duas coisas: em primeiro lugar, indicava uma mudança de mentalidade, convicção ou credo, na qual também sentimentos, intenções e propósitos estavam igualmente sujeitos a sofrer alterações. Em segundo lugar, *metanoia* implicava uma tomada de consciência de que se havia entendido ou feito algo errado, que se havia raciocinado ou agido erroneamente. Esse *insight* ou tomada de consciência podia vir acompanhado por pesar e tristeza, por sentimentos de arrependimento, de remorso e por certa sensação de uma rachadura interna. Mesmo assim, o termo *metanoia* ficava fora do âmbito da ética. O arrependimento se encontra no nível psicológico, mais profundo do que aquele da moralidade. [...][26]

Sem exagerar, pode-se dizer que durante o processo formativo para o ministério ordenado e, mais ainda, para o presbiterado, nenhum aspecto da vida fica sem ser tocado, questionado, mexido. E é bom e necessário que isso aconteça. Fico muito mais preocupado quando um formando nunca passa por um ou mais momentos de crises. Tanto é verdade que, na prática, se verifica que os formandos "exemplares", aqueles que nunca têm ou nunca oferecem "problemas" durante o processo formativo, depois da Ordenação são os mais suscetíveis a momentos turbulentos, justamente porque "algo" não foi visto pelos formadores, ou porque simplesmente a vida ainda não ofereceu a oportunidade para a pessoa entrar em conflito e, assim,

---

[26] Aerden, G., ocso. Van innerlijke omvorming tot berouw: beknopte verkenning van de betekenis van Metanoia. *De Kovel, Monastiek Tijdschrift*, n. 62, p. 12, Leuven, Stichting De Kovel, mar. 2020.

ser forçada a dar respostas às suas inquietações. De fato, não é incomum que uma pessoa seja confrontada somente mais tarde na vida com perguntas sobre aspectos existenciais ou com lados da sua vida passada que não foram elaborados e integrados anteriormente. Não tem como programar a vida, muito menos os mistérios de Deus, que têm a sua própria hora para mostrar à pessoa o que ela precisa ver ou saber para crescer.

Formadores bem-preparados, que observam, pelas atitudes dos formandos, haver inconsistências em suas atitudes, podem até tentar "provocar" uma crise na pessoa, a fim de trazer o conflito interno à tona para que possa ser trabalhado, mas sempre dependerá dela saber se está pronta ou não para enfrentar os seus "diabinhos". É um chavão, mas "sem crise não há crescimento", porque cada conflito, cada crise, exige uma resposta. São momentos em que determinadas perguntas e questões, novas ou não, terão de ser respondidas e "resolvidas", trazendo maior clareza, crescimento e desenvolvimento na vida da pessoa.

Nem todos os conflitos, como às vezes se pensa, são psicológicos, mas pode acontecer que, por exemplo, pela força da ação de emoções inconscientes que simultaneamente vêm à superfície, mesmo que ainda sem nome, o indivíduo tenha a sensação de perder o "controle", sem saber o que há com ele; tenta se acalmar, mas não consegue, pois não sabe o que é que está acontecendo com si mesmo, visto se tratar de algo desconhecido. Quem já passou algumas vezes por momentos de tempestade – como é o caso de adultos – sabe que *também esta* vai passar, que o sopro de Deus agitará a superfície, desde que se enfrente o momento com fé, com serenidade – o que nem sempre é fácil, quando se está no olho do furacão –, e com a ajuda de alguém mais experiente. Evidentemente são momentos nada agradáveis; as pessoas querem "estar bem", "sentir-se bem", "ser felizes". Como dizia meu mestre, o falecido Padre Bart Kiely: "No fundo, todos desejam que a vida seja como andar de carro novo no asfalto novo, enquanto, na verdade, a vida é como andar de carroça numa estradinha do interior, cheia de buracos, de pedras e de lama". Aquilo que é gostoso e agradável, porém, nem sempre é bom. Crises e conflitos, para pessoas de fé, são momentos de graça. Esse fato, por si só, já é um aspecto muito importante da formação para o ministério ordenado; aprender a enfrentar, à luz da graça, os momentos difíceis, pois, estando a serviço de outros, padres e diáconos encontrarão muitas pessoas com conflitos e em crise. É um ato de fé saber soltar e se entregar nas mãos de Deus para que ele possa conduzir ao caminho da verdadeira formação de cada um. Pessoas que têm forte necessidade de controle e dominação, por exemplo, ou as que racionalizam e/ou intelectualizam muito, têm muito mais dificuldade em lidar com o desconhecido e o incerto do que aquelas que aprenderam a ser mais vulneráveis e confiantes em Deus.

O primeiro e mais importante papel nos momentos de crise está reservado ao formador de integração (ou psicoespiritual) bem-preparado e ao diretor espiritual. É tarefa deles acompanhar a pessoa e discernir se podem, de fato, ajudá-la ou se devem pedir auxílio externo, sem, porém, delegar sua responsabilidade geral pela formação da pessoa ao psicólogo ou a outro profissional da área das ciências humanas. O discernimento de cada crise consiste em analisar em primeiro lugar de que tipo de crise se trata, seja espiritual, psicológica ou que tenha por base dúvidas conceituais; depois, olha-se o que ocasionou a crise, sua causa subjacente, intensidade, duração e consequências no cotidiano, com relação ao trabalho, ao comportamento e às relações. O importante é olhar e colocar todos os acontecimentos e fatos em perspectiva, percebendo cada um dos elementos que envolvem o momento.

Em todas as residências, pode acontecer de em algum momento a chave do quadro de força desligar, por sobrecarga momentânea, talvez. Mas isso não deve ser algo com que se preocupar demais. Entretanto, se a chave cai com frequência, é preciso chamar um técnico. Qualquer pessoa pode cometer um erro, passar por uma estafa, ter uma reação ou atitude fora de seu padrão. Isso não é motivo para se desesperar e tomar medidas desproporcionais, mas sim, sem dúvida, para ficar de olho, acompanhar o caso e, se necessário, oferecer a ajuda adequada. Quando se trata de uma crise não somente interna, mas também visível para outras pessoas, e/ou que envolva outros, ou, ainda, de uma crise decorrente de uma atitude ou comportamento externo (mesmo não intencional), será questão de justiça e de caridade, antes de tudo, não julgar, condenar e/ou falar sobre a situação da pessoa com terceiros, sem o seu consentimento, pois isso somente serve para, além do perigo da difamação pública, quebrar o caniço rachado. Em vez de falar *sobre* a pessoa, conversa-se *com* ela. Uma presença empática; uma ajuda competente, que inclui firmeza, clareza, confronto e transparência, compreensão, misericórdia, respeito e, principalmente, tempo, são ingredientes importantes para ajudar um irmão ou uma irmã em crise, sem deixar de lado, porém, a possibilidade de ter de aplicar penalidades para a pessoa em questão se corrigir e se redimir.

Constância na vida de oração

Um dos maiores desafios para um formando de um instituto de formação em tempo parcial, como o nosso, é organizar sua vida de modo a ter espaço e serenidade para construir uma vida de oração. No seminário há momentos programados, inclusive para a oração, e isso facilita bastante. Mas o bom hábito, por si só, nem sempre garante que o seminarista realmente internalize o valor da oração e que ele continue rezando consequentemente depois da Ordenação. Ouço com certa frequência dos formandos que é complicado encontrar momentos fixos de oração por causa das exigências próprias do emprego e dos compromissos familiares, sociais e domésticos. Mas é preciso saber que a vida do diácono permanente e do padre não será menos ativa. Se não tiverem uma disciplina na vida de oração, os compromissos pastorais tomarão conta, e a oração, não poucas vezes, será a primeira coisa a ser deixada de lado. Se entendessem que a vida do ministro ordenado é realizar o labor da fé a partir e como prolongamento da oração, a partir de sua relação com Deus, aqueles que assumem esta vida provavelmente seriam menos ativistas e mais "pneumatóforos", como diz Bruno Secondin, quando fala da espiritualidade presbiteral:

> [...] Parece ser necessário recuperar a possível contribuição que a vida santa do presbítero pode obter na celebração litúrgica sacramental. Para este fim é oportuno apresentar a espiritualidade do presbítero em uma perspectiva teológica mais apropriada: lembrar como ele é chamado por vocação divina para ser sempre mais "pneumatizado", a fim de ser um "pneumatóforo" da comunidade eclesial de fé. Ele é o mediador. O Concílio Vaticano II diz: "Os presbíteros alcançarão a santidade de maneira autêntica se desempenharem suas tarefas de modo sincero e incansável no Espírito de Cristo" (PO 13).[27]

---

[27] Secondin, B.; Goffi, T. red. *Corso di Spiritualità: esperienza-sistematica-proiezione*. Brescia: Queriniana, 1989, pp. 450ss.

A maioria dos formandos se alegra quando, durante os primeiros quatro anos do processo formativo, conseguem ao menos *um* momento de oração por dia. Os que serão diáconos permanentes têm, na maioria dos casos, a felicidade de poder rezar junto com a esposa e até mesmo com os filhos. Tanto para os futuros presbíteros quanto para os diáconos, o diretor ou o orientador espiritual exercem um papel importantíssimo nesse processo de aprendizado da vida consequente de oração, não só para organizá-la, mas para que cada um possa encontrar, além da Liturgia das horas, o seu próprio modo de se relacionar com Deus, ou melhor, de descobrir como Deus se relaciona com ele:

> Deus se adapta a nós para que possamos entrar em um diálogo profundo com ele. Para fazer-se interceptar, Deus – em sua infinita condescendência – se adapta à nossa linguagem, ao nosso estilo de personalidade. Com Abraão usa o diálogo afetuoso; com Jacó se coloca em luta; com Moisés se mostra ciumento; com Oseias se faz dócil; com Inácio de Loyola o diálogo é batalhador e sistemático; com Teresa d'Ávila a relação é passional e fortemente erótica; com Teresa de Lisieux a relação é fundada sobre a simplicidade e a ingenuidade da infância. A resposta humana à ação de Deus acontece em diversos níveis e com diversos instrumentos, de modo mais ou menos explícito e consciente, mas o lugar em que emerge por excelência é a oração [...].[28]

De certa forma, a situação dos que se preparam através de um modelo formativo em tempo parcial reflete a vida e a prática pastoral que terão no futuro, exigindo empenho, responsabilidade pessoal e internalização, a partir do momento em que iniciam a caminhada formativa. O que também me chamou a

---

[28] Ban, N.; Gasperowicz, K.; Godinho, F. Estilos de personalidade e oração/direção espiritual. *Revista Tre Dimensioni*, Ancona, ano VII, jan./abr. 2010.

atenção é que os formandos foram gradativamente sentindo a necessidade de, além de participar dos retiros anuais diocesanos, procurar também um mosteiro ou centro de retiros para se aprofundar espiritualmente. Notamos ainda que, uma vez que se desligam do emprego e entram no estágio pastoral, os momentos de oração se intensificam.

Preparação para o estágio

Durante o primeiro semestre do quarto ano da formação inicial, deve ser tomada a decisão quase definitiva sobre a continuação ou não do formando para a futura Ordenação. Digo "quase definitiva" porque, nessa altura, não deveria haver mais dúvida sobre a aptidão do candidato e nem o próprio formando deveria ter mais dúvidas se quer continuar ou não. O estágio com duração de dois anos que vem a seguir deve ser considerado não tanto como uma fase formativa de avaliação, mas como uma etapa de aprimoramento das habilidades pastorais e de aprofundamento da espiritualidade presbiteral ou diaconal. São extremamente raros os casos em que, durante o estágio, venham a aparecer aspectos tão totalmente novos, a ponto de fazer com que as avaliações dos primeiros quatro anos da formação sejam invalidadas. Pessoalmente me lembro de apenas um caso, nos 12 anos em que estive à frente do instituto.

Destaco que, no Instituto Bovendonk, também os futuros diáconos permanentes seguem o programa de seis anos e, portanto, também eles devem abandonar suas profissões e seus empregos, ao final do quarto ano. Trata-se de um momento impactante, pois, com a decisão, aquilo que era desejo ou sonho até então torna-se realidade. É hora de se despedir do conhecido, do emprego, por exemplo, para iniciar uma nova caminhada. Os que desejam ser presbíteros terão de se mudar para morar com um padre em uma paróquia, de modo que sua situação financeira pode se modificar, às vezes, significativamente; outros se defrontam com resistência em relação à sua decisão por parte de pessoas consideradas amigas (ou até de parentes e familiares), que pensavam que "esse negócio de ser padre" seria uma fase passageira da vida, que logo estaria esquecida, mas agora percebem que é sério e se manifestam negativamente. Recordo-me de um formando com mais de 40 anos que, ao entrar no estágio, dizia: "Até este momento da minha vida, estive sempre em escolas, primeiro como aluno e depois como professor. Até hoje, segui horários, agendas, planilhas e planos de aula. Tudo era planejado. Não há como não ter um pouco de medo". Enfim, há muitos aspectos objetivos e subjetivos envolvidos na tomada da decisão. Por isso, o processo todo deve ser acompanhado bem de perto.

No curso ou na série de encontros que tratam especificamente da "preparação para o estágio", são abordados assuntos como: a diferença do estágio para o futuro diácono permanente e para o futuro presbítero; os objetivos, os meios e as fases do estágio; as tarefas a serem desenvolvidas; o papel do padre ou do diácono que acompanhará o estágio no dia a dia; o que vêm a ser a supervisão pastoral e a reflexão pastoral-teológica realizadas no instituto; questões materiais, como o que fazer com eventuais bens; a experiência missionária que será feita fora da diocese. Mais que um curso propriamente dito, trata-se de momentos de informação, de esclarecimento de dúvidas e de diálogo sobre os aspectos práticos que poderão aparecer durante o estágio. Nada melhor do que ter o máximo de clareza possível, antes de iniciar uma nova fase de vida.[29] O quarto ano é empolgante e cheio de expectativas.

---

[29] Veja o capítulo 5, sobre o estágio pastoral.

O fim da fase de formação inicial

A conclusão mais natural e esperada do processo formativo inicial é a ordenação ministerial, devendo-se ter presente, porém, que ela nunca é um prêmio, um diploma ou uma formatura, o que seria, desse modo, um direito para quem termina os estudos ou todo o processo formativo, conforme proposto. Uma pessoa só será ordenada quando estiver apta, e pode acontecer que o bispo ou os formadores prefiram pedir que o formando siga um programa complementar, estabelecendo objetivos específicos a serem alcançados. Seja como for, quando isso for necessário, nunca será um bom sinal. Se em seis anos as metas não foram alcançadas, por que o seriam agora? Todavia, há situações peculiares, como mudança de bispo ou, por exemplo, alguma observação específica, feita durante o processo de consultas realizadas na diocese (escrutínios), que justifiquem pedir um tempo extra. Em certos casos o bispo, por motivos somente por ele conhecidos, decide que a pessoa deve esperar para receber a Ordenação. É nítida a decepção do formando, quando isso acontece. No entanto, penso ser fruto de um "automatismo" habitual, de uma maneira antiga de pensar: "Terminei os estudos, portanto, devo ser ordenado, tenho direito de ser ordenado". Essa mentalidade é observada quando um (futuro) diácono ou padre, apropriando-se da vocação, como se fosse algo dele em particular, usa termos como: "vou *me* ordenar" ou "*me* ordenei tal dia", ou, ainda, quando coloca no convite para a Ordenação, exclusivamente: "Eu e minha família o convidamos para a minha Ordenação". Muito estranho! Mais estranho ainda é quando, durante a Celebração Eucarística na qual a pessoa *recebe* a Ordenação, após a unção das mãos, o recém-ordenado levanta os braços para cima o quanto pode, mostrando as mãos ungidas, enquanto alguém do lado de fora da igreja estoura uma bateria de fogos. É como se dissesse: "olha para mim, consegui, cheguei lá, conquistei". A Ordenação é concedida pela Igreja através do bispo, e deve ser alegre e humildemente recebida como graça, pois o poder sacramental que a Igreja confere ao recém-ordenado deve ser entendido também como: "agora você *pode* ser ministro ordenado e, como tal, *pode* exercer o ministério em nome da Igreja, enquanto estiver ligado ao bispo e ao presbitério".

Um grande avanço em relação a esse aspecto se deu quando a Igreja decidiu ampliar o conceito das etapas formativas, até poucos anos denominadas de etapa dos estudos filosóficos e etapa dos estudos teológicos, dando a impressão de que quem tivesse terminado os estudos poderia ser ordenado. Hoje, a "etapa dos estudos filosóficos" é denominada "discipulado", e a "etapa dos estudos teológicos", chamada de "configuração". Parece pouco, uma nova nomenclatura, mas isso muda muita coisa, passando-se a entender que durante a etapa do discipulado são feitos os estudos de filosofia e, durante a etapa da configuração, os de teologia. Com essa nova concepção do itinerário formativo, a Igreja mudou um dos critérios mais centrais para a admissão às ordens sagradas, ou seja, quem não se desenvolveu a ponto de poder ser chamado de discípulo, mesmo que tenha terminado os estudos de Filosofia, não deve prosseguir para a próxima fase formativa (da configuração). E quem não chegou a internalizar e vivenciar os valores básicos da configuração, mesmo que tenha terminado os estudos de teologia com ótimos resultados, não está pronto para ser admitido às ordens sacras.[30] O critério de "progressão" não é meramente o boletim escolar, mas o desenvolvimento integral da pessoa em todas

---

[30] Congregação para o Clero. *O dom da vocação presbiteral: Ratio Fundamentalis Institutiones Sacerdotalis*, n. 57-58, doc. 32, CNBB.

as dimensões formativas: humano-afetiva, espiritual, intelectual, pastoral/missionária.

Realismo

Ao reler tudo o que introduzi neste capítulo, surgiu-me, e não pela primeira vez, a pergunta do porquê escrevi tudo isso. Num certo momento, um colega que lia os textos na medida em que eu os estava redigindo, perguntou-me para quem, afinal, eu estava escrevendo: para (futuros) formandos ou para formadores? Boa pergunta, pensei. Acredito que quis fazer uma tentativa de expor como acontece *na prática* um processo formativo de adultos (mas não só), ou, pelo menos, mostrar aqueles aspectos que durante esse processo mais me chamaram a atenção, procurando revelar quais os elementos envolvidos também nas tomadas de decisão.

A questão das vocações adultas envolve uma área relativamente nova e que ainda deve ser explorada e mais aprofundada. Como não há quase nada escrito e publicado sobre esse assunto, quis deixar algo concreto e documentado para o meu sucessor e para todos os que irão trabalhar com vocações adultas.

Acho justo, também, oferecer algo para os atuais formandos e eventuais novos interessados, a fim de que possam ser mais bem informados sobre o caminho que irão iniciar. Jamais me esquecerei da campanha vocacional de um determinado seminário, cuja linha formativa eu conhecia bem e em que era exigido usar vestes clericais uma vez dentro do seminário. Os cartazes da campanha vocacional mostravam, porém, um jovem moderno, vestido esportivamente, com mochila nas costas, e o prédio do seminário ao fundo. Quando vi isso, eu me lembrei da moral da seguinte história, verídica ou não: após a morte de sua terceira esposa, Henrique VIII mandou seu chanceler

Cromwell para o continente, a fim de encontrar entre as famílias nobres da Europa uma nova esposa. Cromwell escolheu Anna van Kleef e mandou o pintor oficial da corte, Holbein, pintar um retrato dela. A pintura ficou tão bela que, ao ver o retrato, Henrique se apaixonou à primeira vista e pediu que ela viesse imediatamente para a Inglaterra. Ao vê-la, porém, ficou tão decepcionado, que a mandou na mesma hora de volta para o continente. Ou seja, é preciso mostrar algo da forma como realmente é. Já antes de entrar em um processo formativo, os interessados devem receber as informações o mais realisticamente possível, eliminando-se todos os enfeites, as falsas promessas e idealizações, para evitar futuras decepções.

Um outro colaborador meu observou, em forma de pergunta: "Você não acha que está se mostrando muito vulnerável, dando a oportunidade para que os formandos deem uma olhada na cozinha? Alguns poderão apreciar o que você escreve, mas outros poderão até desanimar, quando souberem como os formadores olham, pensam e agem, pois preferem manter uma visão ideal e mais bonita a respeito do processo formativo". Penso que ele tinha razão. Por outro lado, quando o fundador de Bovendonk escreveu a seguinte frase, na apresentação da edição holandesa deste livro: "Quando penso nos tempos em que fui formado, teria sido grato a semelhante abertura", dei-me conta de que a formação para o ministério ordenado e, principalmente, para o presbiterado é envolta por uma nuvem do não saber.

Quando alguém inicia um curso em uma escola secular, sabe exatamente quais as metas que deve alcançar e quais meios precisa usar para chegar à conclusão do curso e receber o diploma, sendo considerado "formado". Por mais que os documentos da Igreja sobre a formação ministerial mostrem claramente o que é, e como deve ser o ministro ordenado, quais os passos que devem ser seguidos e quais os instrumentos devem ser usados nas casas de formação, parece-me que a aplicação e a execução de um plano formativo, bem como as decisões tomadas em relação aos formandos, dependem muito mais e subjetivamente dos formadores encarregados da formação do que de fatos objetivos observados durante o processo formativo de cada formando.

Durante todo o processo, o formando tem o direito de saber o que os formadores pensam dele, como veem seu desenvolvimento, quais passos acham que ele deve dar, quais meios poderão ajudá-lo; e tudo isso sempre com muita clareza e transparência – mais ainda, quando se trata de adultos –, sem medo de ofender, sem "esconder o jogo", sendo realista e objetivo. Repetimos o chavão: "Onde falta clareza se deixa espaço para a fantasia". Não pode acontecer, por exemplo, de alguém continuar a caminhada sem que os formadores realmente acreditem nele; de alguém ser dispensado sem poder saber exatamente por quais motivos deve parar; ou de alguém ser ordenado "porque não se tem nada contra ele". Não ter nada contra não é suficiente para ordenar alguém. Deve-se, ao contrário, ter muito a favor. A falta do negativo não significa que seja positivo. Deve-se realmente acreditar que o indivíduo vai acrescentar algo na e para a comunidade de fé, bem como ter a certeza moral de que ele será mesmo capaz de se realizar como pessoa e como ministro ordenado naquilo que irá fazer da sua vida.

5 | Engajamento e estágio pastoral

Introdução

É comum que os seminaristas, durante todo o tempo em que estão se preparando nas casas de formação convencionais, "façam pastoral" nas paróquias durante os finais de semana. Além disso, são organizadas "missões", geralmente no território das próprias dioceses, durante as férias. No dia a dia do seminário, os seminaristas exercem funções litúrgicas e rezam comunitariamente três vezes ao dia. Nas conversas, durante as refeições, muitas vezes falam sobre "coisas da Igreja". Em certo período, os estudos são interrompidos para que eles façam uma experiência pastoral durante um ano e, conforme a diocese, uma experiência missionária de alguns meses em uma diocese irmã, longe de sua terra. Assim, eles vivem o tempo todo no meio eclesiástico, do qual aprendem "por assimilação" os costumes e as práticas da Igreja.

Todavia, no modelo formativo em tempo parcial para adultos, a realidade é bem diferente. Durante os primeiros quatro anos de formação, é exigido do candidato que seja ativo em sua paróquia de origem, como leigo engajado; mas também lhe é pedido que não se ocupe demais com a pastoral, pois, o tempo em que não está com a família ou no emprego deve ser usado para os estudos da universidade e do instituto.

Infelizmente, o diácono permanente é, muitas vezes, visto (também por alguns padres) como um padre substituto ou um acólito refinado. O diácono não é ordenado para a paróquia, mas para a (arqui)diocese; não é ordenado para o pároco, mas para o bispo, sendo, assim, como que uma extensão do bispo, ao qual ele promete obediência, como o fazem os padres. Estamos ainda longe, pelo menos na prática, de um consenso sobre o ser e o fazer do diácono permanente.[1] Somando à falta de clareza do seu perfil, a dupla fidelidade que o diácono permanente casado vive (a família e a Igreja), e o seu viver e exercer do ministério na encruzilhada entre a vida familiar, social, cultural e de trabalho e a Igreja, atuando como mediador, num "vaivém" entre sociedade e comunidade de fé, parece-me justo dizer que é mais difícil se tornar um bom diácono permanente do que um bom presbítero. Levando esses aspectos todos em consideração, torna-se quase impossível delinear um só projeto de estágio que um futuro diácono permanente poderia fazer.

Na sequência, procuro descrever um programa de um estágio de dois anos para futuros presbíteros, e do qual também podem ser extraídos elementos para o estágio do futuro diácono permanente. Na minha experiência, dois anos é o tempo mínimo que um adulto precisa para aprender as habilidades pastorais básicas necessárias para poder ser ordenado presbítero. Trata-se de um programa experimentado, aprovado, bem equilibrado, disposto em fases e, principalmente, fortemente acompanhado. Muito se investe na reflexão sistemática sobre as experiências feitas, através da supervisão e da reflexão teológico-pastoral (cap. 6), pois, repito, a experiência por si só não tem muito valor, caso não se reflita sobre o que foi aprendido com ela.

---

[1] Recomenda-se o estudo de James Keating (ed.). *The Deacon Reader*, publicação bastante completa, dividida em três partes: "Fundamentos históricos e teológicos da identidade diaconal"; "Fundamentos pastorais da identidade diaconal"; e "Fundamentos sociológicos da identidade diaconal e casamento".

Em sentido amplo, a formação pastoral coincide com a formação espiritual: trata-se, para os futuros presbíteros, de aprofundar sempre mais a identificação e a configuração com o sacerdócio de Cristo, e, para os futuros diáconos, com o Cristo Servo. No sentido estrito, a formação presbiteral consiste em saber perscrutar a alma humana, em aprender a conhecer as necessidades espirituais mais profundas do homem e, também, como cada pessoa, enquanto indivíduo e enquanto membro da comunidade de fé, pode ser auxiliada no seu caminho rumo a Deus. A formação diaconal, no sentido estrito, constitui-se em ser servo no meio do mundo em que se vive, assim como todos os batizados são chamados a servir, mas agora, uma vez recebido o sacramento da Ordem, como *sinal sacramental específico* da importante dimensão e expressão da fé cristã, sendo ponte entre sociedade e Igreja. Sua tarefa é dar voz às necessidades e desejos da comunidade cristã e ser, para a sua comunidade de fé, estímulo de serviço ou diaconia, uma parte essencial da missão da Igreja.

No estágio, o futuro presbítero aprende a organizar a pastoral. Para que isso se concretize, ele deve ter uma visão ampla do que acontece na pastoral e do que é possível fazer. Também aprende a ser mediador entre Deus e as pessoas, apresentando para Deus, em oração, as necessidades, dores e situações específicas de cada uma. Como futuro líder religioso de comunidades, deve continuar a se aprimorar naqueles aspectos que são necessários para que ele de fato possa ser um líder pastoral e espiritual eficaz. Ele faz isso em colaboração com diáconos permanentes e leigos engajados, para os quais ele está a serviço e que, ao mesmo tempo, lidera.

Na fase do estágio pastoral, o futuro diácono permanente, além de aprofundar a própria identidade diaconal, adquire (mais) conhecimento das situações sociais, culturais, políticas e religiosas da situação em que vive, e, também habilidades para encontrar possíveis respostas a essas situações. Ele é formado para sempre ter em mente que a sua ação pastoral se encontra na encruzilhada entre, de um lado, culto divino e anúncio, e do outro, culto à sociedade através do serviço. Seja qual for a sua atividade, o olhar dele sempre será um olhar diaconal.

Objetivos gerais do engajamento pastoral durante todo o caminho formativo

Os primeiros quatro anos formativos

Durante os primeiros quatro anos do processo formativo, o engajamento pastoral se traduz em participação ativa, como leigo engajado, na própria comunidade de fé de origem. Mesmo não sendo considerado como estágio propriamente dito, há objetivos e momentos de avaliação. O objetivo dessa fase de participação ativa na pastoral é que o formando possa consolidar uma imagem (mais) realista da Igreja, assim como ela se manifesta nessa comunidade concreta, na pessoa e na posição do diácono permanente ou do presbítero, bem como dos demais ministros e leigos engajados.

O formando começa a se imaginar e a trabalhar na atitude basal do diácono permanente ou do presbítero como preparação para o estágio. Ele também desenvolve habilidades fundamentais, como fazer contatos, trabalhar em grupo, tomar iniciativas como leigo engajado e mostrar interesse na participação de eventos e celebrações diocesanas. Mostrará, assim, sua seriedade em procurar uma vida cristã profunda, bem como sua procura de Deus e das pessoas.

Um formando empregado poderá, além da participação nas celebrações litúrgicas, ser ativo apenas em uma atividade pastoral. Participar em mais de uma pastoral ou movimento poderá prejudicar seriamente seus estudos e seu comprometimento com o programa formativo inicial de sua diocese ou congregação religiosa.

Divide-se, para os futuros presbíteros, em duas fases estes quatro anos na própria paróquia: na primeira fase (anos 1 e 2), a ênfase está na atitude de base; na segunda fase (anos 3 e 4), o acento vai para percepção e habilidades. Já para os futuros diáconos, que terminam o processo formativo inicial após quatro anos, o terceiro e o quarto anos são considerados anos de estágio propriamente ditos.

O coordenador da dimensão pastoral-missionária do instituto, junto com os responsáveis pela paróquia do formando, acompanha o formando também nessas fases iniciais, orientando-o e visitando-o na sua paróquia. O desenvolvimento do formando na sua comunidade de fé é frequentemente avaliado pelos responsáveis do instituto, junto com os ministros ordenados responsáveis pela comunidade de fé do formando, os responsáveis pela sua formação na diocese/congregação de origem, juntamente com o próprio formando. Após os primeiros dois anos do processo formativo, deve ser decidido se todas as partes veem a possibilidade de o formando se tornar um bom ministro ordenado no futuro: é o primeiro momento de discernimento mais sério, após a admissão ao instituto.

Na metade do quarto ano deve ser decidido, em conjunto, se o formando para o presbiterado quer e pode deixar o seu emprego no fim desse ano para se dedicar totalmente à preparação ao ministério ordenado, através da próxima fase formativa, que é o estágio de dois anos completos, mudando-se para uma casa paroquial – não a da sua paróquia de origem –, onde residirá com um padre-mentor.

O estágio de dois anos

A prática ensina que homens de mais idade, que abandonam uma vida ativa profissional na qual aprenderam a ser eficientes naquilo que fazem e no que devem resolver e produzir, necessitam de tempo para aprender a ser pastoralmente eficazes. Por isso o estágio é de dois anos. É o tempo necessário para iniciar a mudança de uma mentalidade de, predominantemente, *resolver* situações, para a mentalidade, postura e atitude, prevalecentemente, *contemplativa* de situações. O estagiário recebe, conforme acordado e estabelecido oficialmente no contrato de estágio, uma ajuda de custo durante os dois anos completos do estágio. A partir de agora, portanto, ele não seguirá mais o calendário de dois semestres anuais do instituto formativo (participa, porém, de todas as etapas formativas), mas o calendário da paróquia, ou seja, terá direito a férias e participará do retiro anual como os padres na paróquia, não tendo mais férias como os formandos dos primeiros quatro anos. Lá onde a formação de diáconos permanentes leva menos tempo e se concretiza em tempo parcial, devem ser feitas as devidas e adequadas adaptações desse processo.

Finalidade e objetivos finais do estágio de dois anos integrais

O estágio tem como objetivo transformar o engajamento do formando comprometido com a comunidade como leigo em engajamento como presbítero, líder da comunidade. Esse novo tipo de envolvimento é fruto do processo de sua inserção na procura sincera de Deus e do próximo na pastoral.

O formando vivencia a íntima ligação entre a fé católica profunda vivida pessoalmente e a fé vivenciada na comunidade do povo de Deus a caminho. Ele toma consciência e experimenta que a oração pessoal está íntima e inseparavelmente ligada à oração da Igreja na liturgia e em sua estrutura sacramental, na qual Deus, com a sua graça, consola, reconcilia, desafia e liberta para a plenitude.

O engajamento do formando se realiza dentro e a partir de uma comunidade de fé concreta, onde pessoas se encontram para, dentro de uma organização, dar forma ao Evangelho de Jesus Cristo como *sacramentum mundi*, celebrando, servindo e aprendendo uns com os outros. A comunidade de fé faz memória e celebra na Eucaristia o Cristo ressuscitado (receber o Corpo de Cristo) e, na mesma hora, a partir daí, ela forma a comunidade em nome de Cristo (tornar-se Corpo de Cristo).

O formando desenvolve o engajamento com a comunidade de fé, onde ele pode se sentir em casa; uma comunidade de fé em que se compromete com a vida de pessoas que procuram a Deus. A partir desse engajamento, ele identifica o lugar da Igreja dentro da sociedade e o lugar da sociedade dentro da Igreja. Um estagiário candidato ao presbiterado desenvolve as suas atividades pastorais por esse duplo caminho.

O formando aprende que não é o trabalho que define o ministério de presbítero, mas, antes, ele especifica o seu trabalho, com suas características presbiterais e pessoais.

O formando se torna ciente e experiencia que o "labor da fé" na e da Igreja é um trabalho feito pelo homem e, portanto, que as limitações próprias do ser humano e sua contingência na colaboração no plano salvífico de Deus estarão presentes.

O formando toma conhecimento e experimenta que toda comunidade de fé católica faz parte de uma diocese, como parte da Igreja Universal, à qual ele se entrega, algo que se concretiza na hora da Ordenação com a qual ele será incardinado em uma diocese, tendo também como consequência que promete obediência e respeito ao seu bispo.

Em nossa Igreja há muitas fontes de espiritualidade inspiradoras para indivíduos, movimentos, pastorais, novas comunidades e congregações. Elas também são fontes de aprendizagem e de experiências vividas. Mostrar respeito e abertura ao diálogo com todas as fontes de espiritualidade faz parte do processo de aprendizado durante o estágio. No estágio, o formando ao presbiterado se deixa orientar por Jesus Cristo sacerdote, para dar direção ao seu agir pastoral. Não é só competência e habilidade que importam, mas também, e sobretudo, garantir que o presbítero continue crescendo em um determinado *modo de ser* na comunidade, com mentalidade e postura do próprio Cristo, Cabeça da Igreja. Assim, em dois anos o estagiário deve se desenvolver de tal modo que ele possa trabalhar de modo responsável como presbítero autônomo iniciante (júnior) em uma comunidade paroquial.

O estágio pretende, em primeiro lugar, fazer o estagiário entrar em contato com a realidade da comunidade de fé através da reflexão sobre aquilo que é próprio do ser, do agir e do modo de viver do presbítero. Nesse processo, ele entra em contato com aspectos importantes da pastoral, assim como: anunciar a catequese, pastoral individual, organização pastoral, liturgia e liderança. O estágio mira à apropriação pelo estagiário de uma atitude presbiteral, a aquisição de conhecimento e habilidades necessárias e a integração da teoria oferecida durante todo o processo formativo até esse momento.

No fim do estágio, o estagiário deve mostrar que é capaz de agir autonomamente e em equipe, tomando iniciativa como líder pastoral, o que implica: capacidade de refletir, de tomar decisões e de mediar situações; engajamento social, cultural e eclesial; alinhamento a um repertório metodológico e didático; capacidade de entender e de usar pastoralmente interesses e habilidades pessoais e pastorais; conhecimento das próprias qualidades, preferências e limitações; capacidade de integrar a experiência de vida com o contexto, bem como de usá-la para estimular novas experiências; abertura para continuar a crescer e se desenvolver pastoralmente, refletindo sobre a práxis.

O estagiário adquire dentro da estrutura eclesial o lugar próprio do seu ministério, entendendo-se como colaborador direto do bispo e membro do presbitério, vivendo e agindo de acordo; conhecendo as leis da Igreja e sabendo lidar adequadamente com elas; sendo capaz de trabalhar em estruturas já existentes, bem como de promover estruturas novas; tendo a capacidade de escrever relatórios e ler balancetes; aprendendo a prestar contas e tomar responsabilidade de seu próprio ser e agir em relação aos superiores eclesiásticos; desenvolvendo gosto, responsabilidade e grande amor pela pastoral vocacional e pela missão. Além disso, com a Ordenação receberá um dom espiritual que deve prepará-lo para uma missão universal até os confins do mundo (cf. At 1,8).

Estágio como período de habilitação a partir de um novo estilo de ser e de viver

O estágio é uma fase para aprender através da experiência. Por meio do círculo ver, julgar, agir e avaliar[2] – e do orientar-se, participar e refletir –, o estagiário faz seu um novo estilo de vida. E será confrontado repetidamente e cada vez de novo com perguntas de fé de indivíduos e grupos com os quais

---

[2] Tendo como base a parábola do Bom Samaritano (Lc 10,25-37), pode-se falar aqui também em círculo: ver, comover-se e mover-se (entrar em movimento, fazer).

ele se confronta em situações das mais diversas e importantes da vida das pessoas. Cada vez de novo ele deverá refletir sobre como estimular uma paróquia a se tornar uma comunidade viva de fé e como expressar isso no culto divino e no anúncio. Cada vez de novo ele deverá aceitar as suas qualidades e confrontar-se com as suas limitações.

O estágio é muito mais do que participar como aprendiz de atividades pastorais. É toda uma orientação e aprendizado em se habilitar para ser e agir na prática pastoral como presbítero celibatário. Também é mais do que a passagem de uma fase formativa em tempo parcial para a fase formativa de tempo integral. Tornar-se presbítero significa fazer seu um novo estilo de vida.

A postura de vida e o padrão comportamental do estagiário que se entregará totalmente à Igreja, desejando dedicar toda a sua vida ao "labor da fé", merecem muita atenção. O lado teórico desse processo é fundamentado nas aulas de teologia pastoral e no desenvolvimento da introspecção e aptidão no agir pastoral. O aprendizado da postura pastoral acontece na prática: trabalhando a serviço da fé e do bem-estar de outros, a partir da própria vivência da fé dentro da Igreja. Para muitos, iniciar o estágio significa também começar um período de passagem daquilo que envolve o trabalho em uma empresa para a aquisição de um novo estilo de vida.

Candidatos que pertencem a um instituto religioso terão oportunidade de continuar se aprofundando, como presbítero, na própria espiritualidade. Como isso tomará forma, é combinado com cada candidato em conjunto com seu superior maior.

Iniciar o período do estágio não garante que o estagiário receberá automaticamente as ordens sacras. O fato, porém, de ele ter passado bem pelos primeiros quatro anos da formação significa que os responsáveis de sua diocese ou seu instituto religioso, em conjunto com os responsáveis pelo instituto formativo, acreditam que ele poderá se tornar um bom presbítero.

É por isso que o período do estágio deverá e poderá ser visto predominantemente como período de habilitação, mais do que de avaliação, a qual, porém, não fica de fora.

Estágio como processo de aprendizado acompanhado e avaliado

Aprender a ter uma postura presbiteral "fazendo experiência" é algo que acontece na prática: trabalhando a serviço da fé e do bem-estar de outros, a partir da própria convicção e postura de fé dentro da Igreja. O importante é que as perguntas pessoais de aprendizado do estagiário e as perguntas de aprendizado do instituto formativo se encaixem o mais estreitamente possível nas experiências da prática do formando. A experiência por si só não acrescenta muito. A pergunta a ser feita é: o que se aprende com a experiência? Portanto, somente pode ser eficaz essa forma de aprendizado se isso acontece sob orientação e com acompanhamento. No capítulo seis foram descritas as várias formas de acompanhamento, também as que se realizam durante o estágio. O coordenador de pastoral do instituto formativo é a pessoa-contato entre o instituto e a paróquia, sendo, portanto, também o mentor.

Após o primeiro ano do estágio, é feita uma avaliação minuciosa para aprimorar os pontos de aprendizagem do segundo ano, período em que o estagiário fará um trabalho conclusivo, uma prova de aptidão na qual demonstrará ser capaz de: fazer uma pequena pesquisa de campo e científica; refletir sobre a sua própria prática pastoral e, depois, descrevê-la; fazer síntese entre a teoria e a prática obtidas durante todo o processo formativo de seis anos.

Admissão ao estágio

A responsabilidade pela admissão ao estágio é da coordenação do instituto, a qual ouve e coordena todos os envolvidos; também aqui vale o princípio da responsabilidade partilhada (instituto, diocese ou instituto religioso, formando). Os critérios para a admissão são os seguintes:

- ter mostrado, durante os primeiros anos do processo formativo, uma postura básica adequada como paroquiano e leigo engajado na própria paróquia;
- no momento do pedido para entrar no estágio (início do primeiro semestre do quarto ano), ter terminado e entregue todas as provas dos cursos dos primeiros *três* anos do currículo;
- o estágio poderá iniciar-se apenas quando *todas* as provas e trabalhos dos cursos dos primeiros *quatro* anos estiverem feitos e entregues. Iniciar o estágio sem pendências é *conditio sine qua non*; mesmo que o formando já tenha sido admitido oficialmente, por escrito, ao estágio, este não se iniciará enquanto não forem entregues todos os trabalhos requeridos durante os primeiros *quatro* anos.

Procedimento para admissão ao estágio

Na metade do primeiro semestre do quarto ano, o formando entregará ao reitor, por escrito, o pedido para poder iniciar o estágio. Nesse pedido ele:

- esclarece as motivações para se tornar presbítero;
- faz uma autoavaliação do seu desenvolvimento geral e em cada dimensão da formação, durante a sua caminhada formativa até o presente momento;

- indica os pontos específicos em que julga precisar dar mais atenção, durante o estágio, no que concerne ao seu desenvolvimento pessoal, espiritual, pastoral-missionário e intelectual;
- expressa sua preferência por uma paróquia para o estágio e os seus interesses especiais em relação a se tornar presbítero;
- pede que, caso seja admitido, possa receber os ministérios de acólito e de leitor, durante a Celebração Eucarística que marca o início do estágio;
- por fim, a coordenação do instituto avalia o pedido, delibera com os responsáveis das dioceses/congregações, de modo que o formando receberá uma resposta por escrito do reitor do instituto, antes do segundo semestre do quarto ano, período em que se inicia a preparação teórica do estágio.

Preparação do estágio

Os que foram admitidos ao estágio participarão, no segundo semestre, do quarto ano de encontros programados, nos quais:

- estudam-se os objetivos e a organização do estágio;
- procura-se esclarecer os pontos de aprendizagem do futuro estagiário (instituto, formando e mentor), a fim de se chegar a um equilíbrio entre as expectativas, motivações e os pontos de aprendizagem pessoais do formando, bem como os termos finais daquilo que o instituto espera de um presbítero iniciante (júnior);
- são explicados os vários tipos de acompanhamento durante o estágio: mentorado no local do estágio, supervisão,

reflexão teológico-pastoral, o papel do coordenador da pastoral;

- cada formando deverá ter uma conversa com o ecônomo de sua diocese, durante o segundo semestre, sobre os seguintes itens: contrato do estágio, implicações financeiras (há dívidas ou não; questões de herança etc.), aposentadorias, seguros, bens materiais como, por exemplo, imóveis, e outros casos específicos que devem ou não ser tratados com ou sem contrato. Afinal, uma vez ordenado e incardinado o presbítero, a diocese se torna responsável, em tudo, por ele. Um aspecto a não ser descuidado é a situação da moradia durante o estágio, aspecto pelo qual cada diocese se responsabiliza.

Sobre o lugar do estágio

É lógico que a primeira recomendação de indicação do lugar do estágio vem da própria diocese/congregação do formando. O coordenador de pastoral do instituto verificará se o lugar sugerido atende as exigências e os critérios que o instituto estabeleceu. Após essa verificação, a coordenação do instituto aprovará ou não o lugar indicado. Afinal, o estágio se realiza sob responsabilidade final do instituto.

Um aspecto importante a ser analisado, durante essa visita ao lugar indicado, é a indicação do mentor que irá acompanhar o estagiário (normalmente o padre responsável pela paróquia), tendo-se em conta: a sua personalidade, sua experiência pastoral, suas aptidões e habilidades pastorais. Também a equipe com a qual o mentor trabalha deve ser levada em consideração, pois todos os membros, de uma maneira ou outra, terão influência no processo de aprendizagem do estagiário e serão corresponsáveis pelo estagiário. Por isso é importante que a equipe de responsáveis pela paróquia esteja de acordo, antes de assumir um estagiário.

Só depois da aprovação oficial do lugar de estágio pela coordenação do instituto, o formando poderá entrar em contato com seu futuro mentor para ter uma conversa e ver se os dois conseguirão se entender ou não. Caso os dois "não se entendam", será, depois de averiguado os motivos do desentendimento, procurado um outro lugar.

Nessa primeira conversa entre o responsável pela paróquia e seu possível futuro estagiário, deve ser tratado, entre outras coisas, como cada um pensa a respeito de: limites, privacidade, momentos de convivência e responsabilidades de cada um; situação de moradia e finanças (muitas vezes, quando a paróquia não tem condições, a diocese ajuda); as fases do estágio, os momentos de oração em conjunto e os momentos "formais" de encontro entre mentor e estagiário, para falar estruturalmente sobre programação das tarefas, sobre trabalhos feitos e sua avaliação; costumes, necessidades e peculiaridades de cada um (para evitar surpresas na convivência), bem como sobre a clareza das duas partes de que a paróquia está a serviço do estagiário que vem para aprender, e não o contrário, quando o estagiário se torna "mão de obra" barata a serviço do padre e da paróquia, durante dois anos etc.

São três as fases de aprendizagem durante o estágio

As três fases de aprendizagem no estágio são: 1) orientar/observar; 2) participar; 3) trabalhar responsável e autonomamente, sob orientação. Cada fase inclui e aprofunda a fase anterior, sendo que a complexidade e a profundidade das atividades pastorais a serem realizadas se intensificam. A diferença está sobretudo no acento.

	TEMPO	FASE	CONCLUIR COM	ENTREGAR
5º ano	Primeiros dois meses do primeiro semestre do 1º ano do estágio	Orientar e observar	Mapa social e pastoral	1º dia do 3º mês
	3º a 6º mês do primeiro semestre do 1º ano do estágio	Participar observando		
	Segundo semestre	Participar plenamente	Escrever relatório de avaliação do 1º ano	Uma semana antes da avaliação do 1º ano
6º ano	Dois semestres do 2º ano do estágio	Trabalhar autonomamente, sob orientação, tomando iniciativas, e presidir/liderar	Escrever o relatório de avaliação final e fazer o Trabalho de Conclusão	1º de agosto
6º ano	Uma semana após a última etapa do instituto	Concluir o estágio na comunidade, de acordo com o responsável da diocese de origem e o mentor do estágio		

Um exemplo de plano de aprofundamento gradual das atividades pastorais pode ser: se durante o primeiro ano do estágio o estagiário puder fazer, de vez em quando, uma reflexão sobre as leituras na Celebração Eucarística no decorrer da semana, no segundo ano ele poderá incidentalmente fazer a mesma coisa nas celebrações dominicais e nos dias de festa, desde que tenha, para esse exemplo específico, a prévia autorização do seu bispo. Outro exemplo seria, durante o primeiro ano, o estagiário fazer visitas às famílias em situações menos complexas, enquanto no segundo ano a complexidade das situações pode ser maior. É o mentor que deve discernir para onde, depois de prepará-lo, mandar o estagiário e, conforme o caso, encorajá-lo ou "protegê-lo", ajudando-o, assim, com o processo de entrar *gradualmente* em contato com situações pastorais. No fim do segundo ano do estágio, o futuro presbítero deve ser capaz de trabalhar autonomamente, tomando iniciativas e evidenciando poder coordenar e liderar grupos e indivíduos.

Aprender através de ser orientado e observar

Iniciar o estágio em uma cidade, um bairro ou uma comunidade do interior não significa participar de todas as atividades pastorais desde o primeiro momento. É importante que o estagiário se oriente e ativamente observe o seu novo ambiente para se situar no contexto social, cultural e religioso. Só é possível ser pastoralmente eficaz, quando a pessoa sabe em que contexto se encontra, para agir de acordo com a realidade. Ela poderá usar dados das prefeituras e do IBGE, por exemplo, para saber mais sobre a população, visitar pessoas que conhecem bem a paróquia e que atuam ali há mais tempo, conhecer todas as comunidades e o setor (decanato) ao qual sua comunidade de estágio pertence, bem como os ministros ordenados atuantes naquele setor, aprofundar-se quanto à presença de outras religiões e a história da paróquia e suas comunidades.

A fase de orientação e de observação é concluída com um relatório, chamado de "mapa social e pastoral". Esse relatório será estudado, tratado e avaliado no contexto da reflexão teológico-pastoral. O reconhecimento, a orientação e a observação acontecem em três níveis:

Espiritual: servir como acólito e leitor nas celebrações litúrgicas; participar dos momentos de oração em comunidade, verificar como as coisas funcionam ali concretamente, quais as devoções, costumes, hábitos; quais as tradições religiosas específicas dessa comunidade.

Comunitária: olhar bem ao seu redor, escutar/ouvir; ter certa noção da paróquia, cidade, comunidade. "Onde fui parar, que tipo de pessoas encontro aqui, em que tipo de grupos irei trabalhar"; andar pelo bairro e fazer contatos, conhecer pessoas e se fazer conhecer, acompanhar assistentes sociais e outras pessoas de destaque na área social e, também, as obras sociais dentro da paróquia/bairro; reunir materiais e dados sobre o bairro, tais como limites geográficos, idade e características específicas da população (trabalhadores, autônomos, católicos/não católicos, comunidade de idosos ou jovens, situação habitacional), para conhecer a sua mentalidade; problemáticas específicas do bairro; o que existe em termos não só de infraestrutura para o cuidado dos idosos, para os jovens, mas também de organizações e iniciativas sociais, projetos de colaboração com outras denominações religiosas e projetos da prefeitura etc. É mais interessante o estagiário descobrir tudo isso por iniciativa própria do que apenas tendo como fonte o relato do padre da paróquia. Nas transferências futuras, ele mesmo terá que ter interesse e tomar a iniciativa de fazer essa pesquisa, sem a ajuda de outros.

Pastoral: história da paróquia, ler o livro tombo, conhecer a organização e a participação dos fiéis, a organização administrativa, secretarial e geográfica da paróquia, os pontos fortes e fracos dessa comunidade de fé, a estrutura e cultura, a preparação e nível da cultura religiosa dos fiéis. O estagiário precisa entrar em contato com membros líderes dos movimentos e pastorais, dos Conselhos de Pastorais Paroquiais, e, também, com o sacristão, com o responsável pelo dízimo, pelo lugar e pela participação dos diáconos permanentes e pelos catequistas. Também deve procurar saber quais atividades ou interesses existem pelas vocações e pela missão nessa paróquia. Vale dizer, ainda, que é mais motivador o mentor fornecer os contatos das pessoas e deixar que o estagiário combine as visitas, para conhecer e entrevistar cada uma, ao invés de esperar encontros "por acaso".

Aprender pela orientação e observação

Observar é: olhar para o que está acontecendo e, ao mesmo tempo, ir além do superficial e enxergar como e por que motivo algo ocorre, e justamente por que dessa maneira específica. É perceber como as pessoas se relacionam, como se tratam e se envolvem com um determinado assunto, como tudo é organizado; o que querem alcançar com isso, como funcionam e por que (re)agem do modo que (re)agem.

Observar bem é importante para toda a pastoral e para o próprio desenvolvimento. É por isso que existe uma fase específica durante o estágio para a observação, fase que também inclui atividades. O estagiário começa a fazer o estágio, porém, dedicando um bom tempo para observar e analisar. As suas observações e análises entram como ponto de atenção importante nas conversas formais, estruturadas e programadas com o mentor.

Esse observar não é realizado passivamente e a distância, mas acontece enquanto o estagiário participa da organização e da coordenação da pastoral, das atividades presbiterais e diaconais, na pastoral individual, nas reuniões dos organismos próprias segundo as responsabilidades na comunidade, nos encontros nos setores ou decanatos, nas reuniões dos Conselhos de Pastorais Paroquiais, nas atividades com os catequistas, com a equipe de liturgia e, também, enquanto ele serve como acólito, leitor ou assistente nas celebrações dos sacramentos e exéquias. Uma característica dessa fase é que o estagiário, enquanto observa, participa o máximo possível de todas as atividades supramencionadas.

No início a observação será mais dominante, para gradualmente passar para uma participação ativa. Terminada essa fase, o estagiário participará plenamente das atividades, sob orientação do seu mentor. Observar como o ministro ordenado mais experiente, o mentor ou outro membro da equipe, atuam, continuará sendo importante, como acontece em uma relação mestre-discípulo.

Antes de o estagiário passar para a fase de agir autonomamente, ele precisará expor ao mentor como pretende atuar, e, depois, os dois farão uma análise e avaliação de sua participação. Sempre será levado em consideração o princípio de gradualidade, do menos para o mais complexo, da parte para o todo. Por exemplo: participar observando todo o ciclo que envolve um batizado, colaborando em uma parte do ritual, para depois, sozinho, preparar os pais e padrinhos para o Batismo.

Tempo para silêncio e oração

Durante todas as fases de aprendizagem, o estagiário dedicará tempo suficiente ao silêncio e à oração pessoal diária, bem como, se for possível, participará dos momentos de oração em comum com seu mentor e outros membros da equipe. Ele não deve descuidar-se da prática da direção espiritual, para integrar aquilo que experiencia no aprendizado da pastoral com a sua vivência pessoal de fé. Fará, também, junto com o clero, o retiro anual organizado pela diocese, e deverá reservar um dia por mês para o silêncio e a oração (dia de deserto). O presbítero, enquanto mediador entre Deus e seu povo, apresenta as preocupações dos fiéis, em oração, para o Pai e se deixa iluminar e alimentar por ele, para poder instruir e fortalecer o povo no caminho da fé.

O estagiário, além de tomar gosto (se já não adquiriu) pela oração da Igreja através da *Liturgia das horas*, deve desenvolver o hábito, o prazer e a necessidade de oração e meditação pessoal, bem como terá de aprender a viver com a constante tensão de ser solicitado a cada momento e a saber dizer "não".

Já no estágio existe a tentação do ativismo, ponto de atenção para o mentor, caso seja necessário, "frear e proteger" o estagiário. Por outro lado, já aconteceu de um estagiário, que desejava ser "monge", dedicar muito mais tempo à oração do que às atividades pastorais. Depois do primeiro ano do estágio, essa pessoa foi orientada a entrar em um mosteiro, onde vive realizada como monge até hoje. É importante observar, no fim, que o estágio pode ser, mesmo depois dos primeiros quatro anos de formação teórica, também uma fase de discernimento vocacional.

Tempo para estudo

Durante os dois anos de estágio, o estagiário continua participando dos finais de semana no instituto, seguindo o programa específico para os estagiários: supervisão e reflexão teológico-pastoral em grupo e aulas práticas e teóricas com o conteúdo específico da sua prática pastoral atual e futura. Durante a semana, portanto, deve também reservar tempo para estudar e fazer as tarefas do instituto. Este aspecto do processo formativo é, às vezes, motivo de tensão entre mentor, estagiário e instituto, pois, o estagiário, conforme a programação feita no lugar do estágio, deve se ausentar em momentos em que o mentor julgue ser necessário estar na paróquia, ou pode acontecer também de o próprio estagiário preferir ficar na paróquia, quando deve estar no instituto. Estamos falando de momentos como: administração do sacramento da Crisma, Primeira Eucaristia, bem como festas comunitárias e outros momentos especiais, até na e da sua própria família, como casamentos e aniversários. Os futuros presbítero e diácono devem aprender a fazer escolhas e a saber onde deve estar em primeiro lugar, algo nem sempre fácil. No futuro, o ministro ordenado poderá receber vários convites de eventos que acontecerão ao mesmo tempo. O critério de discernimento para escolher qual convite aceitar ou não, não será seu gosto e preferência pessoal, mas a pergunta: "Como presbítero ou diácono permanente, onde *devo* estar, pois, para alguns convites, não é necessária a presença de um ministro ordenado".

Durante os seis anos formativos, é importante participar dos encontros formativos no instituto, junto com os colegas formandos, para praticar a convivência, a troca de experiências e a aprendizagem em grupo. Faz bem lembrar também, nesse momento, que o lugar onde é feito o estágio é que está a serviço do estagiário, e não o contrário; o estagiário é aprendiz, não ajudante do padre. Caso realmente, e em situações extraordinárias, o estagiário deva se ausentar dos encontros formativos no instituto, ou da sua diocese, precisará ele mesmo ou seu mentor pedir permissão ao reitor do instituto, fundamentando bem seu pedido.

Outros estágios, além do feito na paróquia

Há várias situações que vão necessitar de atenção e preparação especial. Futuros diáconos permanentes, mas também futuros presbíteros, conforme a diocese assim o exigir e incluir no programa formativo, podem fazer uma parte do estágio em órgãos supraparoquiais, ou seja, em obras, movimentos, serviços e pastorais em nível diocesano. Exemplos seriam: pastoral carcerária, pastoral hospitalar, pastoral rodoviária, pastoral de turismo religioso, serviços na Cúria Diocesana, nos meios de comunicação da Diocese, em obras sociais independentes da paróquia etc. Outra possibilidade é que futuros presbíteros passem um tempo em missão fora da própria diocese, por exemplo, em uma diocese irmã, em terras distantes dentro ou fora do próprio país. Também há dioceses que incluem no tempo do estágio o Retiro Inaciano de trinta dias. Tudo isso é possível e válido, desde que haja objetivos claros e específicos, e que esse aspecto do estágio seja bem combinado entre as partes, preparado e, sobretudo, acompanhado, especificando-se quem é responsável pelo acompanhamento e pela avaliação do estagiário. A experiência por experiência não acrescenta muito, se não houver reflexão sistemática sobre aquilo que foi feito, seja lá o que for. Acompanhar uma pessoa que está longe da sua diocese, por exemplo, em uma diocese irmã, mas sem poder participar da supervisão e reflexão teológico-pastoral no instituto e, às vezes, sem boa conexão da internet, é um grande desafio.

Aspectos específicos do estágio dos futuros diáconos permanentes

Como já foi mencionado, o Instituto Bovendonk prepara para os dois ministérios ordenados, diaconato permanente e presbiterado. De modo geral, o que foi dito acima sobre o estágio do futuro presbítero vale também, *mutatis mutandi*, para os futuros diáconos permanentes. Também homens casados devem fazer a passagem de uma mentalidade treinada para resolver problemas para uma que contempla os problemas, bem como a mentalidade de eficiência para a de eficácia pastoral. Quando se trata de diáconos permanentes em tempo parcial, porém, esse aspecto será um desafio à parte, porque eles ficam simultaneamente ligados ao mundo "de produção", que exige eficiência, e ao mundo da Igreja, onde serão ministros ordenados, o que exige também eficácia pastoral. Outro desafio para eles é a "dupla fidelidade": de um lado, vivendo plenamente o sacramento do Matrimônio e, de outro, o sacramento da Ordem, sem, porém, fazer isso paralelamente, e sim integrando ambos plenamente. Esses formandos têm uma família pela qual são, junto com a esposa, corresponsáveis. Também a sua esposa e, eventualmente, os filhos, necessitam de tempo para se acostumarem com o novo estilo de vida do marido e do pai, e para crescerem juntos com ele, encontrando o próprio lugar e papel na, agora, família diaconal.[3]

O diácono e a sua família, Igreja doméstica

Durante todo o itinerário formativo do futuro diácono permanente, a esposa tem um papel central. O seu apoio é indispensável. Seu marido se ausenta muitas vezes durante os finais de semana para estudo, algo que também tem impacto nos filhos, provocando mudança no ritmo da vida familiar. Além disso, o marido deve gastar muitas horas de tempo livre durante a semana para estudo em casa, tarefas na paróquia e no programa da diocese. Em alguns momentos, durante o ano, a família do formando é convidada a participar de um programa ou de festividades da diocese e do instituto. Isso é algo que faz bem para a família, pois proporciona conhecer as pessoas dali. Também é muito favorável para o

---

[3] Baker, T. The Deacon and Work. In: Keating, J. (ed.). *The Deacon Reader*. Herefordshire: Gracewing, 2006 (Mahwah, cap. 10).

ambiente geral do instituto, pois torna mais natural a convivência entre homens, mulheres, jovens e crianças, fazendo com que o espaço formativo fique mais semelhante ao ambiente da Igreja doméstica. É a família do futuro diácono que se compromete, tanto que, antes de uma eventual Ordenação do marido, a esposa há de se manifestar por escrito diante do bispo, dando seu consentimento. Isso quer dizer que o futuro diácono não faz uma escolha só para si, mas para toda a sua família. Nesse processo de adaptação da família, é importante não esquecer a identidade e o papel específico da esposa; ela não se pode tornar na comunidade "a esposa do diácono", como se fosse um apêndice, "reduzindo-a" a um lugar secundário, sem vida própria.[4]

Os dois sacramentos que os diáconos permanentes casados vivem, o Matrimônio e a Ordem, têm como finalidade a salvação do outro. Evidentemente, servem também para a própria salvação, mas isso é consequência do serviço ao outro. Os dois sacramentos conferem uma missão especial e específica dentro da Igreja: a edificação do povo de Deus. O Matrimônio é um sinal de como Deus ama o mundo e como ele, em Cristo, ama a Igreja. A diaconia é um sinal visível do Cristo Servo. Esse servo "diácono" vive o amor matrimonial no contexto familiar e, com igual intensidade, o amor esponsal para com a Igreja. Esse enriquecimento mútuo terá, sem dúvida, consequências positivas para a vivência do casal, da família e para a comunidade de fé.

O estar atento à salvação do outro mostra de uma maneira especial os dois lados do sacramento: a orientação para a edificação dentro do Matrimônio e da família e, por outro lado, o fato de ser guiado para a relação da família para com

---

[4] Meehan, R. The Deacons's Wife: An emerging role. In: Keating, op. cit., cap. 13.

os outros. Esse modo de ser da família dentro da comunidade de fé vai depender muito do modo de ela ser Igreja doméstica, base da Igreja na sua totalidade. A Igreja doméstica pode ser fonte e berço de vivência da fé viva e radiante, dentro da qual o casal e seus eventuais filhos se deixam formar. Para o diácono permanente, a própria Igreja doméstica também pode ser uma base forte para o serviço e o ministério que ele exerce na comunidade de fé. E a Igreja doméstica pode crescer e se aprofundar em diaconia, através das experiências do diácono.[5]

As esposas dos futuros diáconos

Durante os seis anos de formação, as esposas e os filhos dos formandos ao diaconato participam, além dos momentos festivos, de dois encontros formativos específicos anuais, visando a seu entrosamento e socialização com o grupo, bem como, no caso das esposas, à troca de experiências entre elas, sobre a iminente situação futura de "esposa do diácono". É de extrema importância que as esposas saibam, durante todo o trajeto, o que seus maridos estudam e vivenciam em seu processo formativo, tanto para "não ficarem para trás" quanto para se conscientizarem de seu futuro "papel". Deve ser evitada exatamente a alcunha à qual me referi, quase maldosa, de mera "esposa do diácono", pois, caso não se cuide disso, elas poderão ser vistas e tratadas como tal também pela comunidade paroquial. E nem todas saberão lidar com a condição que tal tratamento exprime, considerando-as como um "apêndice do marido diácono", quando, na verdade, elas devem ser preparadas para continuarem a ser quem e como são, levando a vida como sempre levaram.

---

[5] Uma das raízes bíblicas do diaconato é liderar Igrejas domésticas. Veja, por exemplo, Rm 16,2, Fl 2 e Cl 4,17.

Mas esse é um assunto a ser aprofundado, pois há opiniões muito divergentes a respeito.

O mais específico do diácono permanente: o culto divino aos pobres

> A verdadeira oferta está na prática da caridade e da justiça.
> Tu que honras o altar sobre o qual está o corpo de Cristo não podes, depois, desprezar, em sua pobreza, aquele que também é Corpo de Cristo.
> Este altar, Cristo no irmão, tu podes encontrar em todas as partes,
> em todas as ruas, em todas as praças
> e sobre ele oferecer a todo momento um verdadeiro sacrifício
> (São João Crisóstomo).

Das três *múnera*, a terceira é a mais típica e específica do diácono:

1. *Munus docendi*: o diácono é chamado para anunciar a Boa-Nova e para ensinar e exortar o povo de Deus.

2. *Munus sanctificandi*: este múnus inclui a oração, administrar o sacramento do Batismo, preservar e distribuir a Eucaristia, assistir e abençoar Matrimônios, presidir exéquias e funerais e administrar os sacramentais.

3. *Munus regendi*: dedicar-se às obras de caridade e de misericórdia, à assistência na sociedade, a animar comunidades de fé ou setores da vida eclesial, especialmente no que concerne à caridade. Esse múnus é o mais típico e específico do diácono.

O objetivo da diaconia na Igreja é criar *koinonia*. Atuando, de fato, nos três múnus, em todos eles deve transparecer o serviço como chave de seu ministério, destacando-se, assim, como sinal visível da diaconia eclesial. Desse modo, em todas as suas ações, sobretudo nas pastorais, deve o diácono ter como finalidade a configuração a Cristo-Servidor.

O enfoque no estágio do futuro diácono permanente

Durante o estágio do futuro diácono permanente, o enfoque principal será a ligação entre culto divino e serviço à sociedade. É ele, o diácono, a pessoa por excelência que serve e que presta serviço como fruto e expressão da fé em Deus. É ele que se encontra no cruzamento entre o culto divino e o anúncio, de um lado, e o serviço à sociedade do outro. Por um lado, ele presta especial atenção ao serviço que a Igreja oferece à sociedade e, por outro, é a partir daí que serve também no altar e no anúncio. *Diakonia* e *leitourgia* estão intimamente interligadas. Os dois termos gregos são extensões um do outro, e, originalmente, significam "prestar culto divino às pessoas". Na história, a liturgia se desenvolveu para o culto divino a Deus e a diaconia, para o culto divino aos pobres. Essa ligação entre liturgia e diaconia deve continuar a ser mantida e garantida. Como sinal visível disso, o diácono, às vezes, é visto como uma espécie de oficial de comunicação ou, em termos mais populares, como alguém que leva a Igreja para a sociedade e, ao mesmo tempo, que traz (as preocupações da) a sociedade para dentro da Igreja. Em muitas dioceses, ainda não ficou claro se o diácono permanente vai se desenvolver predominantemente como assistente do bispo e do presbítero, ou se ele vai se dedicar predominantemente à diaconia na caridade.

Mas, seja como for, ele sempre agirá do ponto de vista diaconal. Ele é um servo dentro da comunidade de fé; ele é a imagem de Cristo que desejou ser servo de todos: "[...] lembrem-se os diáconos do conselho do Bem-aventurado Policarpo:

'Misericordiosos e diligentes, procedam de harmonia com a verdade do Senhor, que se fez servidor de todos'" (LG 29). Quer dizer que o diácono permanente conhece Cristo Jesus como o diácono e o curador. Estes dois títulos evangélicos são sinônimos: complementam-se no serviço que Jesus quer prestar a Deus e às pessoas. O diácono conhece as necessidades da comunidade cristã e as da rua. Ele é capaz e habilidoso em trazer, para dentro da paróquia, os problemas que observa na rua, engajando, assim, a sociedade na comunidade de fé. Desse modo, estimula a paróquia a entrar no cruzamento entre o culto divino e o anúncio, de um lado, e o serviço à sociedade, do outro. Ao mesmo tempo, evita cair no perigo de querer fazer tudo sozinho, mas envolve a paróquia toda, conscientizando e estimulando-a a se tornar mais diaconal. O fato de o diácono permanente não agir sozinho é também uma consequência do sacramento da Ordem que recebeu e pela qual está intimamente ligado à Igreja universal. Além disso, participar do círculo dos diáconos faz parte essencial da sua espiritualidade.

A Igreja está sendo desafiada a assumir a sua missão social de maneira contextual e sempre renovadora: o cuidado para com os mais vulneráveis em nossa sociedade. Não é só a credibilidade do Evangelho de Jesus Cristo que está em jogo, mas também se torna novamente evidente que crer em Deus implica atuar de modo inspirado e inspirador na sociedade. A diaconia é o agir cristão focado em prevenir, diminuir, terminar com, ou partilhar e carregar solidariamente os sofrimentos e injustiças sociais de indivíduos e grupos de pessoas, bem como em criar relacionamentos justos na sociedade e na Igreja. Misericórdia, justiça e paz são palavras bíblicas centrais nesse agir eclesial, e formam a base do diaconato. Afinal, a Igreja não existe para si mesma, ela existe para o bem e a salvação das pessoas, e está no e para o mundo.

A Igreja é chamada a ser uma Igreja servidora em prol da unidade e da paz. O encontro com uma pessoa (necessitada) faz surgir a pergunta: "o que fazer agora"? A necessidade enxergada em si já é um chamado, um grito diante da situação, uma vocação, que pede uma resposta, a ação de um indivíduo ou de um grupo. É um convite para a diaconia se desenvolver como plataforma de transformação da sociedade, de forma a obter uma convivência mais misericordiosa e para ajudar as pessoas a se realizarem.

6 | Os vários tipos de acompanhamento

A formação para a consagração [...] É obra de Deus e do homem, de quem a propõe e de quem a "recebe", por um período de tempo dedicado especialmente para isso, e, depois, para toda a vida. É necessário, portanto, prudência e sabedoria para falar sobre isso, e também humildade e discrição de quem sabe que está, em última análise, diante do mistério de Deus que cria e molda, e da criatura que, livre e responsavelmente aceita, ou não, ser moldado por ele.[1]

Introdução

Estamos tão acostumados a falar e ouvir falar de "formação", que quase nos esquecemos, e Cencini nos faz lembrar, quais os elementos, do lado da instituição, que caracterizam a ação educacional-formativa. Para que haja formação, são indispensáveis quatro componentes, a saber: "o quadro teórico-prático de referência, a rede de mediações pedagógicas, a pluralidade convergente de dimensões e níveis e os três dinamismos pedagógicos". O autor explicita: "Enfim, devem ser previstos três tipos de intervenção, ou *três dinamismos específicos* que podemos ler no próprio significado dos três verbos com os quais se indica o fenômeno pedagógico: educar, formar e acompanhar".[2]

---

[1] Cencini, A. *Os sentimentos do Filho; caminho formativo na vida consagrada*. São Paulo: Paulinas, 2002 (2. ed., 2005), p. 9.

[2] Ibid., pp. 10-11.

Neste capítulo e no próximo, trataremos do último aspecto desse fenômeno pedagógico: o acompanhamento – ou melhor, os vários tipos de acompanhamento –, com a finalidade de encontrar uma forma de acompanhamento que integre todas as dimensões da pessoa vocacionada, com o enfoque específico na integração da dimensão humano-afetiva, pela importância que tem, pois: "a psicologia afirma que qualquer forma de escravidão interior tem a ver, direta ou indiretamente, com a imaturidade afetiva [...]".[3]

Usarei os seguintes termos: "instituto (diocesano)", quando se trata do modelo formativo em tempo parcial para adultos; "seminário (diocesano)", quando me referir aos seminários clássicos; e "casa de formação", quando todas as casas e institutos puderem ser incluídos, inclusive as casas de formação das congregações religiosas.

> Todo programa de formação deveria ser um programa de *integração*, ou seja, dirigido à totalidade da pessoa e não como às vezes se faz: primeiro a formação intelectual, depois a atividade pastoral e, em seguida – se houver tempo – a maturidade humana, por cuja mente os mestres se interessam, os educadores pelas atividades práticas, o diretor espiritual pela alma, o psicólogo eventualmente pela doença, *e ninguém pela pessoa* (grifo meu). Um tal modo de proceder não atinge jamais o homem em sua unidade e é um obstáculo à verdadeira formação, que deveria fazer com que os valores atuem livremente em todas as áreas da personalidade.[4]

---

[3] Id. *Vida consagrada: itinerário formativo no caminho de Emaús*. São Paulo: Paulus, 1994, p. 149.

[4] Cencini, A., Manenti, A. *Psicologia e formação; estruturas e dinamismos*. São Paulo: Paulinas, 1987, pp. 142-143.

Apesar dos muitos especialistas de várias áreas educacionais que trabalham na formação dos futuros ministros ordenados, Cencini constata, no entanto – e acertadamente, acredito –, não haver "ninguém, pela pessoa". Por um lado, o formando, o qual é solicitado a falar com várias pessoas, que são seus formadores, pode sentir-se tratado de modo compartimentalizado (e, por isso, não precisará ou não conseguirá fazer-se conhecer *totalmente* por nenhum formador: "este assunto trato com o diretor espiritual; aquele outro com o psicólogo...". Só que, assim, nem o próprio formando chega a conhecer a si mesmo).

Durante o processo formativo, requer-se que o seminarista se conheça e se deixe conhecer, relacionando-se de modo sincero e transparente com os seus formadores. Considerando que o fim em vista é a "docibilitas" ao Espírito Santo, o acompanhamento pessoal representa um instrumento indispensável de formação.[5]

Por outro lado, também muitos reitores podem se ver perdidos em meio a tantos acompanhamentos. Enquanto reitores estão acostumados, e respeitam o fato de o diretor espiritual não emitir nenhum juízo e não fornecer qualquer informação sobre a pessoa por ele dirigida, que é como deve ser, porque o terreno do foro interno é "terra sagrada", ainda se frustram quando o psicólogo, cujo trabalho também pertence ao foro interno, não revela nada sobre a pessoa acompanhada. Nesses momentos *podem* surgir tensões (não verbalizadas) entre formadores e psicólogos, quando o reitor tenta "arrancar algo" do profissional, que sabe que não pode dizer nada, que não pode ceder à tentação para deixar o reitor (ou, às vezes, um

---

[5] Congregação para o Clero. *O dom da vocação presbiteral: Ratio Fundamentalis Institutionis Sacerdotalis*, n. 45, doc. 32, CNBB, 2017.

bispo) satisfeito, pois corre o perigo de quebrar o sagrado sigilo profissional. Assim, os dois, reitor e profissional, encontram-se numa desconfortável situação. É que no fundo, *na prática cotidiana*, alguns reitores, e repito, às vezes bispos, esperam, ou gostariam de que fosse assim, que o psicólogo, ao qual delegaram o acompanhamento frequente e regular do formando, e que, por isso, o conhece mais que qualquer outra pessoa, aja como formador, ou pior, como informante, algo que ele não pode e não pretende fazer, pela própria natureza da sua profissão (e por aquilo que a Igreja diz a respeito).

Aqui não se trata dos profissionais que fazem, quando solicitados, a *avaliação da personalidade*, antes de o vocacionado entrar na casa de formação, nem dos profissionais a quem é pedido algum diagnóstico em situações mais problemáticas, nas quais não tem havido efetiva resposta aos instrumentos de ajuda convencionais. Em tais situações, eles podem emitir juízo sobre o estado psíquico (não vocacional) da pessoa e dar sugestões aos formadores sobre como ajudá-la. Mas, sim, o que está se abordando aqui são os profissionais a quem foi delegado o acompanhamento pessoal frequente e regular de todos os formandos, como geralmente acontece. Nos casos em que o profissional também é ministro ordenado ou religioso consagrado e presta esse serviço de acompanhamento pessoal para uma ou mais casas de formação, não sendo, portanto, membro da equipe de formadores do seminário ou casa de formação, prevalece o serviço da pessoa enquanto profissional, devendo a mesma manter segredo profissional, também em relação aos formadores. Também pode ser perguntado aos diretores espirituais se a pessoa de fato está se dedicando, se está aparecendo regularmente nos encontros marcados, mas nada sobre o conteúdo falado pode ser perguntado. Da mesma forma, o psicólogo pode ser inquirido sobre o processo que a pessoa em questão está fazendo, mas nada sobre o conteúdo poderá ser revelado.

Como emitir um juízo correto, justo, fundamentado, "provando com argumentos positivos a idoneidade do candidato para que o bispo possa proceder à ordenação",[6] e declarar publicamente e com consciência tranquila, durante o rito de Ordenação: "Atesto e dou plena confiança de que foi considerado digno de tal ordem",[7] se nem ele, reitor, nem o formador conhecem mais a fundo o formando, sendo que, ao mesmo tempo, fica para eles toda a responsabilidade na hora de escrever o *Testemunho*,[8] diante do bispo ou de outro superior maior? Além do "testemunho" do reitor, parte principal do escrutínio feito pelo bispo, este, "para que o escrutínio se faça convenientemente, pode empregar outros meios que lhe pareçam úteis, segundo as circunstâncias de tempo e lugar, tais como cartas testemunhais, proclamas e outras informações",[9] todos, porém, baseados em observações externas e, às vezes, lamentavelmente, em "achismos".

Todo esse raciocínio, feito a partir da prática vivenciada por alguém que já exerceu durante muitos anos a função de reitor e que, em outros momentos, acompanhou formandos diocesanos e religiosos, evidentemente não se aplica às situações nas quais se conseguiu um ambiente formativo com

---

[6] CIC, cân. 1052, 1º.

[7] Missal romano. Ritos de ordenação diaconal e presbiteral.

[8] CIC, cân. 1051: "Quanto ao escrutínio sobre as qualidades requeridas no ordenando, observem-se as prescrições seguintes: 1º haja o testemunho do reitor do seminário ou casa de formação sobre as qualidades requeridas para se receber a Ordem, isto é, doutrina reta do candidato, piedade genuína, bons costumes, aptidão para o ministério: e sobre sua saúde física e psíquica, após diligente investigação".

[9] Id., cân. 1051, 2º.

pessoas maduras. Nesses casos, o formando já está ciente do que é melhor para a sua vida e busca os meios mais adequados para trilhar um *bom* caminho vocacional, pois sabe que só assim se realizará. Para tanto, ele se abre e se faz conhecer, "naturalmente", sem medo de julgamentos e/ou castigos (chegando-se ao extremo de ter de interromper o processo formativo), por parte de formadores bem preparados e nomeados pelo bispo ou outro superior maior: "É óbvio que os auxílios aqui sugeridos devem ser oferecidos e não impostos. Afinal, sem falar no direito de toda pessoa à própria intimidade, só quem está livre e generosamente disposto a crescer no bem real, quer se empenhar com sucesso nessa empresa de crescimento espiritual".[10] Como é (muito) difícil encontrar situações ideais, verifica-se na prática que, depois da Ordenação, muitos ministros ordenados encontram dificuldades pessoais e/ou vocacionais. Pelo menos em parte, essas dificuldades poderiam ter sido evitadas, se houvesse menos fragmentação no acompanhamento pessoal.

Conclui-se que parece existir, em algum lugar do mundo do acompanhamento pessoal, um vácuo, que *pode* fazer com que o formando se encontre em "terra de ninguém" e o reitor numa "nuvem do não saber" em relação ao formando. Como melhorar essa possível situação? Não será difícil achar a resposta a essa pergunta: preparar e destinar, entre os vários tipos de formadores, alguns especificamente (usando a expressão de Cencini) para a pessoa. "Preparar formadores" tornou-se quase que um chavão, e já há décadas se fala da urgência da situação. Quem sabe seja necessário especificar melhor o que *esse* formador deve saber, conhecer e fazer, como prepará-lo, e para

---

[10] Rulla, L. M., sj. *Antropologia da vocação cristã: bases interdisciplinares*. São Paulo: Paulinas, 1987, p. 464.

que tipo de acompanhamento. Tentaremos aprofundar esse ponto específico no capítulo 8.

O que diz a Igreja sobre o acompanhamento

O documento *O dom da vocação presbiteral* trata do tema do acompanhamento e diz quem deve fazer esse acompanhamento, explicitamente nos nn. 44-49: "Os seminaristas, nas diversas etapas do seu caminho, precisam ser acompanhados de modo personalizado por aqueles que são destinados a ter um papel na obra educativa, cada qual segundo a função e as competências que lhes são próprias. O propósito do acompanhamento pessoal é levar a cabo o discernimento vocacional e formar o discípulo missionário" (44), sendo, assim, "necessário que os colóquios com os formadores sejam regulares e frequentes [...]" (46). Nos nn. 145-147, falando dos "especialistas", o documento diz que: "Cada especialista deve se limitar a intervir no campo que lhe é próprio, sem se pronunciar em mérito à idoneidade dos seminaristas ao sacerdócio" (146); de modo que, "no âmbito psicológico, tal contribuição é preciosa, seja para os formadores, seja para os seminaristas, principalmente em dois momentos: na avaliação da personalidade, exprimindo um parecer sobre a saúde psíquica do candidato, e no acompanhamento *terapêutico* (itálico meu), para trazer à luz eventuais problemáticas e ajudar no crescimento da maturidade humana"(147). Nos nn. 191-196, o documento, aprofundando o aspecto da saúde psíquica, afirma: "A contribuição das ciências psicológicas se revelou, em geral, como uma ajuda apreciável para os formadores, aos quais cabe, de resto, a missão do discernimento das vocações". E, ainda, no mesmo número: "É útil que o reitor e os outros formadores possam contar com a colaboração de especialistas nas ciências psicológicas, mesmo que estes não possam fazer parte da equipe de formadores" (192).[11]

Os textos deixam claro que há, de um lado, formadores responsáveis pelo discernimento vocacional, com os quais os seminaristas devem ter colóquios regulares e frequentes, e, por outro lado, os colaboradores "especialistas", entre os quais, os psicólogos, que têm, principalmente, duas tarefas específicas (avaliação inicial e acompanhamento *terapêutico*); não podem, no entanto, fazer parte da equipe de formadores.

Parece que estou repetindo algo evidente e óbvio, mas como, *na prática*, o contrário parece ser mais verdadeiro, ou pelo menos parece existir certa confusão, vamos tentar buscar maior clareza operacional no que concerne aos vários tipos de acompanhamento (e, portanto, vários tipos de especialistas), durante todas as etapas formativas, e, também, entender como é possível integrar todos eles. Escrevo com base na experiência obtida da prática com os adultos, realizada no Instituto Bovendonk, Holanda.

A prática geral atual do acompanhamento

Se há algumas décadas havia, além dos professores, duas funções específicas para o acompanhamento do formando, ou seja, o reitor (eventualmente, pelo grande número de seminaristas, ajudado por vice-reitores e outros padres) e o diretor espiritual, desde o momento em que a Igreja começou a insistir mais na formação da maturidade humano-afetiva, especificamente depois do Concílio Vaticano II e, ainda mais

---

[11] Congregação para a Educação Católica. *Orientações para a utilização das competências psicológicas na admissão e na formação dos candidatos ao sacerdócio*, 2008.

efetivamente, a partir dos anos 80-90 do século passado,[12] outras pessoas – peritos de várias áreas – foram convidadas a colaborarem na formação teórica e prática geral e no acompanhamento pessoal. Ao que me parece, o que ainda *não* é colocado em prática, pelo menos em grande número de casas de formação, são os "colóquios regulares e frequentes" com os "formadores responsáveis pelo discernimento vocacional", assunto do qual fala o documento *O dom da vocação presbiteral*, no n. 46. São esses os colóquios de integração de *todas* as dimensões da vida do formando, pois, quando se fala de vocação, nenhuma dimensão da vida fica excluída. Por "regulares e frequentes", devemos entender colóquios semanais, no máximo quinzenais, não confundindo esses colóquios com as "conversas com o reitor", que acontecem, nas melhores das hipóteses, mensalmente, mas mais comumente duas ou três vezes por ano, se é que são realizadas.

Em Bovendonk, os colóquios são realizados durante os encontros quinzenais. Pode ser que os reitores e outros formadores não encontrem tempo, ou pode ser que não saibam bem o que fazer com encontros tão frequentes. Isso ficou evidente quando, depois de um curso para formadores, onde se falou bastante sobre esses colóquios de integração, um reitor perguntou qual então deveria ser o conteúdo desse "tal colóquio".

---

[12] No Decreto *Optatam Totius*, do Concílio Vaticano II (1965), n. 6, lê-se: "Considerando a idade e o progresso dos candidatos, faça-se com vigilante cuidado um exame sobre sua reta intenção e vontade livre, sua idoneidade espiritual, moral e intelectual, sua adequada saúde física e psíquica [...]". No documento n. 20 da CNBB, *Vida e ministério do presbítero pastoral vocacional*, aprovado pela 19ª Assembleia da CNBB, no dia 26 de fevereiro de 1981, no índice, parte III.2, quando fala da formação dos futuros presbíteros, a formação humana ainda não é citada; é mencionada a formação espiritual, a pastoral e a intelectual. Já no documento n. 30, *Formação dos presbíteros na Igreja do Brasil*, aprovado pela 22ª Assembleia Geral dos Bispos do Brasil, do dia 25 de abril a 4 de maio de 1984, aparece a formação humano-afetiva (nn. 104-120).

O que se tornou quase *praxe* é que os colóquios regulares e frequentes foram delegados a especialistas de outras áreas, especialmente os psicólogos, sendo que muitas das perguntas e situações dos formandos não pertencem ao domínio das ciências humanas. Diz Manenti, a respeito:

> O formador que manda todos, indistintamente, para serem acompanhados por um psicólogo (porque a Igreja pede e se tornou quase que uma imposição, para não dizer "varinha mágica" ou até mesmo uma "moda" – n.a.) com a finalidade (inconsciente) de apaziguar seu próprio coração, em busca de alguma confirmação, através de ajuda especializada de fora – não poucas vezes, por falta de segurança em si mesmo, ou para se proteger, caso apareçam eventuais futuras surpresas no formando –, pode estar delegando assuntos educativos importantes para técnicos em Psicologia ou em outras áreas, deixando de lado o significado antropológico e teológico-espiritual.[13]

Destarte, o auxílio do psicólogo é deveras importante, como diz *O dom da vocação presbiteral*, no n. 147, "principalmente em dois momentos: na avaliação da personalidade, exprimindo um parecer sobre a saúde psíquica do candidato, e no acompanhamento *terapêutico* (itálico meu), para trazer à luz eventuais problemáticas e ajudar no crescimento da maturidade humana". Dessa forma, todos os formandos, indistintamente, e às vezes até obrigatoriamente, são encaminhados para o acompanhamento *psicoterapêutico*. Nem todas as pessoas têm problemas que necessitam de (psico)terapia. É verdade que um bom processo de autoconhecimento integrativo e holístico faz parte do processo formativo *vocacional* de todos, mas a

---

[13] Manenti, A. Forme di collaborazione dei responsabili della formazzione com gli esperti nelle scienze psicologiche. *Revista Seminarium*, 2-3/2009.

pergunta (retórica) é se esse processo holístico pode ser acompanhado por um psicólogo ou se é exatamente essa a função do *formador*, evidentemente com a possibilidade de encaminhar o formando ao psicólogo, quando necessário, "para trazer à luz eventuais problemáticas e ajudar no crescimento da maturidade humana".

Gosto de pensar, nesse contexto, como analogia, no meu dentista: duas vezes por ano ele faz o controle e tratamento necessário nos meus dentes. Mas há situações em que ele me encaminha para um colega mais especializado em determinada área, continuando, porém, ele mesmo com a supervisão e controle geral da minha saúde bucal. Mas – dizia outro colega no curso – nós não temos preparo para fazer esse trabalho. É bem por isso que O dom da vocação presbiteral, no n. 49, diz que: "Um reto acompanhamento, equilibrado e respeitador da liberdade e da consciência dos demais, que os ajude no seu crescimento humano e espiritual, exige que cada formador esteja dotado de certas capacidades e de certos recursos humanos, espirituais, pastorais e profissionais. Quem tem confiada a si a formação, necessita também ter uma formação específica" (49). Talvez seja necessário especificar melhor de quem se fala, quando se trata do "formador", ou, pelo menos, de distinguir, entre os formadores, os de senso lato dos de senso estrito. Às vezes, a impressão que se tem é de que, além do bispo e do presbítero, todos os que trabalham nas casas de formação são chamados, corretamente, de formadores, sem ser feita distinção, porém, tratando-se da dimensão humano-afetiva, entre aqueles que têm uma "formação específica" para o acompanhamento holístico e os outros, assim como acontece com o diretor espiritual e, para área pastoral, o teólogo pastoralista.

Concluindo, parece-me, portanto, que, *na prática atual*, temos, na grande maioria dos casos, ao menos nos seminários diocesanos, além dos diretores espirituais, professores e, com um pouco de sorte, especialistas pastoralistas, os formadores que conversam algumas vezes por ano com o formando e, também, os especialistas – comumente psicólogos –, com os quais os formandos têm colóquios com muito mais regularidade e frequência do que com os demais. Observando bem, faltam-nos, em muitas casas de formação, formadores com formação específica para reverter esse quadro e, assim, podermos devolver ao formador e aos psicólogos os seus devidos lugares. Falarei da formação específica desses formadores na hora de tratar sobre o colóquio psicoespiritual.

O propósito do acompanhamento personalizado

É bom lembrar sempre que a finalidade de todos os tipos de acompanhamento do processo formativo para o ministério ordenado "é levar a cabo o discernimento vocacional e formar o discípulo missionário" (*O dom da vocação presbiteral*, n. 44). Caso seja esquecido algum desses três elementos – discernimento vocacional, discípulo e missionário –, a formação pode-se tornar "horizontal" demais, algo particularmente importante a ser lembrado no âmbito do acompanhamento humano-afetivo. Pois, ao esquecer o contexto global dentro do qual a pessoa é acompanhada – a caminhada *vocacional* –, a formação poderia tornar-se apenas uma ajuda para aliviar certos incômodos da pessoa, fazendo-a se sentir melhor, em vez de colaborar para eliminar obstáculos, a *fim de* que ela possa viver melhor os valores próprios do ministério ordenado para o qual está em formação, inclusive o sacrifício e a cruz de Cristo: "O objetivo da educação deve ser o de aperfeiçoar, melhorar ou tornar possível a atualização da capacidade do homem de ouvir a voz de Deus, que lhe fala por sua Palavra revelada ou pelas situações existenciais da vida".[14] No quadro referencial teórico e prático das casas de formação (o plano formativo), elaborado e orientado para a finalidade mencionada, é previsto que algumas pessoas – especialistas – ajudarão mais especificamente em uma ou outra dimensão formativa, como, por exemplo, o diretor espiritual, no discernimento; o teólogo pastoralista, no aprender a ser missionário; o diretor de estudos, na área intelectual acadêmica.

Viver coerente e consistentemente a vocação batismal de cristão, de ministro ordenado, discípulo missionário configurado ao Cristo Servo (diácono permanente), ou ao Cristo Mestre, Sacerdote e Pastor (presbítero), exige que cada um internalize os valores próprios da sua vocação: "[...] os valores educativos e as motivações fundamentais não devem ser dados, isto é, impostos, mas devem ser *encontrados*, isto é, *internalizados* ativamente pelos indivíduos. O que é uma responsabilidade deve se tornar também, e especialmente, uma conquista pessoal por parte do indivíduo".[15] Quanto mais a pessoa é livre interiormente, melhor poderá internalizar esses valores. Outro tipo de formador, com preparação específica e holística, pode ajudar nesse processo de crescimento em liberdade interior, pois, apesar de a própria pessoa ser o antagonista da sua vida e formação, ela, na maioria dos casos, deve ser ajudada:

> O desenvolvimento da personalidade do homem é tarefa do próprio sujeito. É uma descoberta e uma evolução criativa que brota do interior da pessoa. O homem tem essa capacidade e essa for-

---

[14] Rulla, L. M., sj. *Psicologia do profundo e vocação; a pessoa*. 2. ed. São Paulo: Paulinas, 1986, p. 206 (original inglês: *Depth psychology and Vocation; a psycho-social perspective*. Chicago: Gregorian University Press, 1971).

[15] Ibid., p. 206.

ça. Por isso, não é mediante uma política de proteção ou condicionamentos ou induções externas que se ajudará o homem a crescer. Mas, de fato, a *possibilidade* e uma descoberta de si e de uma evolução criativa podem ser prejudicadas até ao ponto de que o homem por si só não possa atingir a plenitude de suas potencialidades. A graça poderá ajudá-lo nesses casos, mas de ordinário não o faz. *O homem deve ser ajudado*.[16]

Acompanhamento pré-admissão

Fases da Pastoral Vocacional

Optei por não entrar nas áreas das primeiras duas fases da Pastoral Vocacional, ou seja, o Serviço de Animação Vocacional e do discernimento preliminar, por serem, paradoxalmente, de um lado, áreas já bem trabalhadas e, por outro lado, falando especificamente de vocações adultas, (quase) inexistentes. Deixo para os agentes da Pastoral Vocacional pensar como enfrentar esse desafio. Aliás, também a reflexão sobre a vocação ao diaconato permanente e a vocação à vida de leigo consagrado é pouco presente nas pregações em geral e nos encontros vocacionais. Se o Serviço de Animação Vocacional visa conscientizar as comunidades de que toda a Igreja é vocacionada e que dentro dela cada um deve descobrir o seu chamado específico, a segunda fase seria ajudar os indivíduos a discernir a sua vocação e, caso se trate de vocacionados à vida consagrada e/ou presbiteral, após ter apresentado todos os carismas e espiritualidades, encaminhá-los para as devidas casas de formação, onde será feito um processo de discernimento para admissão ou não. Cencini exorta que é preciso "fazer bem o

---

[16] Ibid., p. 205.

discernimento vocacional, com coragem e sem medo da nossa extinção, especialmente à luz da qualidade fundamental que todo consagrado deve possuir, ou a capacidade relacional iluminada pela alegria do Evangelho. [...] É preciso que sejamos muito rigorosos no que diz respeito ao critério vocacional da capacidade relacional, modelada sobre a liberdade dramática do Filho obediente, do Servo sofredor, do Cordeiro inocente, e sobre um itinerário pascal".[17] No capítulo quarto, "Discernimento para admissão: critérios e entrevista", está descrito como esse processo é feito no Instituto Bovendonk. Interessados em experiências feitas na área do acompanhamento pela Pastoral Vocacional em geral, podem se enriquecer com uma publicação do Padre Deolino Baldissera a respeito.[18]

A terceira fase da Pastoral Vocacional seria todo o processo de formação inicial propriamente dito, e a quarta fase consiste na formação continuada ou permanente, no caso do clero diocesano, sob os cuidados da Pastoral Presbiteral, extensão da Pastoral Vocacional. É a Pastoral Presbiteral (e, no caso dos diáconos permanentes, o "círculo dos diáconos") que cuida dos que cuidam, que auxilia as pessoas consagradas e os ministros ordenados a viverem bem a sua vocação.

Transição gradual para a vida consagrada e para o clero diocesano

Em nosso modo de pensar, ao se tratar de vocações adultas, deve-se evitar um rompimento abrupto com a vida profissional para entrar diretamente em um seminário assim como os conhecemos, ou para entrar "definitivamente" em uma

---

[17] Cencini, A. *Abraçar o futuro com esperança: o amanhã da vida consagrada*. São Paulo: Paulinas, 2019, pp. 74-75.

[18] Baldissera, D. P. *Acompanhamento personalizado*. São Paulo: Paulinas, 2009.

comunidade religiosa. Para pessoas aposentadas e/ou viúvas isso até pode ser possível, porque, caso o instituto religioso ou a pessoa em questão descubram que não é esse o caminho, elas podem voltar para a sua vida anterior sem maiores prejuízos. Não negamos a possibilidade de que adultos entrem "diretamente" no seminário ou em uma comunidade religiosa, e temos exemplos que foram bem-sucedidos. O número de decepções, dos dois lados, porém, parece ser maior. Muitas vezes se escuta os responsáveis dizerem: "Não tivemos boas experiências ao acolher adultos"; e adultos que dizem: "Não me dei bem, não é o que eu esperava". Na mesma hora se verifica que o número de adultos que se mostram interessados aumenta. O que fazer?

Além dos muitos aspectos tratados nos capítulos anteriores, preciso enfatizar que um dos grandes diferenciais, e quem sabe o mais crucial, no acompanhamento para a admissão, seja inicial (admissão), seja definitiva (votos/Ordenação) de adultos, está na *transição gradual* da vida profissional para a vida totalmente entregue a Deus através da consagração/Ordenação. É preciso tempo, mais tempo do que com jovens, para o discernimento e para se fazer uma *passagem*. Penso que seja nesse ponto que se evidencia mais a diferença entre o caminho da preparação do acolhimento de indivíduos que desejam ser presbíteros diocesanos e os que desejam entrar em uma comunidade religiosa. No modelo Bovendonk, fundado em primeiro lugar para futuros padres seculares, os homens continuam por quatro anos no seu emprego, enquanto são acompanhados de várias maneiras para, então, decidir se de fato querem deixar tudo para trás e entrar na fase do estágio pastoral de dois anos – um passo semidefinitivo, pois devem deixar o seu emprego e a sua moradia para ir morar com um padre na paróquia do estágio. Já por parte das congregações religiosas, que têm como uma, senão como a mais central das suas características constitutivas, a vida em comum, ouço com certa frequência dos formadores que querem saber se a pessoa poderá se adaptar bem à vida comunitária. Confesso que nessa altura da reflexão, sendo eu padre diocesano, não me sinto com autoridade suficiente para trazer soluções. Mas a minha tendência é pensar na possibilidade de criar uma nova fase formativa, ou adaptar uma fase formativa "tradicional" para que o princípio de *transição gradual* possa ser colocado em prática, sem pressa, passo a passo, com a pessoa interessada cada vez menos no "mundo" e mais na comunidade. A prudência em seguir a lei da gradualidade nem sempre é respeitada por formadores apressados em pescar mais membros para a congregação, mas também não por alguns dos que se apresentam, principalmente aqueles que desejam ser "radicais" e "entrar de vez"; querem entrar e é agora! Os formadores não se podem deixar pressionar pela insistência da pessoa, cedendo às vezes por medo de "perder essa vocação". É melhor que ela inicie o processo formativo enquanto continua no seu emprego e na sua comunidade de fé.

    A dificuldade ou desafio maior, porém, e principalmente para as congregações religiosas, é em relação às pessoas interessadas que moram em lugares onde não há comunidade religiosa (por perto), mas também em relação aos homens que desejam ser presbíteros diocesanos, mas que não são aceitos na diocese de origem só e unicamente por causa da sua idade, sem considerar outros fatores para o discernimento. Como então fazer esse possível processo gradual de transição de um estilo de vida para outro? No instituto de formação de adultos para o clero diocesano, foi aberta a possibilidade de a pessoa, após ter feito o discernimento inicial, deixar a sua terra natal e vir – por escolha, responsabilidade e risco de ela mesma morar autonomamente – encontrar emprego e participar ativamente em uma paróquia no território da diocese onde se encontra o instituto, para, após discernimento feito *durante os primeiros anos da formação inicial*, futuramente ser incardinada na diocese gestora do instituto.

No caso das congregações, porém, continua em aberto o fator "vida comunitária". Consciente de que a reflexão sobre possíveis caminhos pré-admissão nem bem iniciou, arrisco mencionar alguns fatores que me parecem abrir possibilidades para um novo modo de trabalhar com os adultos. Em primeiro lugar, vem o fator tempo: parece-me que dois a três anos, antes de admitir um vocacionado (que seja empregado) à comunidade religiosa, não é demais. Em segundo lugar, julgo que a comunidade de fé de origem pode/deve ser mais envolvida: durante esse tempo de dois a três anos, o indivíduo interessado deve participar (muito) ativamente na sua comunidade de fé de origem e ser bem conhecido aí, a ponto de algumas pessoas específicas poderem emitir um juízo sobre ele, sobre suas atividades, bem como sobre sua sensibilidade pastoral, sua convivência comunitária etc. A pessoa que servirá de comunicação para a congregação (formador itinerante) também entrará em contato com pessoas do local de trabalho do vocacionado, a fim de obter mais informações sobre ele. O terceiro aspecto é que o vocacionado participe cada vez mais (mais vezes e mais tempo) de uma comunidade da congregação. Conforme a distância entre a casa do vocacionado e a comunidade religiosa, esse aspecto exigirá, por um lado, investimento de energia e de dinheiro e, por outro lado, uma motivação bastante forte e perseverança daquele que diz ser chamado.

Finalizando, penso que, quando mencionamos a transição gradual, não estamos falando de um processo de alguns encontros ou de alguns finais de semana na comunidade, para então decidir se a pessoa interessada pode/quer entrar "definitivamente", nem mesmo se a congregação organizou uma comunidade formativa especificamente para esses adultos. Não vejo muita vantagem em ter comunidades religiosas formativas apenas e especificamente para os vocacionados adultos, pois, quem entra na vida consagrada há de conviver com pessoas de todas as faixas etárias, e eu diria, desde o início. A aptidão para a vida comunitária deve, na medida do possível, ser provada e testada pela própria pessoa em questão e pelos formadores, antes da entrada propriamente dita. Nunca se terá garantias, mas o que se tenta fazer é diminuir o risco de decepções, seja do lado da pessoa interessada, seja do lado do instituto religioso. O desafio é grande, também porque nem todos os membros dos institutos religiosos estarão a favor de novas experiências. As resistências por parte de alguns consagrados contra esse novo estilo de caminhada inicial não serão menores do que as resistências por parte do clero contra o modelo em tempo parcial de formação ao ministério ordenado. É necessário, porém, lembrar a insistência do Papa Francisco em ter a coragem de mudar estruturas. O que vale para o clero diocesano, vale igualmente para a vida consagrada: sem mexer nas estruturas existentes, será muito difícil se preparar seriamente para a acolhida das pessoas adultas que Deus envia.

Acompanhamento pós-admissão

Limitemo-nos agora aos tipos de acompanhamento das pessoas que já estão dentro do instituto especificamente para adultos, no caso, o Instituto Bovendonk. Para que o formando não se perca no meio de tantos acompanhamentos e fique sem saber com quem deve tratar diferentes questões, havendo o perigo de falar das mesmas coisas e com a mesma profundidade, seja com o diretor espiritual, o reitor/formador, seu pároco e os seus amigos, torna-se necessário ao menos mencionar os vários tipos de acompanhamentos existentes durante todo o processo formativo, seu conteúdo próprio, e por quem é feito. Fora da direção espiritual, que continua pelo resto da vida, todos os outros tipos de acompanhamento são temporários, se bem que, por um motivo ou outro, alguém pode decidir mais tarde na vida retomar o colóquio psicoespiritual por um determinado tempo.

Conversa periódica com o reitor

Sendo o formando em primeiro lugar protagonista e sujeito do seu processo de educação/formação, reitor e formando marcam alguns momentos durante o ano para que o formando adulto, sendo acompanhado por várias pessoas, conforme a fase formativa na qual se encontra, coloque o reitor a par da caminhada que está fazendo e do seu desenvolvimento nas conhecidas dimensões formativas: humana, espiritual, intelectual e pastoral-missionária, e, se quiser tratar como item específico, a dimensão comunitária. Como estamos falando de adultos, não cabe mais "chamar o formando" por iniciativa só do reitor, como se fosse um momento de prova ou de avaliação. São muitos os formandos que se sentem "cobrados" pelos responsáveis, que repetem que a pessoa "deve melhorar" nesse ponto e naquele outro. É verdade que o formando que se "irrita" demais com as "cobranças" (queixa recorrente na Igreja) pode ser confrontado com o motivo da irritação. Não poucas pessoas foram "cobradas" duramente na infância, deixando um profundo sentimento de culpa por não corresponderem às exigências das primeiras autoridades na sua vida, podendo fazer com que transfiram o descontentamento, para não dizer, agressividade, para autoridades atuais ou para aqueles percebidos como autoritários. Por outro lado, "somente cobrar" é sinal de não saber devolver a responsabilidade do processo vocacional para o interessado; é ele que deve mostrar que está respondendo ao chamado que diz "ter". Parece que muitos reitores e outros responsáveis se sentem responsáveis pelo bom êxito do processo do formando, a ponto de se sentirem culpados, caso "não vá bem", e é por isso que carregam os formandos "nas costas", assumindo para si algo que diz respeito ao formando. Acredito já ter dito que formadores não precisam, nem podem, responder à pergunta sobre se Deus está chamando o formando; a única pergunta que podem responder é se a pessoa em formação mostra, com seu estilo de vida, estar respondendo ao chamado que ela acredita "sofrer" (cf. cap. 1). Espera-se, por isso, do formando, que ele prepare a conversa, porque são momentos nos quais se dá a conhecer, coloca as suas observações e dúvidas, sendo, em seguida, ajudado pelo reitor a ver o conjunto da sua vida vocacional, a partir também de como a equipe dos responsáveis e dos professores percebe a sua caminhada. Pode ser um momento de incentivo, de elogio e/ou de correção fraterna, de confronto com aquilo que é observado no dia a dia da vida do formando. Todo e qualquer assunto, até o mais prático e concreto, como necessidades materiais, podem ser abordados. Caso seja necessário, o reitor pode indicar a pessoa certa para tratar de assuntos específicos que o formando abordou. É uma conversa de pai para filho, onde se espera que haja gradativamente mais transparência, abertura, confiança e compreensão dos dois lados, mesmo nos possíveis momentos mais tensos e de confronto, até e inclusive, no momento de discernir e ter de responder à pergunta sobre se o formando deve continuar ou não a caminhada, para o seu próprio bem e da Igreja. A "conversa com o reitor" é como que um resumo, tendo em vista dar e receber *feedback* sobre o "humilde e constante trabalho sobre si mesmo".[19]

Acompanhamento acadêmico

Espera-se que o futuro ministro ordenado entenda e compreenda as situações (da vida) e saiba relacioná-las com o plano da salvação. Trabalhando com muitas e diferentes pessoas, ele encontrará muitas perguntas sobre o sentido da vida e situações específicas de pessoas, as quais ele precisará compreender, assim como deverá conhecer e saber verbalizar não somente as suas próprias experiências de Deus, mas também as experiências de Deus da Igreja. Ele faz isso não como indivíduo e por iniciativa própria, mas como uma pessoa dedicada a Deus e à Igreja, sendo, como ministro ordenado, representante da Igreja, e falando em nome da Igreja. Deve, portanto, apropriar-se, fazendo seu, aquilo que a Igreja Católica crê, pensa, sabe e anuncia, para poder ser realmente um homem de Deus e da Igreja. Esse apropriar-se do – e fazer seu o "depósito da fé" da Igreja – exige também uma atitude crítica plausível e construtiva. Para poder ser saudavelmente crítico e saber discernir o ser cristão do não cristão, ele deve saber fundamentar o que diz com argumentos e saber respeitar, mas também avaliar argumentos de outros. Saberá unificar fé e ciência (saber), para assim ajudar a si mesmo e a outros, sendo capaz de elaborar planos, ideias e pensamentos. Nesse processo, ele é ajudado pelo diretor, coordenador ou assessor acadêmico que o questiona, confronta, provoca a pensar e refletir, além de ajudá-lo com o processo de aprender a aprender.

---

[19] Congregação para o clero. *O dom da vocação presbiteral*, cit., n. 43.

Visitas durante o processo formativo

Durante os primeiros anos do processo formativo no Instituto Bovendonk, há uma forma de acompanhar a pessoa pastoralmente: cada formando, a partir do momento em que entra no instituto, é anualmente visitado uma ou duas vezes pelo assessor (ou coordenador) da dimensão pastoral do instituto ou por um outro membro da equipe dos responsáveis, em sua casa, no seu emprego e na sua paróquia. A finalidade dessas visitas é conhecer o contexto em que o formando mora e vive (inclusive a situação familiar), onde trabalha e onde e como vivencia sua fé comunitária. Aproveita-se para conversar com o pároco e falar sobre as áreas pastorais nas quais o futuro ministro ordenado pode ser ativo, para que conheça e aprenda aspectos, para ele, novos, da vida paroquial. Trata-se de um compromisso entre instituto, pároco e formando. O coordenador de pastoral do instituto, além de manter contato com seu pároco, acompanha "levemente" o formando no seu desenvolvimento de inserção e nos trabalhos na sua paróquia de origem. Digo "levemente" porque o formando de tempo parcial não pode assumir muitas atividades na sua paróquia, devido a seu emprego, vida familiar e ao peso dos estudos e de outras atividades formativas. O tempo gasto com os estudos e os encontros no instituto é considerado como tempo dedicado à Igreja e por isso, às vezes, o formando deve deixar algumas tarefas – principalmente coordenações – que tinha na paróquia, para não se sobrecarregar.

Reflexão teológico-pastoral

Além da supervisão (veja a seguir), são duas as formas de acompanhamento durante o estágio (de dois anos): A) o acompanhamento cotidiano no contexto em que o formando realiza seu estágio, e B) a reflexão teológico-pastoral. Esta última é feita no instituto durante os encontros quinzenais, que continuam também durante o período do estágio. O coordenador do estágio, que no Instituto Bovendonk é sempre um teólogo pastoralista, ajuda o estagiário no processo de aprender da prática que adquire no lugar do estágio. A finalidade é que ele aprenda enquanto faz e que integre as suas experiências com o conhecimento teórico, os *insights*, as habilidades e as posturas que aprendeu nos primeiros anos do processo formativo. A reflexão sistemática e regular sobre esse processo é baseada no conjunto dos conceitos teológicos pastorais que ele já internalizou e continua a interiorizar. Sem reflexão sistemática, uma experiência não passa de uma experiência; refletir sistematicamente sobre a experiência faz com que se aprenda com ela.

No processo da reflexão teológico-pastoral, feita em grupinhos de três ou no máximo quatro estagiários, se desenvolve entre eles uma contínua e crescente interação colegial, uma interação e um aprofundamento das suas experiências pessoais de fé, de seu crescer no ministério ordenado e do contexto de relações na paróquia e em sua vida eclesial e social. É função do teólogo pastoralista possibilitar e incentivar esse processo, oferecendo ferramentas e experiências práticas da Igreja e, também, as que ele próprio experienciou. Espera-se que o estagiário faça e envie ao coordenador e aos seus colegas o relatório de uma experiência vivida no estágio, para ser analisada durante o próximo encontro, bem como um relatório de cada encontro de reflexão pastoral, no qual descreva os seus pontos de aprendizagem.

O acompanhamento cotidiano no lugar do estágio

Esse acompanhamento é feito, geralmente, pelo pároco ou se não por outro padre responsável, chamados no Instituto

Bovendonk de *mentores do estágio*. Pela importância que têm, tornam-se coformadores e corresponsáveis por essa fase final do processo formativo inicial. A avaliação que o mentor faz do estagiário faz parte da avaliação final para a admissão às sagradas ordens. Na hora em que a diocese de origem do formando e o instituto, juntos, escolhem um lugar para cada formando realizar o seu estágio, olham-se mais as habilidades do possível mentor que vai acompanhar o estagiário do que o lugar (paróquia ou outro contexto) propriamente dito. A relação mentor-estagiário terá inicialmente o caráter da relação mestre-discípulo, desenvolvendo-se gradualmente numa relação de colegialidade. O mentor deve defender e proteger o estagiário, bem como desafiá-lo e corrigi-lo no que concerne ao trabalho, à sua pessoa e à sua postura em relação ao ministério ordenado. Evidentemente, será de grande valor se o mentor já tiver alguma experiência em acompanhar pessoas. Todas as decisões importantes em relação ao estagiário são tomadas pelos responsáveis do instituto, com os quais o mentor mantém contato regular.

O coordenador do estágio (teólogo pastoralista) orientará os mentores para que sigam o programa de estágio estabelecido pelo instituto. O acompanhamento do mentor consiste em ter conversas de trabalho, estruturadas e regulares, com o estagiário, inicialmente toda a semana, passando-se, no momento oportuno, para, no mínimo, um encontro quinzenal. A organização e concretização das tarefas do estagiário é da responsabilidade do mentor. Há quatro dimensões que o mentor deve ter presente, quando orienta o estagiário no seu processo: 1) Organização: ajudar o estagiário a encontrar seu lugar na paróquia, apresentá-lo e introduzi-lo; com o estagiário, ver quais tarefas podem ser realizadas, indicar paroquianos experientes com quem pode aprender, verificar como o estagiário faz a sua agenda e administra seu tempo, introduzi-lo na diocese etc. 2) Trabalho: fazer o estagiário trabalhar e acompanhar esse trabalho, durante sua preparação e execução, para depois, juntos, poderem avaliá-lo. 3) Metodologia: ensinar o estagiário a pensar e agir em termos de métodos (o que estou fazendo: assistencialismo, desenvolvendo planos pastorais, acompanhando grupos etc.). 4) Relacional-pessoal: ensinar o estagiário a ser autorreflexivo, ajudá-lo a descobrir, através da auto-observação, como reage e como se relaciona com as pessoas; o quanto a personalidade do padre ou do diácono permanente pode ser decisiva na realização de tarefas pastorais.

Por mais que seja importante levar em consideração as necessidades da paróquia na hora de escolher tarefas pastorais para o estagiário, não se pode esquecer que, na etapa formativa de estágio, a paróquia está mais a serviço do processo de aprendizagem do futuro ministro ordenado do que do estagiário a serviço da paróquia. Evite-se que ele comece iniciativas pastorais novas, que não poderão ter continuidade quando o estágio terminar.

Supervisão

Na etapa do estágio pastoral, é feito o acompanhamento de supervisão. Se nos primeiros anos da sua formação os colóquios individuais tinham como objetivo a integração da pessoa em todas as dimensões da vida, agora o objetivo é ajudar o formando a trabalhar na integração pessoal *em relação ao trabalho e à vida pastoral*. Um supervisor ou uma supervisora, pessoa preparada nas ciências humanas *e* nas do Espírito, na prática, geralmente mas não necessariamente, religiosos consagrados, de preferência religiosas, se reúne regularmente com grupos formados, em média, com três ou, no máximo, quatro estagiários (os mesmos grupinhos da reflexão teológico-pastoral).

Muita atenção é dada à postura, às atitudes e às habilidades sociais e pastorais dignas de um presbítero ou de um diácono permanente no seu interagir com muitos e diversos tipos de pessoas, em muitas e diversas situações. Estamos falando de habilidades como perceber corretamente, observar, escutar e discernir. Várias formas e métodos de conversação individual e em grupo são ensinados, exercitados e treinados. Isso valerá para quando for trabalhar em equipe, coordenar reuniões, tomar decisões etc. Central nesse acompanhamento, além das habilidades pastorais, é – assim como na reflexão teológico--pastoral – a postura pessoal e a integração da teoria na prática no contexto pastoral.

Para ilustrar como a reflexão teológico-pastoral e a supervisão (com os mesmos grupos de estagiários) são diferentes e complementares, menciono alguns exemplos simples: se o teólogo pastoralista questiona a escolha dos textos bíblicos usados nas exéquias, a supervisora aprofundará o porquê de o estagiário chorar compulsivamente durante as exéquias de uma pessoa que nem conheceu; se o teólogo pastoralista ajuda o estagiário com processos difíceis de conflito entre algumas pastorais na paróquia, a supervisora ajudará o estagiário a ver o porquê de ele ficar nervoso durante esse mesmo processo, a ponto de não conseguir dormir ou de maltratar paroquianos; se o teólogo pastoralista ajuda o estagiário a desenvolver um trabalho específico, por exemplo, ecumênico ou com moradores de rua, a supervisora o ajudará a se entender no que concerne a sua aversão, ou o contrário, a sua dependência afetiva, em relação às pessoas a quem ele deve pastorear etc.

Sem tratar especificamente o conceito de "intervisão", o leitor pode facilmente imaginar que, se durante dois anos os estagiários praticam em grupo e sob a liderança de peritos esse tipo de reflexão, eles aprenderão com a experiência um do outro, de modo que, depois de ordenados, possam continuar se ajudando entre si, agora sem a ajuda externa de peritos, como forma estrutural de entreajuda de colegas que se reúnem periodicamente para essa finalidade.

Direção espiritual

A maioria dos autores concorda que, na direção espiritual, a relação do dirigido com a realidade divina deve estar no centro. Assim diz Barry: "Direção espiritual é a ajuda dada por um cristão ao outro para lhe proporcionar a possibilidade de prestar atenção às comunicações de Deus para ele ou ela, para responder a esse Deus que se autocomunica, para crescer na intimidade com esse Deus e viver a partir das consequências dessa relação".[20] Como a relação do dirigido com a realidade divina é verbalizada, muda de autor para autor, mas a finalidade da direção espiritual é sempre introduzir o dirigido nesse relacionamento. Waaijman acrescenta: "Em uma conversa a dois ou em grupo tenta-se discernir a ação de Deus na vida pessoal: chegar a escolher bem o caminho; aprender a interpretar situações da vida como sinais da presença de Deus; procurar o centro entre extremos no meio da comunicação espiritual; aprender a descobrir as possibilidades de crescimento a partir de Deus. A direção espiritual tem o enfoque de olhar experiências espirituais vividas, obter clareza sobre o caminho espiritual, aprender a *se conhecer em relação ao mistério divino* (itálico meu)".[21] Pode-se dizer que o acompanhamento (direção) espi-

---

[20] Barry, W. A.; Connolly, W. J. *A prática da direção espiritual*. São Paulo: Ed. Loyola, 1982, p. 22.

[21] Waaijman, K. *Spiritualiteit vormen, grondslagen, methoden*. Kampen: Kok/Carmelitana, 2000, p. 860.

ritual é o instrumento mais importante na caminhada vocacional do formando, pelo fato de toda a sua vida, suas decisões e suas possibilidades de crescimento serem vistas a partir de Deus e de sua ação na vida da pessoa.[22]

É fato conhecido que os jesuítas são considerados os mestres do discernimento espiritual, como orientadores dos *Exercícios espirituais* de Santo Inácio e diretores espirituais. Convém ainda destacar que o Papa Francisco, em seu pontificado, fiel ao seu carisma inaciano, por vezes insistiu na prática do discernimento. Para ele, é preciso saber ler os sinais dos tempos pelo estudo, pela oração e pela escuta do Espírito. Assim, cada pessoa, bem como a comunidade e a Igreja (porque o discernimento vai além do âmbito individual), devem escutar os apelos de Deus e confrontá-los com sua vida. Por fim, é fundamental perceber que o discernimento à luz do Espírito jamais nos imobiliza, mas impele para a missão. Segundo Codina:[23]

> Nos *Exercícios espirituais* de Inácio de Loyola, o discernimento possui um papel capital na busca da vontade de Deus. Assim, o discernimento é uma lógica existencial para descobrir o que Deus quer de cada um, em cada situação. O jesuíta Jorge Mario Bergoglio, que se encontra no interior dessa corrente espiritual, não só dá ao discernimento uma dimensão pessoal, senão que,

---

[22] A Igreja julga a direção espiritual tão importante que, o *Código de Direito Canônico* estabelece que: "Em cada seminário haja ao menos um diretor espiritual" (cân. 239, 2º), e "recomenda-se que cada um (aluno) tenha seu diretor espiritual, escolhido livremente, ao qual possa manifestar com confiança a própria consciência" (cân. 246, 4º). "Os alunos façam cada ano os exercícios espirituais" (cân. 246, 5º).

[23] Codina, V. Acompañar, discernir e integrar la gragilidad (El capitulo VIII de La alegria del amor). *Revista Latinoamericana de Teología*, San Salvador, n. 99, p. 266, 2016.

além disso, dá-lhe uma dimensão pastoral, já que o entende como um instrumento para ajudar a outros em seu caminhar até o Senhor.

Adelson dos Santos, sj, no seu livro *O exame de si mesmo*,[24] diz que em uma carta (de 2002) do então superior da Companhia de Jesus, a seus companheiros, este "recordou que no processo de amadurecimento e integração pessoal é indispensável continuar crescendo no autoconhecimento e na capacidade de se manifestar e se deixar conhecer", para, em seguida, "exortar os companheiros à prática do exercício do exame cotidiano". [...] Além disso, a pesquisa sobre a experiência inaciana do exame aponta que, "para chegar a essa consciência da importância do autoconhecimento na vida espiritual, Inácio teve que beber da mesma fonte da tradição espiritual cristã anterior, dentro da qual o conhecimento de si mesmo estava intrinsecamente ligado à busca da *nepsis* e da *diácrisis*". A primeira se refere ao estado em que a mente constantemente vigia os tipos de pensamentos e imagens que continuamente se apresentam, para assim se proteger contra pensamentos, imagens e fantasias más que levam ao pecado,[25] e a segunda, a *diácrisis,* ao discernimento dos espíritos, conforme 1Cor 12,10. Ainda segundo Araújo,[26] "isso foi decisivo para que o *Peregrino* aprendesse o valor do autoconhecimento no progresso espiritual, como também foi importantíssimo o contato que veio a ter com a *Devotio Moderna* por meio do diálogo com seus vários mestres espirituais e confessores [...]".

---

[24] Araújo dos Santos, A., sj. *O exame de si mesmo; o autoconhecimento à luz dos Exercícios espirituais*. São Paulo: Ed. Loyola, 2017, pp. 189ss.

[25] Elder Ephraim of Arizona. Disponível em: <https://www.youtube.com/watch?v=uJhf4idF0EY>.

[26] Araújo dos Santos, op. cit., pp. 189ss.

Se de Santo Inácio se diz que "desde a juventude possuía uma qualidade rara [...] que consistia em uma capacidade singular para analisar a si mesmo, [...] fazendo dele paulatinamente um homem de uma extraordinária *prudência reflexiva*, isto é, com uma consciência capaz de poder cogitar-se sobre si mesma", parece que atualmente, para a grande maioria dos formandos (e tantos outros), não é mais suficiente "beber da mesma fonte da tradição espiritual cristã anterior" apenas, e busca-se beber também de outras fontes, como as das ciências humanas modernas, para ajudar a adquirir essa capacidade. Diz Araújo a respeito: "acreditamos que continua sendo sumamente importante para a formação humana dos atuais e futuros ministros ordenados e pessoas consagradas iniciá-los e instruí-los desde cedo, como fazia Inácio, na prática de exercícios ascéticos e espirituais como o *exame espiritual cotidiano* e quaisquer outros recursos interdisciplinares que favoreçam o conhecimento de si mesmo, possibilitando ao jesuíta em formação ser paulatinamente mais livre e maduro, *para assim poder caminhar na direção do amor transcendente de Deus e do maior serviço e ajuda às almas* (itálico meu)". Na nota de rodapé (n. 34, p. 198), referindo-se a "quaisquer outros recursos", o autor acrescenta: "Dentre os quais destacaríamos o recurso à competência psicológica, quando solicitada, com o escopo de ajudar o formando a obter um maior conhecimento de si, das suas potencialidades e vulnerabilidades".

Nesse sentido, parece que, por mais primordial que seja a direção espiritual, considera-se também o auxílio das ciências humanas quando solicitado, observando-se, porém, que "é necessário afirmar que a contribuição da psicologia fica subordinada àquela teológica. Em primeiro lugar, porque a resposta ao chamado depende da graça de Deus que, por sua vez, não depende das disposições psicológicas da pessoa; em segundo lugar, porque não é possível construir uma ciência humana sem partir de uma visão do homem, mesmo que tal perspectiva, dentre as várias teorias psicológicas, esteja implícita e não articulada em uma elaboração sistemática. Pode-se aplicar à psicologia aquilo que Maritain diz da pedagogia: "Não é uma ciência autônoma, mas depende da filosofia [...] Somente pegando um gancho da filosofia a pedagogia pode adquirir seu caráter de ciência autêntica [...] sabendo ou não, cada pedagogo adora um deus".[27] Que a contribuição da psicologia fica subordinada à teológica, também resta evidente, quando o homem, por mais que se esforce, humanamente falando, para crescer no "ideal a ser atingido, que é a união contínua e a familiaridade com Deus em todas as suas ações cotidianas, percebe que ele só tem a *possibilidade*, a capacidade de se autotranscender teocentricamente, mas que a realização dessa possibilidade-capacidade é dom gratuito da graça divina. [...] Por isso a importância tanto da vida sacramental e da oração de petição como da oração de reflexão".[28]

Sinal alarmante é que parece ser bem mais difícil encontrar bons diretores espirituais do que terapeutas na área das ciências humanas, o que *pode* indicar uma tendência de confiar mais nos esforços humanos para buscar perfeição no sentido de diminuir incômodos e aumentar a sensação de conforto pessoal, do que na graça de Deus para alcançar a santidade, acolhendo e passando também pela cruz de Cristo. Cencini alerta para esse "equívoco diabólico da tentação de confundir a santidade, que é um dom, com a perfeição, que é acima de

---

[27] Manenti, A. Os fundamentos antropológicos da vocação. *Revista Seminarium*, 1/1996, pp. 21-34, onde cita: Maritain, J. *Essai de philosophie pédagogique*. Bruxelles: Desclée de Brouwer, 1927.

[28] Rulla, L. M., sj. *Antropologia da vocação cristã*, cit., p. 438.

tudo uma conquista; e de entender essa última como o fruto do exercício dos próprios ascetismos, como se tudo dependesse do eu e o eu mesmo fosse criador e dono do próprio destino (inclusive do destino eterno)".[29]

A título de curiosidade, foram justamente os jesuítas Rulla e Imoda que fundaram o Instituto de Psicologia da Pontifícia Universidade Gregoriana, em Roma. Entretanto, não são eles os únicos, pois também a Pontifícia Universidade Salesiana tem um instituto de psicologia. À indagação do hoje cardeal G. Versaldi, que conheceu o Padre Rulla desde quando era recém-ordenado presbítero da Diocese de Vercelli, sobre o motivo da denominação "Instituto de Psicologia", sem qualquer adjetivação (por exemplo, psicologia *pastoral*, ou, então, *religiosa*) que especificasse uma direção mais correspondente às expectativas do mundo eclesial, Padre Rulla respondeu firmemente: "A psicologia é uma ciência com método autônomo, que não pode ser instrumentalizado, mas que deve ser respeitado, ainda que possa ser aplicado ao campo religioso com consequências importantes também no campo pastoral". De fato, foi justamente essa sua tomada de posição, de um lado, que criou algumas dificuldades no seio da Igreja e, por outro lado, o que assegurou originalidade e cientificidade ao instituto que iniciou suas atividades em 1971.[30]

Acompanhamento psicoterapêutico

No *Dicionário de Psicologia* encontramos a definição de 57 tipos de psicoterapias, além da definição geral:

---

[29] Cencini, A. *O respiro da vida: a graça da formação permanente*. 3. ed. São Paulo: Paulinas, 2010, pp. 246-247.

[30] Versaldi, G. As origens do Instituto de Psicologia, uma nota histórica. In: Manenti, A.; Guarinelli, S.; Zollner, H. *Pessoa e formação: reflexões para a prática educativa e psicoterapêutica*. São Paulo: Paulinas, 2011, p. 16.

Qualquer serviço psicológico fornecido por um profissional treinado que usa principalmente formas de comunicação e interação para avaliar, diagnosticar e tratar reações emocionais, formas de pensamento e padrões de comportamento disfuncionais de um indivíduo, uma família ou um grupo. Há muitos tipos, linhas e formas de psicoterapia, mas geralmente elas se enquadram em quatro categorias principais: psicodinâmica (p. ex. psicanálise; terapia centrada no cliente), comportamental cognitivo, humanística (p. ex. psicoterapia existencial), e psicoterapia integrativa.[31]

À pergunta se existe uma psicologia cristã, responde Padre Hans Zollner, sj,[32] numa apresentação feita na Argentina, quando afirma que, dentre as numerosas teorias psicológicas e psicoterapias, não existe *a* psicologia cristã. Segundo ele, os cristãos que trabalham nessa área devem ser ecléticos ou pluralistas, de acordo com critérios precisos: eles devem se diferenciar entre "tendências nucleares da personalidade" e "declarações periféricas" em teorias; estudar criticamente os pressupostos não implícitos presentes em todas as teorias e fazê-los explícitos em nossas teorias e práticas.

Dentro desse mesmo tema, São João Paulo II diz que "as descobertas e *insights* na área puramente psicológica e psiquiátrica não são capazes de oferecer uma visão verdadeiramente integral da pessoa, resolvendo sozinhas as questões relacionadas ao significado da vida. O diálogo se realiza entre os

---

[31] *Dicionário de Psicologia*. American Psychological Association (2007). In: VandenBos, G. R. (org.). Porto Alegre: Artmed, 2010, pp. 765-768.

[32] Padre Hans Zollner, sj, é doutor em Teologia, psicólogo e psicoterapeuta; professor no Instituto de Psicologia da PUG, em Roma, presidente do Centro de Proteção ao Menor da PUG, em Roma, e membro da Comissão Pontifícia de Proteção do Menor e Consultor da Congregação para o Clero.

horizontes de uma antropologia comum, de modo que, mesmo na diversidade do método, interesse e finalidade, uma visão fica aberta à outra".[33]

Adiantando já o assunto que nos interessa especificamente e ao qual foi dedicado o próximo e último capítulo deste livro, o colóquio psicoespiritual, do qual já foi dito que não é nem direção espiritual nem psicoterapia, buscamos clareza a respeito da relação entre o colóquio psicoterapêutico e o colóquio psicoespiritual, no autor que, a meu ver, mais aprofundou e melhor traduziu em palavras esse assunto específico no contexto da formação *vocacional*, Alessandro Manenti:

> Mesmo sabendo que colóquios psicoterapêuticos e colóquios psicoespirituais são processos diferentes, os dois termos são, por vários motivos, usados de modo intercambiável: a área espiritual engloba *tudo* aquilo que envolve a pessoa *toda* e, portanto, não é uma alternativa para a área psicológica, mas inevitavelmente a atravessa. Por outro lado, o colóquio psicoterapêutico pode ser totalmente desligado do âmbito espiritual (enquanto o contrário é menos provável), mas, não se limitando apenas a curar os sintomas e almejando favorecer sempre mais a humanização da pessoa, aparecerão, sobretudo na fase terminal do processo, perguntas últimas que evocam respostas últimas.[34]

Até aqui consideramos as formas conhecidas de acompanhamento, cientes, porém, de que nem todas são usadas

---

[33] João Paulo II. Aos membros da Rota Romana, 5/2/1987. *AAS* 79, pp. 1453-1459, 1987.

[34] Manenti, A. *Comprendere e Accompagnare la Persona Umana: Manuale teórico e pratico per il formatore psico-spirituale*. Bologna, Edizioni Dehoniane Bologna, 2013, p. 9.

em todas as casas de formação. Mas, mesmo aplicando todas essas formas de ajuda, cada uma correspondente às distintas fases formativas, durante vários anos na casa de formação, constata-se que há um expressivo número de ministros ordenados e religiosos "que ainda apresentam sinais evidentes de desajustamentos, após muitos anos dedicados a estudos especializados fora dos ambientes de formação".[35] O que ocorre é que, ordinariamente, os problemas vocacionais das pessoas são tratados por sacerdotes ou religiosos escolhidos, que os ajudam a alcançar a maturidade. No entanto, a interação entre os educadores escolhidos e os indivíduos que orientam não oferece uma ajuda superior à de uma "psicoterapia de relacionamento", isto é, oferece a ajuda que poderia ser oferecida por um pai amigo, caloroso, objetivo e mais maduro ou por um irmão maior. Atinge-se, assim, o material consciente e pré-consciente imediatamente acessível, deixando-se inalterados os conflitos subjacentes mais profundos.[36] Como a maturidade não está necessariamente relacionada com a idade ou a experiência, os indivíduos centralmente inconsistentes não tiram de fato proveito da experiência, pelo menos se seus problemas forem situados profundamente no inconsciente (p. 219).

Desde os anos 70 e 80 do século passado, quando essas observações eram consideradas "novidade", muitas coisas mudaram para melhor; foram fundadas escolas e promovidos cursos especificamente para formar formadores, peritos da área das ciências humanas foram chamados para auxiliar nas casas de formação, abriu-se espaço para a presença feminina etc. Com tudo isso, porém, podemos dizer que os "sinais

---

[35] Rulla, L. M., sj. *Psicologia do profundo e vocação*, cit., p. 219.
[36] Ibid., p. 218.

evidentes de desajustamentos" diminuíram significativamente? A fragmentação no mundo formativo continua. É necessário buscar modelos de acompanhamento de maior integração, de modo especial nos níveis espiritual e humano e que, por isso, sendo chamado de acompanhamento psicoespiritual ou de integração.

7 | MODELO DE ACOMPANHAMENTO INTEGRAL

Colóquio de crescimento vocacional segundo a escola de Rulla

Se tomarmos as pessoas como elas são, nós as tornamos piores. Se as tratarmos como se fossem ou como deveriam ser, nós as ajudaríamos a se tornar o que são capazes de ser.

Como chamar a conversa, o encontro ou o colóquio de auxílio para uma formação integral? Imoda fala do assunto em um capítulo intitulado "Diálogo pedagógico";[1] Marchesini de Tomasi fala de "Acompanhamento psicoespiritual" (APES),[2] o mesmo termo usado por Manenti.[3] Os três autores mencionados partem dos princípios da Antropologia da Vocação Cristã, teoria desenvolvida e aplicada pelos Padres Rulla e Imoda e sua equipe, no Instituto de Psicologia da Universidade Pontifícia Gregoriana, em Roma. Ou seja, todos eles falam, cada um com acentos próprios, basicamente, a mesma linguagem e, como quem escreve também é discípulo da mesma escola, não é de se estranhar que eu siga a mesma linha. A proposta do

---

[1] Imoda, F. *Psicologia e mistério: o desenvolvimento humano*. São Paulo: Paulinas, 1996, cap. 9, pp. 513ss.

[2] Marchesini de Tomasi, F. L. *Ouro testado no fogo: acompanhamento psicoespiritual entre mistério e seguimento*. São Paulo: Paulinas, 2007.

[3] Manenti, A. *Comprendere e accompagnare la persona umana: Manuale teórico e pratico per il formatore psico-spirituale*. Bologna: Edizioni Dehorniane (EDB), 2013. Foi usado o livro original, inclusive os números de páginas, mas a tradução em português já foi feita por Paulinas Editora e publicada em maio de 2021.

Instituto de Psicologia de Roma, evidentemente, é apenas uma entre as muitas possíveis formas de se acompanhar pessoas, mas acreditamos que essa é uma forma boa, por ter já provado o seu valor na prática. O termo que o fundador do instituto, Padre Luigi Rulla, usa, já em 1986 (publicado em português em 1987), para esse auxílio no processo de crescimento vocacional *integrado*, é: "encontros de crescimento vocacional",[4] explicitando na nota de rodapé (nota 98, p. 467):

> É apropriado chamar esses encontros do candidato *com o formador* (itálico meu) de "colóquios de crescimento vocacional", em vez de psicoterapia. De fato, os "colóquios" dizem respeito prevalentemente aos valores autotranscendentes de Cristo e à sua internalização favorecida pela primeira e segunda dimensão. A psicoterapia, em vez disso, considera prevalentemente os valores naturais e a reorganização do *self* ou do Eu da terceira dimensão.[5]

---

[4] Rulla, L. M., sj. *Antropologia da vocação cristã: bases interdisciplinares*. São Paulo: Paulinas, 1987, p. 465.

[5] Na teoria de Rulla, uma pessoa pode viver *predominantemente* na 1ª, na 3ª, ou na 2ª dimensão. Na 1ª, a pessoa tem mais consciência das suas limitações, aceita-as e as integra. Quanto mais consciente a pessoa é, mais responsabilidade tem pelos seus atos, o que faz com que viva uma vida menos ou mais virtuosa: é mais livre interiormente para poder se esforçar para viver os valores autotranscendentes. Quando a pessoa, na teoria de Rulla, vive predominantemente na 3ª dimensão, quer dizer que ela é mais influenciada pelos valores naturais, tendo bem menos consciência das suas limitações, sendo assim, aceita e as integra menos e, portanto, é menos livre interiormente para se esforçar *para viver os valores autotranscendentes que Cristo viveu*, indicando o caminho que leva ao Pai. Quando a pessoa que busca a Deus vive predominantemente na 2ª dimensão – e é o que na realidade mais acontece –, ela vive nas dimensões 1ª e 3ª juntas, o que explica a realidade de muitos santos do passado e do presente: a pessoa pode ter uma vida virtuosa, apesar de ter uma dificuldade (grave?) em uma determinada área da vida (popularmente falando, ela pode ser "santa e louca" ao mesmo tempo). A fé é o esforço da pessoa, auxiliada pela graça de Deus, em viver os valores autotranscendentes teocêntricos, porém, superando em alguns casos essa (grave?) limitação.

É esse o termo que prefiro e uso, por indicar melhor, a meu ver, o objetivo dos colóquios oferecidos durante o processo formativo para a vida consagrada e ministerial, e também para tirar qualquer dúvida e/ou possibilidade de confundir esse tipo de auxílio prestado ao formando, com a ajuda especificamente psicoterapêutica. Penso que seria bom "despsicologizar" o pensar, falar e agir no processo formativo, e incentivar mais a abordagem vocacional holística e integrada, diminuindo possíveis sentimentos de fragmentação nos formandos, para que eles possam saber e se sentir num processo vocacional, em vez de psicológico. Muitos dos que são acompanhados, quando se referem ao acompanhamento, usam o termo "terapia", enquanto, na verdade, trata-se do colóquio de crescimento vocacional. Além de esse termo ser equivocado, pode até deixar o acompanhante em maus lençóis, inclusive diante da lei civil, uma vez que ele não é psicólogo licenciado. Como o termo é pouco usado, e seu conteúdo também pouco compreendido e explicado, muitas vezes não se distingue entre o tratamento psicoterapêutico e o colóquio de crescimento vocacional, a partir de agora indicado apenas como "colóquio", com formadores com preparação específica (*O dom da vocação*, 46 e 49). Psicoterapia e colóquio, por mais que tenham muitos elementos em comum, não são sinônimos. Também nesse contexto vale o princípio: "Onde falta clareza, deixa-se espaço para a fantasia", pois pode acontecer que um formando "ache" que está em (psico)terapia, enquanto na verdade não está, ou vice-versa.

Padre Rulla considera que esse processo de crescimento integrado se desenvolve de modo lento e se estende por um considerável espaço de tempo, através de apropriados e frequentes "encontros de crescimento vocacional", disponibilizados individualmente aos candidatos. Através desses encontros, cada um aprende a se conhecer pessoalmente, mesmo em suas áreas subconscientes, e é ajudado a tomar a iniciativa de rever em profundidade suas motivações e atitudes, levando para sua vida de oração os novos valores e as novas descobertas sobre a verdade de tais realidades em sua vida. Essa integração entre os encontros de crescimento vocacional e a vida de oração é muito importante e pode ser realizada aos moldes de um bom "discernimento de espíritos".[6]

Esse processo, assim como explicado por Rulla, é um serviço de caridade e profissional prestado pelo formador. Posso imaginar que formadores, ao lerem isso e se defrontarem com conceitos como "áreas subconscientes" e "profundidade das motivações", podem se assustar e ter a mesma reação do colega, durante um encontro com formadores: "Mas nós não estamos preparados para isso". Pois bem, está exatamente aqui o ponto central de todo o nosso discurso: ou continua-se com formadores sem preparação "específica", com a consequência de que devem delegar seu trabalho a psicólogos – leigos ou não – de fora da casa de formação, ou se prepara nas dioceses e congregações *alguns* dos formadores, capacitando-os para que possam ajudar os formandos com esse tipo de colóquios dentro da casa de formação. Que fique bem claro que, além dos colóquios, há a necessidade de psicólogos, mas, como indica o documento *O dom da vocação*, principalmente, em dois momentos: na hora da avaliação de personalidade e quando, seja nos colóquios, seja na direção espiritual, surgem dificuldades *maiores* que exigem uma intervenção mais especializada. Caso todos os formandos precisem ser encaminhados para peritos em psicologia (do profundo) para um tratamento psicoterapêutico, por causa de dificuldades *maiores*, devemos rever os critérios e a prática de

---

[6] Rulla, L. M., sj. *Antropologia da vocação cristã*, cit., p. 465.

admissão, além de avaliar se as casas de formação estão ou não se transformando em centros (psico)terapêuticos.

Necessidade de formadores para uma formação integrada

Poucos anos após o Concílio Vaticano II, Rulla, preocupado com as muitas desistências na vida consagrada e ministerial, publica os primeiros resultados dos seus estudos a respeito das dinâmicas psicossociais que estão na base da entrada na casa de formação: a perseverança e a efetividade dos vocacionados. O autor classifica os "problemas vocacionais em quatro grupos: a) problemas espirituais; b) dificuldades de desenvolvimento; c) inconsistências vocacionais subconscientes (e latentes, isto é, que fazem os indivíduos parecerem "normais"); d) psicopatologia não vocacional mais ou menos manifesta.

O que nos interessa especificamente neste momento é o que Rulla escreveu em 1971 e, mais tarde, em 1986, sobre os educadores:

> Quero acrescentar agora que são necessárias *duas novas categorias de educadores* [...]. Há falta sobretudo de uma categoria de educadores – incluídos superiores, diretores espirituais, mestres de noviciado etc. – que saibam tratar não apenas os dois primeiros tipos de problemas, mas também que: 1) sejam capazes de *perceber a existência* dos dois últimos tipos de problemas e particularmente de entender se esses problemas, de fato, comprometem a capacidade dos sujeitos de tirar proveito da experiência; 2) tenham solucionado o terceiro e quarto tipo de problemas em si mesmos[7] (p. 220).

---

[7] Id., *Depth Psychology and Vocation: A psychosocial perspective*. Roma: E.U.P.G., 1971, pp. 216-219. Foi publicado na língua portuguesa em 1986, com o título: *Psicologia do profundo e vocação: a pessoa*. São Paulo: Paulinas, pp. 219-224.

Além de outras explicações, Rulla ainda diz que "esses educadores *reconhecerão a necessidade de encaminhar alguns sujeitos* (os que tiveram demonstrado serem incapazes de tirar proveito da experiência) *para uma ajuda qualificada* para cuidar do terceiro e do quarto tipo de problemas". É claro que essa primeira categoria de educadores não deve ser de indivíduos formados profissionalmente no campo da psicologia do profundo. Devem ser, antes, "indivíduos que, livres de conflitos, desenvolveram uma capacidade de perceber as dificuldades profundas dos outros que aspiram servir a Deus e aos irmãos". Naturalmente, esses educadores "devem ter também integrado em sua pessoa a maturidade psicológica com as dimensões sobrenaturais e espirituais. O primado dos meios sobrenaturais e espirituais na formação, o poder salutar da graça, são sempre supostos implicitamente nesta prospectiva psicológica da vocação".

O que o autor diz a respeito da segunda categoria de educadores, "aos quais os indivíduos com problemas do terceiro e do quarto tipos possam ser enviados seja para um julgamento diagnóstico, seja para um tratamento apropriado (admitindo, naturalmente, que os indivíduos estejam de acordo)", podemos resumir em: "que sejam sacerdotes ou religiosos (não é realista dividir nitidamente a realidade da vocação em categorias sobrenatural e espiritual, de um lado, e psicológico, do outro)". Outra característica é: "parece necessário que esses educadores profissionalmente formados não tenham autoridade direta sobre os jovens religiosos *e*, além disso, sejam *oficialmente* comprometidos a manter um rígido segredo profissional, isto é, sejam como os atuais diretores espirituais das casas de formação, mas com uma formação profissional. Além disso, parece preferível que não vivam na mesma casa dos sujeitos que tratam. É discutível se devem ou não pertencer à mesma instituição religiosa".[8]

[8] Ibid.

A experiência de 15 anos fez com que Rulla, na publicação em inglês da sua obra mais completa, em 1986,[9] remetesse o leitor primeiramente "em parte" àquilo que escreveu na publicação de 1971, para poder servir *mutatis mutandi* como introdução, para, depois oferecer "novas orientações" a respeito dos educadores/formadores. Em 1971, ele falava de *duas novas categorias de educadores*, considerando que os da primeira categoria "sejam capazes de *perceber a existência* dos dois últimos tipos de problemas (ou seja, (a) inconsistências vocacionais subconscientes – e latentes, isto é, que fazem os indivíduos parecerem 'normais' – e (b) psicopatologia não vocacional mais ou menos manifesta) e particularmente de entender se esses problemas, de fato, comprometem a capacidade dos sujeitos de tirar proveito da experiência", e que "esses educadores *reconhecerão a necessidade de encaminhar alguns sujeitos* (os que tiveram demonstrado serem incapazes de tirar proveito da experiência) *para uma ajuda qualificada* para cuidar do terceiro e do quarto tipo de problemas". Na prática cotidiana de algumas casas de formação, no entanto, esse "encaminhar *alguns sujeitos* [...] *para uma ajuda qualificada*", se tornou "encaminhar todos os sujeitos".

O que Rulla não fez em 1971, o fez em 1986: descrever pormenorizadamente a função do formador. Foi por falta dessa explicação, acredito eu, que ficou a impressão de que os formadores precisavam "somente" ser capazes de perceber dificuldades no formando para em seguida encaminhá-lo para ajuda qualificada, como se ele mesmo (formador) não tivesse um também importante papel no processo de ajudar diretamente a pessoa, algo que pode ter auxiliado na divisão operacional

---

[9] Id., *Anthropology of the Cristian Vocation: Vol. I Interdisciplinary bases*. Rome: Gregorian University Press, 1986 (publicado em português em 1987), pp. 464-473 da edição portuguesa.

cotidiana entre, de um lado, formadores dentro das casas de formação e, de outro, especialistas de fora. E, de fato, se ele aconselhava em 1971 que todos os casos do terceiro tipo de dificuldade (inconsistências vocacionais subconscientes e latentes, isto é, que fazem os indivíduos parecerem "normais") fossem encaminhados para a *segunda categoria* de formadores (formados profissionalmente no campo da psicologia do profundo), na publicação de 1986, atribui um papel muito mais importante, abrangente e, também mais exigente, ao próprio formador residente na casa de formação, apostando agora muito (ou tudo) na integração do processo formativo, sem, evidentemente, tirar a importância dos especialistas de fora para "alguns casos":

> A orientação educativa de base é a de formar formadores que saibam *integrar* o auxílio: a) para uma aquisição dos valores autotranscendentes de Cristo; b) para um crescimento na maturidade das atitudes da primeira dimensão; e c) para um crescimento na maturidade das atitudes da segunda dimensão. Esse processo de crescimento integrado se realiza lentamente e em longo espaço de tempo, por meio de apropriados e frequentes "encontros de crescimento vocacional" (1987, p. 465).

Esses colóquios são, portanto, realizados com formadores que convivem com os formandos dentro das casas de formação, e não, em princípio, com pessoas de fora – mesmo que também *formadas profissionalmente no campo da psicologia do profundo* – com as características já mencionadas: sacerdotes ou religiosos que não têm autoridade direta sobre os jovens religiosos, que estão *oficialmente* comprometidos em manter um rígido segredo profissional e que não vivem na mesma casa dos sujeitos que acompanham.

Quando alguém é encaminhado, evidentemente com o explícito consentimento do formador, para esse último tipo de acompanhamento, fala-se, na minha opinião, de tratamento (psico)terapêutico.[10] Parece, porém, que o próprio Padre Rulla deixou uma certa dúvida em relação a qual formador o colóquio é feito. Se aqui ele atribui esse serviço ao formador que mora junto com os formandos, ou seja, o que ele chama de formador da primeira categoria ou do primeiro tipo, mais adiante, na p. 479 (1987), ele conferirá o mesmo serviço aos formadores do segundo tipo (ou categoria).

Institutos, escolas e cursos, numa perspectiva relacionada à linha do pensar e trabalhar da "Escola de Rulla", preparam, ou deveriam preparar, portanto, formadores de integração, não *somente* para reconhecer dificuldades nos formandos e encaminhá-los indistintamente (pois, quem não tem dificuldades?), mas também para acompanhar os *seus* formandos dentro das *suas* casas de formação com os colóquios, onde também são tratadas dificuldades do nível sub ou pré-consciente (não, portanto, as com origem no mais profundo inconsciente). Deve fazer parte do currículo dessas escolas e cursos uma boa dose de espiritualidade; tratando não apenas dos *meios* de espiritualidade (como, por exemplo, maneiras de rezar), mas sobretudo das fases do desenvolvimento da fé, por exemplo, de James Fowler:[11] o surgimento da imagem de Deus na criança[12] e a prática de integração das descobertas feitas durante

---

[10] Orientações para a utilização das competências psicológicas na admissão e na formação dos candidatos ao sacerdócio, n. 6: *Enchiridion Vaticanum* 25 (2011), 1258-1260, apud em: *O dom da vocação presbiteral*, n. 192.

[11] Fowler, J. W. *Stages of Faith: The psychology of human development and the quest for meaning*. San Francisco: HarperCollins, 1995 (1. ed., 1981).

[12] Rizzuto, A.-M. *O nascimento do Deus vivo: um estudo psicanalítico*. São Leopoldo: Ed. Sinodal, 2006 (original inglês: *The birth of the living God: A psychoanalytic study*, 1979).

os colóquios com a vida de oração e vice-versa. Caso, de fato, o formando não consiga mesmo aproveitar a experiência (formativa em geral), nem mesmo com o auxílio dos colóquios, e os formadores continuarem acreditando na potencialidade vocacional da pessoa, esse formando poderá e deverá, com seu explícito consentimento por escrito, ser encaminhado para, de preferência, religiosos e padres formados especificamente na psicologia do profundo, a fim de tratar dificuldades do nível mais profundo do inconsciente.

Cencini e Manenti, falando das inconsistências vocacionais do tipo de "dificuldades comuns de integrar as energias das necessidades e dos valores que geralmente não se percebem à primeira vista, tendo a pessoa uma aparência 'normal'", e do sacerdote educador, se expressam de maneira ainda mais incisiva em relação a quem deve ajudar as pessoas com inconsistências:

> Quando se trata de problemas de inconsistência vocacional, apresenta-se ele (o sacerdote) como educador, preocupado em desenvolver virtudes e disposições maduras, e isso ele não pode fazer somente com palavras, mas procurando predispor a pessoa para acolher a mensagem explicitada em palavras: uma ajuda que, se quisermos, é também psicológica, mas que não podemos deixar por conta do psicólogo profissional, porque também isso é típico do padre (ou ao menos de quem tem os dons e a preparação para ser educador). E não se trata de higiene mental, mas de ajudar a pessoa a ser "integral", quando se decide por um ideal de vida.[13]

---

[13] Cencini, A.; Manenti, A. *Psicologia e formação: estruturas e dinamismos*. São Paulo: Paulinas, 1987, pp. 161-162. Esses autores também elencam quatro grandes classes de problemas (e nem estão falando especificamente de formadores) que um bom agente de pastoral deverá saber distinguir para poder prestar ajuda, conforme o tipo de problema: 1) psicopatologia manifesta; 2) problemas de desenvolvimento; 3) problemas espirituais; 4) problemas de inconsistências

Temos assim, portanto, ou poderíamos ter, nas casas de formação: formadores-reitores; formadores-professores; formadores-pastoralistas; formadores-diretores espirituais e formadores de integração, que são os que fazem (também) os colóquios de crescimento vocacional com os formandos. "Esse auxílio de formação integrada pode ser dado por dois ou três anos, no noviciado, ou durante o currículo de filosofia (se houver) ou de teologia, ou durante o juniorado" (nota 97, p. 467). Na prática, esse período pode ser, e em geral será, mais prolongado, e nada impede que um padre ou religioso, membro da equipe dos formadores residentes, combine esse serviço com outra função, menos com a de diretor espiritual.[14]

Fazer com que os diversos fatores educacionais "convirjam e *se integrem* entre si" (p. 467) através dos colóquios, tipo de ajuda por muitos formandos considerado "um dos auxílios mais válidos entre os que receberam para o seu crescimento vocacional" (p. 468); mesmo, obviamente, não resolvendo todas as dificuldades, traz muitas e diversas vantagens, entre as quais, resumidamente:[15]

1) Um único e mesmo formador, como último responsável, pode catalisar de modo convergente os diversos tipos de

---

vocacionais. Só os problemas do primeiro tipo devem ser encaminhados para especialistas, os outros três, *sobretudo os últimos dois tipos de problemas*, lhe interessam, sendo ele formador de consciências.

[14] Quem seguiu o programa formativo no Instituto de Psicologia da Universidade Pontifícia Gregoriana, em Roma, viveu essa experiência integrativa. Os formadores residentes responsáveis pelo instituto cuidam do processo de seleção e admissão, são professores, fazem os colóquios (duas vezes por semana) com os formandos durante, em média, três anos, e supervisionam seus trabalhos práticos, mas nunca são diretores espirituais. Esses últimos veêm de fora, sendo convidados no último ano do programa para (ensinar a) integrar descobertas feitas nos colóquios com a vida de oração e a vida espiritual em geral.

[15] Para uma descrição mais completa, remeto o leitor à obra de Rulla, *Antropologia da vocação cristã*, cit., especialmente pp. 468-473.

auxílio oferecidos. Por um lado, oferece-se o alimento para favorecer a transcendência nos valores autotranscendentes e, por outro, ajusta-se esse alimento às possibilidades, isto é, à liberdade interior do candidato, para assimilar o alimento.

2) Uma formação integrada evita o ecletismo arbitrário. Houve (depois do Vaticano II) um esforço em formar indivíduos, oferecendo auxílios de diversas pessoas de diferentes categorias, com abordagens variadas (teológica, psicológica, espiritual, social etc.), *sem* tornar possível a adequada integração por parte de um único formador como verdadeiro responsável. Daí as possíveis confusões, contradições ou sentimentos de fragmentação que podem surgir nos candidatos, e, também, sua desorientação. Certo ecletismo de contribuições é útil, contanto que não seja a origem de diferenças dialéticas e esteja subordinado a uma integração por parte de um responsável último, que procure comprometer *toda a pessoa* para catalisar e liberar suas energias de amor.

3) Esse formador, único e último responsável pela formação, tem maiores possibilidades de conhecer o comportamento *habitual* da pessoa, porque pode ter contatos pessoais mais frequentes com cada uma, mesmo fora dos "colóquios de crescimento vocacional". Essa ajuda fraterna, que é mais pessoal, atingindo a pessoa em seu profundo, torna-se um convite ao candidato para um trabalho mais sério e mais fiel em seu compromisso de crescimento vocacional. Além disso, o candidato é ajudado a crescer na autoaceitação e na autoestima, porque essa aceitação e estima são precisamente o que o formador demonstra para com ele não só nos colóquios, como também em outras ocasiões. Em consequência da maior aceitação de si, se o candidato está verdadeiramente empenhado nesse trabalho consigo mesmo, torna-se mais capaz de se abrir com os superiores. Ele se convencerá de que é desvantajoso manter só

uma fachada positiva e que, pelo contrário, só tem a ganhar no crescimento vocacional, caso se mostre como é. Assim, irá se mostrar mais disponível para revelar sua identidade também aos superiores.

4) As vantagens (de um único responsável último) atingem também o grupo, porque as aulas de formação, as homilias etc. do formador reativam e enriquecem as diversas introspecções que cada indivíduo aprendeu durante seus "colóquios".

Como na prática cotidiana atual, em muitos casos, o "acompanhamento humano" está sendo delegado a peritos de fora da casa de formação, dá-se a impressão de que todos os formandos, e não somente alguns, estejam em "terapia", continuando a situação de que ninguém olha para, e conhece a pessoa toda, pois falta o acompanhamento *integral* por um único e último responsável dentro da casa de formação. Mesmo considerando ser uma graça termos pessoas que se dispõem a vir até as casas de formação para ajudar no processo formativo dos futuros ministros ordenados e pessoas consagradas, estamos ainda longe da situação ideal de uma formação integral.

Perfil do formador para uma formação integral

Qual seria então o perfil de um formador para a formação integral, que possa realizar os colóquios de crescimento vocacional? Além de todas as qualidades e habilidades necessárias para ser formador,[16] que seja alguém que se sabe e se sente chamado a prestar esse serviço dentro da Igreja com verdadeiro gosto e dedicação, e que seja confirmado e apoiado nessa

---

[16] Cf. Congregação para a Educação Católica. *Orientações para a utilização das competências psicológicas na admissão e na formação dos candidatos ao sacerdócio*, 2008, e Congregação para o Clero: *O dom da vocação presbiteral: Ratio Fundamentalis Institutionis Sacerdotalis*, doc. 32, CNBB, 2017.

vocação pelo seu superior, que reconhece nele os dons e habilidades necessários. Como se tornar formador de integração depende em grande parte do conhecimento da sua própria personalidade (necessidades, defesas, dinâmicas, enfim) e do modo de viver a própria vocação, a pessoa deve ter realmente interesse em primeiramente ela mesma passar por um processo de autoconhecimento, algo que não se impõe, nem por obediência.[17] Trata-se de uma vocação dentro da vocação de presbítero, de diácono permanente ou de religioso consagrado. Não é exagerado dizer que 70% da habilidade de ser um formador do tipo de que estamos falando está no autoconhecimento e na espiritualidade vivida pela pessoa em questão, e que o conhecimento teórico talvez complemente os outros 30%. Diz Rulla, 1971:

> É claro que esta primeira categoria de educadores não deve ser de indivíduos formados profissionalmente no campo da psicologia do profundo. Devem ser, antes, indivíduos que, livres de conflitos, desenvolveram uma capacidade de perceber as dificuldades profundas dos outros que aspiram servir a Deus e aos irmãos. Naturalmente, esses educadores devem ter também integrado em sua pessoa a maturidade psicológica com as dimensões sobrenaturais e espirituais. O primado dos meios sobrenaturais e espirituais na formação, o poder salutar da graça são sempre supostos implicitamente nesta prospectiva psicológica da vocação.[18]

---

[17] Rulla, *Antropologia da vocação cristã*, cit., pp. 475-476: "O auxílio do educador pode assumir três formas: a do apostolado do exemplo, a do apostolado do 'serviço' e a de uma contribuição para a solução dos eventuais problemas do candidato. [...] De fato, ajudamos os candidatos não tanto dizendo o que sabemos, mas dando o que somos".

[18] Id. *Psicologia do profundo e vocação: a pessoa*. São Paulo: Paulinas, 1986, pp. 221-222 (original de 1971).

O "não ser formado profissionalmente" não exime a pessoa, além de se educar e se formar, em primeiro lugar passando por um processo de autoconhecimento, de estudar seriamente os mecanismos psicológicos *e* espirituais próprios da vocação cristã e tudo que isso possa implicar. Para ajudar formandos, é antes necessário conhecer e trabalhar as próprias inconsistências vocacionais, conforme explicitado na publicação de 1987:

> Além de saber tratar os problemas relativos à idade evolutiva e os "espirituais" (capacidade que em geral está mais ou menos presente entre os formadores de hoje), ele deveria ser capaz de: 1) *perceber a existência* dos problemas relativos à segunda e à terceira dimensão e especialmente de entender se esses problemas obstaculam de fato a capacidade dos sujeitos de tirar proveito da experiência e, assim, de crescer em sua internalização dos valores autotranscendentes de Cristo; 2) [...] esses formadores deveriam *ter superado em sua pessoa* as dificuldades relativas à liberdade para internalizar os valores [...]. Além disso, essa categoria de educadores vai reconhecer a necessidade de mandar os sujeitos mais imaturos, que não podem tirar proveito da experiência, para receber uma ajuda qualificada, como a oferecida pela segunda categoria de educadores[19] (AVC, pp. 478-479).

Ou seja, salvo alguns casos de pessoas já muito maduras e naturalmente sábias, não será suficiente somente estudar teorias e trocar experiências para se tornar formador, porque as suas próprias dinâmicas não serão resolvidas apenas por ele saber que existem e que possam existir nas *outras* pessoas, pois há o grande perigo de enxergar o cisco no olho do outro, mas não perceber a trave no próprio. São, sobretudo, três as consequências negativas na formação, que podem ocorrer

---

[19] Id. *Antropologia da vocação cristã*, cit., pp. 478-479.

quando há discrepâncias entre ideais proclamados e ideais vividos, ou seja, inconsistências centrais no próprio formador: 1) duplas mensagens, 2) transferências, e 3) *exageros na interpretação de normas* por parte dos responsáveis. "O que conta não são apenas os exageros na interpretação de normas em si, mas o fato de que muitas vezes eles são expressão de necessidades subconscientes próprias da pessoa do formador, que não necessariamente são úteis para o crescimento vocacional, e algumas vezes essa motivação subconsciente dos exageros escapa aos formadores (que os praticam), mas não às pessoas em formação (que os sofrem)." Desse modo, as *transferências* estão presentes quando um adulto revive e sente de novo fortemente as emoções experimentadas quando criança em relação a figuras importantes de seu passado infantil ou adolescente. Em outras palavras: quem age por transferência é um adulto que age ou é motivado como uma criança (cf. cap. 4).

As assim chamadas *duplas mensagens* são mais frequentes do que se pensa: os pais transmitem a seus filhos impulsos que exprimem necessidades que eles não conseguiram controlar suficientemente (por exemplo, com respeito à agressão, ao sexo, à dependência afetiva, ao exibicionismo etc.). Notemos, porém, que a transmissão não é consciente, não é feita por meio de palavras; aliás, ela acontece também quando os pais querem esconder as próprias emoções e necessidades insatisfeitas. Os pais fazem essa transmissão subconscientemente, por meio do tom da voz, de expressões faciais, deixando de chamar a atenção dos filhos quando as circunstâncias o exigiriam etc. Todavia, os filhos são inconscientemente iniciados e induzidos à gratificação de necessidades "proibidas" por pais que vicariamente (isto é, através dos filhos) compensem suas necessidades não suficientemente controladas. Nessa mesma linha, a transposição da dinâmica da família à da formação vocacional é fácil de intuir.[20]

Evidentemente, são muitas mais e mais amplas as consequências quando o formador não passou por um processo de autoconhecimento no qual ele aprendeu a entender seus sentimentos e quais são as suas necessidades sub ou inconscientes, seus mecanismos de defesa e de adaptação, as suas forças positivas escondidas no subconsciente, os seus verdadeiros valores e a força destes. Ele conhecerá, caso existam, suas discrepâncias entre os ideais proclamados e os ideais vividos. Em resumo, perceberá as suas inconsistências vocacionais e como elas funcionam dinamicamente dentro dele, ou seja, conhecerá a própria psicodinâmica e a sua influência sobre a vida espiritual, inclusive os meios espirituais, como a oração e a vivência dos valores próprios da sua vocação.

Parece-me necessário repetir que tudo isso que estamos falando está dentro da normalidade do ser e do funcionar do ser humano e que, em si, não tem nada de patológico. Pode ser que seja algo novo, até estranho, pois, para muitos, se trata de um mundo desconhecido, mas que, possivelmente, esteja exercendo, porém, uma influência considerável sobre a vida vocacional. O paradoxo é que, quanto menos consciente, mais a vida da pessoa será influenciada por esse mundo desconhecido. Quanto mais conhecido, mais "fácil" será administrá-lo. Trata-se de uma dimensão da vida com a qual não fomos acostumados a conviver e que, por isso, muitas vezes fica na sombra, até que algo "estoure".

Escuta-se com frequência que bispos e superiores religiosos não encontram ministros ordenados que realmente desejem colocar-se à disposição da formação. De fato, é uma grande

---

[20] Ibid., pp. 458-459.

responsabilidade, a qual limita as possibilidades de compensações que há, por exemplo, em uma paróquia e, no meio do povo, limita a "liberdade", por estarem comprometidos com horários fixos da casa de formação, além de exigir uma preparação específica. Alguns padres (e outros) julgam que um processo de autoconhecimento, necessário para ser formador, é muito intensivo e um grande investimento, inclusive de tempo. Investir horas e horas em cursos de línguas ou de outros interesses pessoais é considerado algo normal, mas investir 120 ou 160 horas/contato (uma hora durante 40 semanas por, em média, três ou quatro anos) em si mesmo e para o próprio crescimento parece demais. Quem sabe o motivo de não se enfrentar a si mesmo seja outro, que não o de tempo a ser investido? Uma coisa é certa: trabalhar na formação, pelo fato de ser confrontado continuamente consigo mesmo, através dos formandos, é um dos caminhos que pode ajudar mais na própria santificação. Ser formador é algo exigente e necessário dentro da Igreja e, ao mesmo tempo, desafiador e fascinante para quem é chamado a prestar esse serviço.

Algumas observações preliminares

1. Fazer a experiência. É impossível tratar aqui de tudo o que deve ser trabalhado nos colóquios: o formador saberá do que tratar, pois ele mesmo passou pelo processo de autoconhecimento através de colóquios de crescimento vocacional e, depois ou paralelamente, estudou algumas matérias específicas da área de psicologia do profundo (além, evidentemente, da vivência e do conhecimento dos processos da vida espiritual). É como atender confissões: não se pode ensinar alguém a ouvir confissões, se ele nunca se confessou.

2. Lembrar-se sempre da finalidade do colóquio. "O objetivo da educação deve ser o de aperfeiçoar, melhorar ou tornar

possível a atualização da capacidade de o homem ouvir a voz de Deus que lhe fala por sua Palavra revelada ou pelas situações existenciais da vida".[21]

3. Grau de maturidade. Mesmo se tratando de um livro sobre vocações adultas, parece-me necessário observar que, segundo o saudoso mestre Padre B. Kiely, esse tipo de colóquio terá mais eficácia quando aplicado a pessoas que já entraram na fase da vida em que conquistaram *certa* personalidade, mesmo que, evidentemente, ainda não acabada. É difícil estipular uma idade precisa, pois cada indivíduo é um e único, mas, falando em geral, deve-se pensar em pessoas de 22 anos ou mais. O motivo é que, até alcançar essa idade, a personalidade ainda está em formação e não é bom mexer demais com aquilo que está em desenvolvimento (pois pode deformar mais que formar); para dar forma a mudas de árvores frutíferas, espera-se o momento em que se observa qual forma básica ela tem por natureza, para depois fazer a poda necessária. Nas fases formativas anteriores à idade mencionada, podem ser passadas informações usuais sobre o funcionamento geral do ser humano e, também, em relação à vocação, e ter conversas mais "leves", suscitando e preparando, assim, a predisposição, para depois continuar com colóquios mais profundos.

4. Integração com a direção espiritual. É necessário que a pessoa tenha um diretor espiritual, alguém que saiba respeitar e valorizar o trabalho feito nos colóquios, para evitar, como às vezes acontece, que oriente em sentido oposto e/ou até critique abertamente o uso das ciências humanas. Outrossim, a quem está sendo acompanhado devem ser apresentados e esclarecidos *claramente* os conteúdos dos valores próprios da vocação para a qual se sabe chamado, bem como ser incentivado a ter

---

[21] Rulla, *Psicologia do profundo e vocação*, cit., p. 206.

uma vida regular de oração, de momentos de silêncio e de meditação introspectiva, promovendo, assim, a integração entre oração e colóquios. A prática ensina que, quem tem uma vida de oração regular e profunda, entrará também mais profundamente dentro de si, tirando mais proveito dos colóquios (e da direção espiritual).

5. Colóquios com alguém de fora. Nos casos em que faltam formadores de integração dentro da própria casa de formação e o formando é acompanhado nos colóquios de crescimento vocacional (não estamos falando de psicoterapia) por alguém de fora, torna-se de suma importância que os formadores que convivem com esse formando o confrontem na caridade, pelo método da correção fraterna, apontando e comunicando *explícita e claramente* quais as áreas da vida em que ele pode/deve desenvolver/crescer mais (sempre tento evitar a palavra "melhorar"). É que nessas situações acontece, não poucas vezes, de o formando dizer a quem vai acompanhá-lo que foi encaminhado, mas que não sabe o porquê nem o que precisa ser trabalhado.

6. Frequência dos colóquios. Para que se possa desenvolver realmente um processo, os colóquios devem ser realizados regular e frequentemente; de preferência, e principalmente no início, semanalmente, podendo, depois de um ano, passar a ser a cada 15 dias. A pandemia do ano de 2020, que forçou o trabalho *on-line*, mostrou que esse tipo de acompanhamento, com pessoas que já estavam fazendo o processo, não sofre em qualidade quando feito a distância, desde que o acompanhado tenha condições de falar de um lugar privativo da sua casa e, portanto, sem intervenções de pessoas (ou pets) ao seu redor. Esse fato, inclusive, abre a possibilidade de continuar o atendimento *on-line*, intercalando com alguns momentos presenciais. No caso de um instituto para vocações adultas, onde participam também candidatos de outras dioceses e congregações, isso

pode resultar em grande benefício. No Instituto Bovendonk o colóquio faz parte do programa de cada etapa e é realizado quinzenalmente.

7. Colóquios para quem? Quando, mais no início deste livro, foi dito que uma das diferenças entre seminaristas jovens e vocacionados adultos é que os últimos alcançaram, pela experiência de vida, mais maturidade, e que se pode pressupor ou esperar que, pela idade mínima de 28 anos, resolveram as (maiores) questões desenvolvimentais (a segunda das quatro categorias de possíveis dificuldades), não se quis dizer que não necessitam desses colóquios de integração que miram, além das primeiras duas categorias de possíveis dificuldades (espirituais/morais e desenvolvimentais), também uma parte das possíveis dificuldades da terceira categoria: as inconsistências pré-conscientes (não as do nível inconsciente mais profundo, portanto). Pelo contrário, um dos aspectos que mais auxiliam no processo formativo de adultos é exatamente o colóquio para integrar as várias áreas da vida com a nova caminhada vocacional, isso porque, como já foi dito, além dos "vícios mais comuns" de jovens, os adultos trazem também "vícios profissionais"; quanto mais viveram, mais material têm para ser integrado. Em geral, a motivação de adultos para fazer os colóquios é mais forte e fundamentada do que a de jovens. O que nos leva a outra observação.

8. Adesão livre. "Impor" e "obrigar" os formandos indistintamente a fazer esses colóquios trará poucos resultados eficazes para o processo *vocacional*. Deve-se incluir no programa uma maneira de motivá-los, a fim de que realmente possam conscientizar-se da importância e do valor dos colóquios. Em Bovendonk, aborda-se o conteúdo do capítulo primeiro deste livro no primeiro semestre do primeiro ano: a vocação na Sagrada Escritura e os documentos da Igreja sobre o diaconato

permanente e o presbiterado, para entender *para que* Deus chama cada pessoa. Assim é colocado o ideal em direção do qual os formandos devem caminhar durante os anos de formação inicial e, depois, durante a vida toda. No segundo semestre, é tratado o conteúdo do capítulo 5 deste livro: a resposta do homem ao chamado. Trata-se de mostrar a realidade das limitações próprias do ser humano, os processos intrapsíquicos resultantes da interação entre necessidades, valores, atitudes, mecanismos de defesa/de adaptação – no seu todo chamados de psicodinâmica –, de onde pode vir, enquanto desconhecida, uma considerável influência (não só negativa, mas na qual também podem ser "des-cobertas" riquezas e tesouros a serem explorados) sobre a realidade humana vivida por todos nós, e expressa por São Paulo, quando ele diz que não consegue entender o que faz: "Realmente não consigo entender o que faço; pois não pratico o que quero, mas faço o que detesto" (Rm 7,15). Em geral, o conteúdo do curso do segundo semestre abre os olhos dos formandos e os motiva fortemente para os colóquios; caso alguém não consiga motivar-se *minimamente*, deve-se questionar a sua real vontade (ou quem sabe a sua capacidade) de se educar e de se formar, porque, sem aderir genuinamente aos colóquios, sem se abrir para si mesmo na presença do formador de integração, não pode haver um verdadeiro processo formativo. Isso porque, com os dois cursos mencionados, evidencia-se a dialética de base presente em todo ser humano: o ideal para o qual somos chamados e a resposta concreta do homem atual, limitado. Faltando a consciência e aceitação da existência de um desses dois polos (geralmente a segunda) e, portanto, a exigência de iniciar uma verdadeira caminhada interior, pouco ou nada acontecerá enquanto crescimento *vocacional*. Como um ministro ordenado poderá entender as profundezas das almas dos fiéis, se nunca entrou em suas próprias? Ele dará respostas padrão, respostas teóricas, mas será muito difícil desenvolver verdadeira empatia.

9. Grau de interesse pelos colóquios. Quem procura e pede para fazer colóquios de crescimento vocacional são as pessoas que têm amor-próprio, considerando que "amor-próprio" significa se interessar e investir em si mesmo, no seu próprio desenvolvimento/crescimento, para poder se tornar dom total para outros por causa do Reino de Deus. Existem tipos de pessoa que têm características que irritam a todos, mas elas não se dão conta, não se percebem, porque aquela característica não as incomoda. Essas pessoas deverão ser confrontadas e ajudadas, para diminuírem a sua área cega, aquilo que não veem em si mesmas. A correção fraterna, através de *feedback*, poderá auxiliar muito nesse aspecto.[22] No capítulo 4, já falamos da importância do confronto na caridade, mas, ao mesmo tempo, com pulso firme, pois, na prática, verifica-se que não poucos formandos chegam na Ordenação sem que sequer lhes tenha sido dito em quais áreas da vida e da caminhada vocacional deveriam crescer, e, às vezes, com resultados desastrosos. O tipo de pessoa que busca acompanhamento é aquela que experiencia algo que a incomoda, algo que não vai bem, que é distônico (que está em distonia com o seu eu) na sua vida. Uma bela metáfora disso se encontra numa notícia do *Sputniknews*, do dia 5 de junho de 2020: "Estranho fenômeno no oceano faria embarcações navegar em círculos no Atlântico. Os oficiais que se encontravam a bordo do petroleiro Willowy experimentaram um raro fenômeno na semana passada, quando navegavam no oceano Atlântico. No início da navegação, detectaram que tanto seu navio como outros quatro na área estavam navegando

---

[22] Fritzen, J. F. *Janela de Johari: exercícios vivenciais de dinâmica de grupo: relações humanas e de sensibilidade*. 25. ed. Petrópolis: Vozes, 2013.

em círculos, incapazes de seguir o rumo estabelecido. Após perceber a situação, a tripulação considerou inicialmente que a causa do fenômeno corresponderia a fortes correntes, que talvez afetassem a direção dos navios [...]. A tripulação recorreu à ajuda por rádio de oficiais superiores da companhia em terra e, efetivamente, se determinou que o giroscópio principal do barco não estava funcionando bem. Após o problema ser identificado e corrigido, foi possível retomar a rota original".[23] É exatamente o que acontece quando um formando sente que está andando em círculos, que está "patinando", sem conseguir sair do lugar, quando se percebe "incapaz de seguir o rumo estabelecido". Com a ajuda de "oficiais superiores", o círculo vicioso oriundo de "fortes correntes" do subconsciente ou por falha do "giroscópio" (discernimento espiritual?), que o faz patinar, pode, em muitos casos, ser quebrado e ele poderá retomar a sua rota original em direção ao ministério ordenado. Quem não pede ajuda, continuará navegando em círculos até o combustível acabar e o navio ficar à deriva (algo que poderia ser comparado com, por exemplo, a síndrome de *burnout*), ou até afundar de vez, deixando o processo formativo, ou, mais tarde, o ministério, sem ter feito um verdadeiro discernimento.

10. Colóquios como meio. Os colóquios são uma garantia para "o sucesso"? A resposta, evidentemente, é não. Os colóquios de crescimento vocacional são *um* meio para ajudar a pessoa em formação. Por vários motivos, nem sempre "dão certo". Pode ser que: falte verdadeira convicção do significado dos valores proclamados; apesar de se esforçar genuinamente, a pessoa simplesmente não consiga entrar profundamente em si mesma; as defesas sejam tão fortes, que uma boa parte do

---

[23] <https://br.sputniknews.com/ciencia_tecnologia/2020060515663333-estranho-fenomeno-no-oceano-faria-embarcacoes-navegar-em-circulos-no--atlantico/>

conteúdo ameaçador fique escondido; no fundo, a pessoa não consiga motivar-se suficientemente; sua estrutura psicológica esteja comprometida demais para *esse tipo* de acompanhamento; o desejo de viver os valores próprios da vocação desejada seja fraco demais; a transferência e/ou contratransferência formando-formador impossibilite de fazer um bom processo; falte para o formador a habilidade para ajudar *essa* pessoa etc.

Nesses casos, e quando a estagnação do processo demora demais, o que Rulla expressa dizendo que a pessoa não consegue aproveitar a experiência, deve ser avaliado o que está acontecendo, sem automaticamente e sempre atribuir a origem da dificuldade ao formando. Avalia-se a possibilidade de a pessoa fazer um caminho melhor com outro formador ou até com um perito de fora. Essa avaliação deve ser feita objetivamente pelo formador juntamente com o formando, pedindo, às vezes, também a opinião de uma terceira pessoa.

Também é possível que tenha sido feito um bom caminho durante os anos de formação inicial, mas, depois de alguns (ou muitos) anos de Ordenação, o ministro ordenado perceba que é preciso um reforço, retomando alguns aspectos que, quem sabe, até já foram tratados, mas que voltaram com mais força. Como pode acontecer, também, de, depois de muitos anos de Ordenação, a pessoa "se perder" em uma ou outra situação, o que a forçará a retomar o processo de olhar mais profundamente para dentro de si. O importante é nunca se considerar "acabada", infalível, inatingível ou intocável. Todos temos pés de barro. É sabedoria e humildade, não vergonha, reconhecer-se frágil e buscar ajuda sempre que for preciso.

O conteúdo dos colóquios de crescimento vocacional

Tudo que foi dito no capítulo 2 deste livro é a base do conteúdo do que é tratado nos colóquios, junto com o conteúdo do capítulo 5, o qual serve apenas de exemplo de uma possível abordagem de espiritualidade vivida. O conteúdo do capítulo 4 pode ajudar a prestar atenção em alguns aspectos observados mais especificamente em adultos. Portanto, não vou repetir aqui o que já foi dito, mas apenas enfatizar a importância da dialética entre aquilo que, por um lado, a pessoa diz querer (se tornar) e os valores que ela proclama como sendo importantes e, por outro lado, a experiência subjetiva de necessidades e de outros obstáculos sentidos, mas não suficientemente conscientes. A vivência prática e concreta cotidiana pode ser influenciada e direcionada pelos valores, pelas necessidades, ou pelos dois. A grande questão é: até que ponto há consistência entre os valores proclamados, as necessidades sentidas, as atitudes concretas, e como trabalhar as eventuais inconsistências, conscientizando-se, através da oração reflexiva introspectiva e dos colóquios, para em seguida tomar decisões concretas? Quando é que as necessidades sentidas e subconscientes influenciam negativamente a vivência dos valores proclamados?

Busquei iluminação para este tópico em Alessandro Manenti, autor que descreveu magistralmente o processo todo, e remeto o leitor a seu livro.[24] Transcrevo alguns poucos trechos do livro, indicando as páginas da edição original, para maior compreensão, mas também para provocar no leitor curiosidade e interesse para estudar o conteúdo desse livro, a meu ver, uma obrigação para todos os formadores que trabalham com acompanhamento de integração.

> A dimensão finalística (dos valores) tem um papel importante no acompanhamento, enquanto *acompanhar significa*: favorecer na pessoa a integração entre aquilo que ela é (o mundo do sentir)

---

[24] Manenti, A. *Comprendere e Accompagnare la Persona Umana*, cit. Traduzido para o português e publicado por Paulinas Editora em 2021.

e aquilo que deseja tornar-se (o mundo do querer), com o desejo de que aquilo que sente é também aquilo que quer, e que aquilo que quer também é aquilo que sente (p. 8).

O autor facilita a compreensão da dialética de base no ser humano, falando do Eu Ideal como sendo o coração grande (ilimitado e aberto à transcendência), e do Eu Atual como sendo o coração pequeno (limitado e contingente); o ser humano é cidadão desses dois mundos dentro de si: "Aqui está seu drama e sua tarefa: respeitar e conciliar esses dois mundos diferentes.[25] Viver significa, então, levar em conta este paradoxo que não existe nos animais e nem nos anjos: não nos primeiros por causa de excesso do finito e não nos segundos por excesso do infinito". *Acompanhar pessoas é* "simplesmente" isso. Cristãos ou não, o nó da questão é sempre este: conjugar nossos dois mundos. Essa tarefa paradoxal da existência humana se torna, ao nível da pesquisa científica, um trabalho de integrar a espiritualidade e a psicologia. No caminho da vida, o homem da ciência pode cair em dois perigos: de um lado, o psicologismo depressivo, que, em nome dos condicionamentos sociopsíquicos, nega a possibilidade da vida espiritual e, do outro lado, o espiritualismo onipotente, que nega ou não considera o chão humano no qual o ideal (idealidade) dever--se-ia enxertar.

---

[25] A noção da "dialética de base" é tratada de modo mais extenso no capítulo 5, ao qual remeto o leitor. Como lembrete vai aqui mais uma vez a definição de Rulla: "é uma das características profundas do homem desejar, ser confrontado com algo que vai além de sua limitação, de sua finitude, da ordem sensível ou intuitiva-emotiva. Esse anelo pelo Infinito, pelo objeto, abraça o nosso espírito, sem destruir, porém, o que há de finito e de limitado em nós. Daí a dialética presente em nosso ser entre o infinito a que tendemos com nossos ideais e o finito de nossa realidade". Rulla, L. M. *Antropologia da vocação cristã*, cit., p. 177.

Do que foi dito até aqui, segue que *acompanhar pessoas significa* ajudá-las a se movimentar com agilidade dentre os dois mundos, que são os únicos que ela tem para se realizar. No processo de acompanhamento, pode-se partir da espiritualidade ou da psicologia, mas o importante é que um polo engloba outro (EA e EI, chamados pelo autor de coração pequeno e coração grande). Para alguém estar bem, não é suficiente analisar a situação contingente na qual se encontra (o mundo das limitações), mas é preciso encontrar o fim para o qual se vive (o mundo do desejo). Por outro lado, não é suficiente analisar o fim, mas é necessário olhar como a pessoa se "movimenta" no pequeno ambiente dentro do qual se desenvolve a vida diária (p. 12).

> Não é fácil juntar os polos numa única visão... A dificuldade de fazer ligações está no fato de que elementos que discordam entre si não podem criar harmonia. O joio e o trigo sempre estão juntos, preto e branco, anjo e diabo. Seria errado pensar que onde há joio não pode haver trigo e vice-versa. [...] Ver o mal no vilão e o bem em quem é bom é fácil. Menos fácil é perceber a vontade do bem no vilão, mesmo quando continua fazendo o mal, ou captar o resíduo do egocentrismo nas ações de santidade. *Aqui está uma arte do educador*: a sabedoria de captar que "dentro" existe "um outro", um outro significado daquele em primeiro plano apresentado e daquilo que o simples bom senso sugeriria. É a capacidade de identificar o chamado do Espírito, mesmo lá onde, pela sua aparente ausência, o Espírito foi esquecido; a capacidade de saber (como as virgens sábias do Evangelho) que a ausência não é um vazio, mas uma presença através de um sinal contrário. O que importa é ter sempre presente que um polo diz algo sobre o outro, não porque assuma as palavras do outro, mas o diz com as próprias palavras (pp. 31-33).

Respeitar e não abolir a dialética

Na dialética cada um dos dois polos cria, conserva e evoca o outro. Esse é outro aspecto que pode escapar ao trabalho do educador, se também ele pensa que maturidade seja ausência de tensões. Também aqui parece algo estranho, mas é assim: "se tento destruir o pequeno coração, também o grande sofre" – arrancar o joio e levar o trigo junto. "O educador pode pensar que ajudar a crescer significa detectar o pequeno coração para extraí-lo, na ilusão de que o grande coração, uma vez livre da força que o puxa para 'baixo', possa continuar deslizando na estrada da vida como óleo." Surge então a pergunta: "E que tal se conseguisse nesse trabalho ilusório fazer do seu discípulo um pequeno anjo, o que ele teria conseguido? Uma pessoa tão pura, convertida e de coração tão grande, que não precisaria mais de ninguém, muito menos de um salvador". Nesse sentido, "abolir o pequeno coração é abolir a vida teologal e a necessidade da graça". Nas muitas espiritualidades que se tentam "projetar" ao grande, ao alto, há um projeto escondido de autossalvação. Mas também o contrário é verdade: "Condescender demais ao pequeno coração inflige uma queda do grande coração. Excessivamente perdoar, consolar, compreender, dar por descontado, cria pessoas laxistas, conformadas. Banalizar os pequenos sinais do pequeno coração ('sou assim'), insistir na autoaceitação, o que pode significar resignar/conformar-se, aceitar coisas pequenas em nome da fraqueza humana, [...] entorpece e corta a vontade de planejar altos voos" (p. 35).

Por que a dialética de base é o "coringa na mão" do educador?

Manenti apresenta um exemplo baseado numa possível preparação de um casal de noivos para o sacramento de Matrimônio.

Como explicar que se casar no civil e "na Igreja" não é a mesma coisa? Qual a diferença? Podemos elaborar a nossa resposta em vários níveis:

1. Nível de conteúdos teológicos: vão escutar o padre que está dando o enésimo sermão.
2. Nível de comportamentos: "agora a Igreja ainda pretende regular a nossa vida" com "nãos".
3. Nível de espiritualidade: falaremos de coisas grandes que os jovens ainda não captam.
4. Nível da dialética de base: daquilo que eles mesmos dizem sobre a sua relação, emerge que sempre e de qualquer forma, o seu amor é, e continuará dialético, de modo que se amam e se amarão de todo o coração, mas com todo o coração se escondem e se esconderão um do outro, não porque o seu amor é fraco, mas porque é o amor do coração humano.

A dialética de base, nesse caso específico quanto à relação de amor, é: "a busca apaixonada de um bem que realmente o seja, total e integral, com a tendência concomitante de empobrecê-lo e estragá-lo". É nesse nível que o Evangelho tem muito a dizer. Nesse nível, aquele casal, como todos os outros, certamente se sentirá interpelado pela proposta cristã e fará perguntas que não terminam. Podem até rejeitá-la, mas fica o problema de como gerir a dialética de base que eles de qualquer modo devem enfrentar. Se encontram uma solução melhor que a oferta de Jesus, bem, significa que Jesus é apenas "um entre tantos salvadores!" (p. 38).

Dialética de base: convergência interdisciplinar

Com Guarinelli, Manenti afirma não aceitar a tese de que a teoria cabe à teologia e a reflexão sobre a prática à psicologia. "Defendemos, portanto, que o método proposto neste livro seja psicologicamente, mas também teologicamente fundamentado". (Guarinelli, *Revista 3D*, 1, 2011, pp. 53-65). Acreditamos, ainda com Guarinelli (p. 55), "que a distinção entre o psicológico e o espiritual é difícil de praticar". Ademais, se a distinção é válida para a reflexão, não o é na prática. "A prática nos dá a unidade da pessoa. A distinção é necessária e útil, mas é uma distinção conceitual que não pertence ao nível da fenomenologia da experiência, mas ao nível de uma reelaboração conceitual sobre a experiência." Desse modo, aquilo que a experiência na verdade fornece é a unidade da pessoa. Tal unidade se encontra sempre: tanto na direção espiritual como na prática psicoterapêutica. A afirmação de base é esta: "Não é possível chegar ao ponto de dizer 'até aqui vai o agir de Deus; a partir daqui não o é', até aqui é psicologia e até aqui é graça; até aqui é natureza, até aqui é sobrenatural. Acreditamos que o acompanhamento deve fazer emergir (indutivamente e afetivamente) a dialética de base e as formas nas quais ela se concretiza em cada caso". A indagação psicodinâmica *não é* o objetivo último do acompanhamento. É a estrada que nos leva a entender como a dialética de base está se concretizando na pessoa específica que está em nossa frente. "Não fosse assim, o nosso acompanhamento não teria nada de específico em relação à prática de *counseling* ou qualquer outra forma de psicoterapia. Acreditamos que fazer emergir a dialética de base é favorecer a integração fé-vida. Na verdade, é no terreno da dialética de base (e sobretudo na sua forma que o nosso modelo da antropologia da vocação cristã chama de segunda dimensão) que se encontram, desencontram, ou integram temas psicológicos e espirituais". Por fim, "é neste terreno que qualquer um de nós descobre que – ao menos em alguns aspectos – se entrelaçam a seriedade em relação a si mesmo e a seriedade em relação a Deus" (pp. 41-43).

Uso da noção da dialética nos colóquios

Dialética de base é um conceito-chave, porém, de pouco impacto terapêutico. Essa é uma palavra que seria melhor que nunca mais fosse pronunciada no diálogo formativo, porque há o risco de intelectualização. É um conceito que o formador deve ter em mente, mas não a pessoa acompanhada; se bem que ela pode tê-lo em mente no fim do caminho feito, depois que teve contato emotivo com a existência em si dessas dialéticas; depois que sofreu, vivenciou, rejeitou, negou... em outras palavras, o educador usa o conceito da dialética de base como instrumento hermenêutico, mas deve contextualizá-lo, ou seja, reconhecer na interpretação/tradução de quem é acompanhado quando fez uso dele em termos de necessidades, defesas, valores, soluções de vida, estratégias de sobrevivência... permanecendo nessas concretizações, para depois, com o tempo, levar a pessoa a ver que aquelas concretizações não são somente manobras de sobrevivência, mas um modo de construir ou estragar a própria humanidade (p. 44).

Como foi dito, somente o formador que passou pelo processo, tendo "contato emotivo com a existência em si destas dialéticas", e que estudou as matérias necessárias para também compreender conceitualmente os processos atuantes no ser humano, poderá "trocar de poltrona" para ouvir e ajudar os outros.

A você, iniciante

Uma última palavra para todas as pessoas interessadas em começar os colóquios de crescimento vocacional e, quem sabe, também para as que têm certa resistência em iniciá-lo. Escrevo a partir da prática de quem já se sentou por muitos anos na poltrona do acompanhante, e ainda, às vezes, se senta na poltrona do acompanhado. A linguagem usada é popular-prática, não científica. O uso de metáforas serve como tentativa de facilitar a compreensão, sabendo que elas jamais poderão cobrir toda a carga de significado. O objetivo é apenas abrir os olhos daqueles para quem isso se trata de algo novo, e, por isso, serei breve, porque se refere a um mundo vasto, que não pode ser descrito mesmo que exaustivamente. Também aqui vale que é impossível explicar o sabor de uma laranja para alguém que nunca saboreou uma; é necessário se lançar e experimentar; o tubarão aprende a nadar, nadando.

No fim, indicarei alguns livros que podem ajudar iniciantes a entender algo mais sobre o "submundo" presente no ser humano. Aconselha-se aos iniciantes que, enquanto estão sendo acompanhados, não leiam muito livros populares de autoajuda, para evitar que durante o acompanhamento falem mais de teorias e conceitos aprendidos do que só e unicamente de si mesmos. A proposta dos colóquios é que a pessoa fale de si mesma, não de teorias, nem de outras pessoas, a não ser que seja necessário, para aumentar a compreensão de si em relação a outros.

Por que iniciar os colóquios?

Por que iniciar um processo de autoconhecimento? "Estou bem, não preciso disso, não sou louco"; "sei o que quero e já tenho um diretor espiritual"; "quando tenho alguma dúvida, procuro alguém, e pronto"; "por que os meus superiores pedem isso de mim?. Será que acham que há algo de errado comigo?"; "por que será que isso faz parte do programa formativo?"; "não podem exigir isso de mim!"; "eu até gostaria de fazer um processo de autoconhecimento e sei da importância dele, mas dá medo, não sei o que vou encontrar". São esses alguns dos pensamentos que podem passar pela cabeça das pessoas. De fato, não é fácil compreender a importância de algo desconhecido e, mais ainda, quando se trata de si mesmo. Enfrentar situações externas é uma coisa, enfrentar a si mesmo já é bem outra. É comum pensar ou insistir em se tentar convencer de que o próprio agir (e o dos outros) é sempre fruto de decisões conscientes, com a ilusão de ter o volante da vida nas próprias mãos, enquanto, na verdade, a vida segue em boa parte na base do piloto automático, sem se questionar sobre o porquê faz ou deixa de fazer determinadas coisas.

Há também quem pense que certas limitações se resolvem por si mesmas, com o tempo. O piloto, nesses casos, apenas "assiste" aos movimentos e ritmos automáticos e repetitivos da própria vida, sem acreditar que pode intervir, ao mesmo tempo, porém, queixando-se do tédio que dá não "poder fazer nada", até o momento em que o sapato aperta e a pessoa é forçada a agir. Essa sensação de impotência em relação ao "não poder intervir" na própria vida frequentemente vem depois de a pessoa ter seguido orientações, conselhos e práticas convencionais, como, por exemplo, direção espiritual, frequentar os sacramentos, rezar, fazer retiros etc., e ainda assim "algo não vai". Apesar de todos os esforços feitos, uma certa área da vida continua atrapalhando *demais* o processo de internalização dos valores importantes para viver a vocação à qual se sente e se sabe chamada. É como perceber que o motor do carro não desenvolve e, apesar de acelerar mais e mais, a coisa não vai. Ou ainda, para usar outro exemplo, apesar de encher e aquecer mais e mais o ar do balão, ele não sai do chão. É que, em vez de acelerar mais ou em vez de encher mais e mais o balão (mais sacramentos, mais encontros, mais treinamentos, mais oração, mais retiros, mais conversas, mais penitência, mais leitura de livros de autoajuda etc.), é preciso soltar o freio de mão ou soltar as cordas que seguram a cesta do balão no chão. Nesse sentido, é de grande valia invocar Nossa Senhora Desatadora dos Nós como padroeira dos colóquios.

Tudo isso não quer dizer que os colóquios só servem para quem tem "problemas". O ministro ordenado escuta muitas pessoas que trazem muitas e diversas situações da vida, e cabe a ele, em primeiro lugar, compreender a pessoa, para depois, quem sabe, poder ajudá-la. Como não julgar, condenar e criticar dificuldades de outros, como ser verdadeiramente empático e misericordioso, se o ministro ordenado não tem a mínima ideia de como o ser humano "funciona" interiormente, de como a ação do Espírito Santo e as limitações humanas se entrelaçam? Lembremo-nos de que o Papa São Paulo VI chama a Igreja de "perita em humanidade".

Combater o bom combate

A segunda premissa elencada acima é: "O objetivo da educação deve ser o de aperfeiçoar, melhorar ou tornar possível a atualização da capacidade de o homem ouvir a voz de Deus que lhe fala por sua palavra revelada ou pelas situações existenciais da vida".[26] A vida deve ser "feita", construída, conquistada, para o cristão, dentro de uma visão de fé e da entrega à graça de Deus, deixando-se guiar por ele: "como ribeiro de água, assim o coração do rei na mão de Iahweh, este, segundo o seu querer, o inclina". (Pr 21,1). São Paulo, aceitando a graça e, por isso, colocando seu coração cada vez mais na mão de Iahweh, segue, não sem ausência de luta interior, para o lado da vida ao qual Deus o inclinava: "Combati o bom combate, terminei a minha carreira, guardei a fé" (2Tm 4,7). Deixar-se educar e formar pelo Senhor exige cada vez "menos eu" e "mais ele".

---

[26] Rulla, L. M., sj. *Psicologia do profundo e vocação*, cit., p. 206.

Tornar-se mais dócil à ação do Espírito Santo implica, e sem desejo de chegar à perfeição mas sim à plenitude, remover gradativamente obstáculos internos que possam dificultar a ação divina que nos quer moldar: "E no entanto, Iahweh, tu és o nosso pai, nós somos a argila e tu és o nosso oleiro, todos nós somos obras das tuas mãos" (Is 64,7). Essa colaboração com a graça divina, de nos colocarmos cada vez menos no centro de nós mesmos, a fim de abrir espaço para ele, é responsabilidade nossa; é a nossa resposta de gratidão, de corresponsabilidade, ativa e constante, ao chamado de Deus, cientes, porém, de que se tornar mais santo é dom de Deus, nunca fruto do nosso esforço, por mais que tentemos e nos esforcemos em colaborar com a graça.

Verbalizar-se

Diz Araújo dos Santos (cf. Direção espiritual, no capítulo 9): "Se de Santo Inácio se diz que 'desde a juventude [...] possuía uma qualidade rara [...] que consistia em uma capacidade singular para analisar a si mesmo', e 'fazendo dele paulatinamente um homem de uma extraordinária *prudência reflexiva*, isto é, com uma consciência capaz de poder cogitar sobre si mesma', parece que atualmente, para a grande maioria dos formandos (e tantos outros) não é mais suficiente 'beber da mesma fonte da tradição espiritual cristã anterior' apenas, e busca-se beber também de outras fontes, como as das ciências humanas modernas, para ajudar a adquirir essa capacidade". Na tradição espiritual cristã anterior era, mas em muitos mosteiros e algumas congregações ainda é, comum aprender a se verbalizar na presença do abade ou do mestre de noviços. Esse *verbalizar-se* já indica que o colóquio, como muitos esperam no início, não é um diálogo ou conversa onde o acompanhado fala *para* o formador, esperando, em seguida, receber uma reação dele (como, por exemplo, na direção espiritual), mas ele se verbaliza para si mesmo, em voz alta, na presença do formador, que, a partir daquilo que a pessoa traz, a ajudará a entender melhor aquilo que está verbalizando. O formador ensinará o formando, sobretudo, a fazer as perguntas certas para si mesmo, a fim de poder encontrar as suas próprias respostas; trata-se de ensinar à pessoa uma maneira de olhar para si mesma, de entender como funciona a sua "engrenagem interior", de administrar a si mesma durante toda a sua vida.

Saber fazer as perguntas certas é uma verdadeira arte na vida. Todas as respostas já estão dentro da pessoa, mas algumas ainda devem ser encontradas e reveladas (educar, tirar para fora). É se verbalizando, no início com dificuldade, por se tratar de algo novo, que o acompanhado começa a se familiarizar com seu mundo interior. Poucos de nós fomos acostumados com a possibilidade de, na presença de um outro, poder falar somente de nós mesmos, ou até de ficarmos alguns momentos em silêncio reflexivo, sem pensar naquele outro que está sentado na nossa frente, no sentido de estabelecer, por mais que às vezes se tente provocar um diálogo, o que poderia ser considerado falta de educação, e por isso os primeiros colóquios causam estranheza: "sempre eu que começo?" ou "só eu falo?".

Ir para águas mais profundas

Outra novidade é saber adentrar em si mesmo, descer até os níveis mais profundos até então nunca visitados de modo consciente. "Mas como faço isso? Não sei o que fazer!" Isso é algo que se escuta bastante no início do processo. Observar-se e saber distinguir em si os dois mundos de que falamos tanto anteriormente, significa aprender a distinguir entre pensar e sentir, entre razão e emoção. Silenciar-se para escutar *verdadeiramente* um outro já é difícil, silenciar e "escutar-se" é um desafio ainda maior, porém, necessário para quem deseja comunicar-se e comunicar Deus: "ouve, ó Israel" (Dt 6,4) e "escuta, filho" (prólogo da Regra de São Bento). Como diz Henri Nouwen:

> Comunicar é antes de tudo anunciar a si mesmo, "se entender até o próprio eu mais profundo", e, portanto, ser livre de resistências e barreiras, conscientes e inconscientes, que distorcem ou tornam superficial, teórica ou estéril, a percepção da verdade, impedindo assim de olhá-la mais de perto e de saboreá-la, contemplá-la e personalizá-la o suficiente para perceber a urgência de anunciá-la.[27]

Adentrar em si mesmo, para quem nunca o fez, é como entrar em outro mundo: é como alguém que nasceu na cidade, entrando na selva com os seus barulhos desconhecidos, mas próprios da selva, os quais inicialmente podem amedrontar, mas que também possui belezas e encantos; é como sair da superfície do mar e mergulhar nas profundezas, onde existe um mundo animal e vegetal jamais imaginado, um mundo novo a ser explorado com todas as suas riquezas. Quem pensa que andar nas praias e viajar de navio faz conhecer os mares e oceanos, vai descobrir que ainda não viu nada quando colocar roupa e máscara de mergulho. Outra metáfora é aquela que Imoda usa, quando fala da "luta" humana, psicológica e religiosa:

---

[27] Citado em: Cencini, A. *A vida fraterna nos tempos da Nova Evangelização. A dinâmica psicológica da comunicação.* São Paulo: Paulinas, 1998, pp. 173. O silêncio, a escuta e a palavra são tratados mais adiante no mesmo livro.

Quantos projetos de direção espiritual e quantas mudanças pedagógicas que pretendem enfrentar o encontro e a luta religiosa lembram a imagem de uma conferência espiritual no terraço de casa, enquanto nos andares inferiores os "inquilinos" se confrontam ou se desencontram por causa de "problemas" muito diferentes, mais pragmáticos ou "mundanos" e, todavia, importantes e talvez indispensáveis para a vida.[28]

Imoda chama os sentimentos e tudo aquilo que se passa na vida emocional de "inquilinos"; e se refere às conversas formativas que se realizam "na cabeça", com altas teologias e profundas reflexões "espirituais", com belas racionalizações e intelectualizações, sem se dar conta da presença dos inquilinos ou sem considerar o que eles têm a dizer. Inquilinos negligenciados podem incomodar muito; organizam-se e se rebelam contra o dono do prédio, que está tranquilamente tomando seu chá no terraço, levando um susto quando eles, "de repente", aparecem. Não ajuda em nada combater as emoções, os sentimentos; mais esperto é quem faz amizade com eles. Entre as várias artes marciais e formas de luta, há o boxe e o judô. O lutador de boxe tenta nocautear o adversário, como faz a pessoa que tenta nocautear os seus sentimentos com a razão... e é garantido que os sentimentos vencem. O judoca é muito mais esperto, gracioso e não causa danos: ele chama o adversário para bem perto de si, para então tirá-lo do seu equilíbrio e, assim, controlá-lo. Evidentemente, há inquilinos chatos e perturbadores, mas a lei (da natureza) não permite que o dono os coloque na rua, como muitas pessoas tentam fazer, não aceitando os sentimentos, negando-os, querendo se livrar deles, sem jamais conseguirem, porque fazem parte do ser humano.

---

[28] Imoda, op. cit., pp. 559-560.

Quem já tentou empurrar uma bola para baixo da água, sabe que conseguirá por um momento, mas repentinamente a bola volta com toda a força para cima. É assim com os sentimentos reprimidos que em determinados momentos e situações da vida *podem* "estourar", causando, muitas vezes, efeitos indesejáveis, *burnout,* depressão, atuações de todo tipo (atitudes impulsivas ou i-mediatas, isto é, sem mediação da avaliação racional), popularmente falando: fazer primeiro e depois pensar (e se arrepender?). É necessário não combater a vida interior como se fosse um inimigo, mas acolhê-la e fazer amizade com ela, pois, afinal, é uma dimensão que também faz parte do ser. Costumo dizer para as pessoas: "Você é a única pessoa no mundo que pode e deve conviver com você mesma pelo resto da vida; portanto, trate de se dar bem consigo mesma".

Ser "resolvido"

Na sua concepção ou expectativa de vida, muitas pessoas simplesmente não aceitam que possam existir imperfeições, dores, sofrimentos, dificuldades e contratempos em geral. Tanto que, tudo que não agrada, tudo aquilo que não conseguem "resolver" (no sentido de desfazer), ou tudo aquilo com que não sabem ou não querem lidar, como, por exemplo, os desconhecidos movimentos da vida interior, é projetado para fora e chamado de problema, enquanto, na verdade, não se trata de um "problema", mas de algo que faz parte da vida do ser humano e que deve ser aceito, integrado, "sofrido", no sentido de que é necessário *passar* por isso (*to work through*).

A sociedade incentiva não só a busca da perfeição do corpo, mas também de resultados escolares, de saúde física e mental, de metas exigentes a serem alcançadas nas empresas, de um equilíbrio e balanço perfeitos entre trabalho e família, entre homem e mulher, e, também, uma excelência na qualidade das estradas e nos serviços prestados em geral etc. Em seu último livro, lançado em 2020, o belga Rik Torfs ressalta o pensamento de que décadas atrás quase ninguém tolerava as fraquezas humanas na Igreja, enquanto atualmente não são aceitas fraquezas humanas na sociedade.[29] Assim, o "bem-estar" está vinculado ao sonho de "ser feliz", para muitos, sinônimo de "sentir-se bem". O critério de avaliação para estar "bem", para muitas pessoas, está em como se *sentem*. Se Jesus tivesse se deixado guiar pelos seus sentimentos, ele jamais teria subido na cruz, pois se *sentia* traído e desamparado pelos amigos, tinha medo, a ponto de pedir ao Pai que afastasse dele o cálice, além de se sentir abandonado pelo próprio Pai. Mas ele se deixou guiar pelo *saber*, ser iluminado pela fé sobre qual era a vontade do Pai a seu respeito. Frequentemente se escuta pessoas expressarem o desejo de "quererem se sentir felizes". A felicidade, porém, é um conceito abstrato, e ela pode ser experienciada apenas como efeito colateral da realização. Realizar-se como pessoa cristã, na experiência de Etty Hillesum, significa regressar ao centro de si mesmo.[30] "É tornar real aquilo que você é, ser quem é, ou se tornar aquilo que poderá ser"; é, ainda, tornar-se assim como o Criador o entendeu, tirando das profundezas do ser as potencialidades já presentes, e

---

[29] Torfs, R. *De Kerk is fantastisch* [A Igreja é fantástica]. Utrecht: KokBoekencentrum, 2020.

[30] MichaelDavide, Frei. *Etty Hillesum; humanidade enraizada em Deus*. São Paulo: Paulinas, 2019, p. 22: "Todo o caminho e o processo interior de Etty Hillesum poderiam ser identificados com um êxodo até o coração, onde a autenticidade da humanidade forma uma só imagem e semelhança com aquilo na 'plenitude dos tempos' (Hb 9,26), nos foi revelado em Cristo Jesus". O convite dirigido a Abraão, "*lech lechá*" (Gn 12,1), deveria ser traduzido por "caminha em direção a ti mesmo", e, assim, a experiência dele, como nosso pai na fé, o torna precursor não só do povo de Israel, mas da longa e interminável fileira de todos os peregrinos na fé (Hillesum, E. *Diario 1941-1943*).

realizá-las de acordo com os valores escolhidos que orientam a sua vida, integrando os aspectos que obstaculizam a *realização* desses valores, de tal modo que não se sobreponham, sabendo e aceitando, porém, que cada um terá seu "espinho na carne" (2Cor 12,7), seja qual for. "Cada casinha sua cruzinha", conforme um ditado holandês. Espiritualmente falando, seria mais lógico falar em "encontrar o sentido" (já existente, mas escondido) do que em "dar um sentido" aos acontecimentos da vida. "Solucionar" ou "resolver" questões interiores, então, não significa se esforçar para "fazê-las desaparecer", mas integrá-las e saber conviver bem com *tudo* que constitui os dois mundos; na linguagem de Manenti: entrelaçar, integrar o coração pequeno com o coração grande.

Para entender esse processo de integração, uso uma metáfora: imagine que a totalidade da sua vida seja um copo de leite, mas percebe-se que há também alguns cafezinhos à parte: aspectos menos agradáveis, limitações não aceitas da vida interior e que o influenciam negativamente. À medida que você acolhe e aceita os cafezinhos e os despeja dentro do copo de leite, eles serão absorvidos na totalidade da vida. Evidentemente a cor do leite mudará um pouco, mas agora não há mais (tantos, ou fortes) elementos separados, estranhos, dissociados, que incomodam, mas, sim, integração. Uma pessoa "resolvida" é aquela que aprendeu a integrar os vários aspectos da vida, trigo e joio juntos, que sabe viver e lidar bem consigo mesma, sem, porém, necessariamente sempre se *sentir* bem. Afinal, a vida não é como andar de carro zero-quilômetro no asfalto novo, mas sempre será como andar de carroça numa estrada do interior, cheia de pedras e buracos. Visão negativa? Acredito que não. Prefiro pensar que seja realismo. Aliás, o cristianismo não é uma religião negativista nem positivista, mas realista.

Mas muitos sentimentos não têm sentido, não têm lógica

Ser realista? Como assim? Percebo sentimentos dentro de mim que não estão de acordo com a realidade e, por isso, não posso aceitá-los! Verdade. Não estão de acordo com a realidade de hoje, mas, quando se formaram, durante os primeiros (mais ou menos seis) anos de vida, eles tinham a sua própria lógica, porque a criança não interpreta o mundo ao seu redor com o uso da razão, ainda não desenvolvida, mas através das emoções. Ela capta e interpreta emocionalmente o que a circunda, pois é a capacidade que tem à mão nessa idade. Sente mais do que pensa (o bebê só sente), para depois, à medida que vai crescendo, pensar mais, porém, não podendo desfazer as impressões emocionais que já se haviam formado e fixado, levando-as consigo pelo resto da vida, *até se dar ao trabalho* de olhar para esse conteúdo que ficou no porão da sua casa, fazendo barulho ou não, mas certamente influenciando, positiva ou negativamente, talvez, atitudes atuais e decisões que devem ser tomadas no hoje da vida.[31] Para usar outra metáfora, até o presente momento a pessoa vinha olhando apenas os ponteiros e os números do relógio de pulso, quem sabe constatando que algo não funcionava bem, mas ficou só nisso. Agora ela decidiu abrir o relógio e ver o que estava acontecendo na engrenagem e que causava o eventual mau funcionamento. Ela tomou a decisão de querer saber como o relógio funcionava por dentro. É um verdadeiro trabalho.

---

[31] Sobre o desenvolvimento da criança e as suas emoções, veja, por exemplo: Mahler, M. S. *O nascimento psicológico da criança: simbiose e individuação*. Porto Alegre: Artmed, 2002; Winnicott, D. W. *O ambiente e os processos de maturação: estudos sobre a teoria do desenvolvimento emocional*. Porto Alegre: Artmed, 1982.

Duas leis

São duas leis: a lei da lógica e a lei da selva. Na lógica da razão, um mais um são dois, ao passo que, na lei da emoção/sentimento (subconsciente), um mais um pode ser nove; onde o leão dorme junto com o cervo, não há distinção moral entre bem e mal. Não se julgam os sentimentos, se são bons ou maus, sentimentos por si só não entram na moral (só entram na moral o que se faz com eles); apenas se constata que estão ali. Uma grande tarefa na vida é agir cada vez mais conforme a lei da razão, considerando que a teologia católica ensina que a fé ilumina a razão, e não predominantemente os sentimentos. Um exemplo: imagine um pai chegando a casa, depois de um dia de trabalho. Ele quer sentar-se ao menos alguns minutos para descansar. A sua filhinha de três anos, a quem ele ama profundamente, quer brincar, lançando-se no colo do pai, que lhe pede para esperar alguns minutinhos só, e isso se repete muitas vezes. A criança não entende que o pai está cansado, que vai brincar com ela em alguns instantes, e poderá se *sentir* rejeitada, sem que, evidentemente, o seja. Só mais tarde, ela vai compreender que o pai precisa de um tempinho para descansar, e aceitará esperar um pouco; o sentimento, porém, já se instalou e permanece ali. A menina cresce e na juventude começa a namorar. Quando o namorado lhe pede para deixá-lo terminar de ler um artigo de jornal, ela fica brava e o acusa de não a amar. Objetivamente falando algo totalmente irreal, mas o *sentir-se* "novamente" rejeitada se sobressaiu, e esse sentimento (quando forte) guiou a percepção e a ação dela. É um de inúmeros exemplos, simples e "inocente" neste caso, comparado com outras situações, mas que serve de ilustração de como os dois mundos, o da razão e o dos sentimentos, estão entrelaçados e como os sentimentos podem influenciar na distorção da realidade; a menina nunca foi rejeitada, mas se *sente* assim.

O colóquio irá servir justamente para ajudar a pessoa a adentrar em si mesma, tornando-se mais sensível (dócil) aos movimentos interiores, a fim de *des-cobrir* os movimentos que possam dificultar a liberdade de ela viver os valores que diz querer e que tenta pôr em prática. No momento em que a garota do exemplo acima mencionado percebe que aquilo que *sente* é coisa antiga, e compreende como esse sentimento entrou nela, e, portanto, que ele nada tem a ver com a realidade de hoje, não acusará mais o namorado de não amá-la, e a relação poderá crescer e se tornar profunda.

No caso de um pai rigoroso, que frequentemente chama o filho de inútil, que bate nele e o castiga sempre que algo não sai conforme sua vontade, isso faz com que a criança se sinta vulnerável, e que tenha medo, culpa e muita raiva. Sentimentos esses que evidentemente não pode expressar, e que esconde para não piorar a sua situação. Por mais que esse menino mais tarde queira *acreditar* que Deus é amor, misericórdia e que é fiel, no fundo, poderá *sentir* medo do castigo de Deus e raiva de autoridades, o que pode dificultar seriamente o desenvolvimento de uma relação profunda com Deus na oração e de relações de confiança com superiores religiosos. Até que ele se dê o trabalho de se conscientizar desses sentimentos, de nomeá-los, de entender a sua origem, para, assim, perceber como "coisas antigas" influenciam no hoje. Então, poderá libertar-se disso para poder se relacionar com Deus e com os superiores religiosos, diminuindo gradualmente a influência daquilo que estava escondido.

Resistências

Mas, se não há lógica nos sentimentos, por que então é tão difícil fazê-los submergir e também tomar consciência deles?

Bem, nem sempre é tão difícil; para uns é mais difícil que para outros. É que o subconsciente, o porão onde estão guardados os sentimentos, tem as suas próprias regras e mecanismos para se defender e proteger a pessoa contra tudo aquilo que pode ser visto como ameaçador. O subconsciente só vai liberar seu conteúdo quando se sentir seguro e quando julgar que a pessoa está pronta para encará-lo, mas, às vezes, acontece também de ele ser um pouco "protetor" ou "preguiçoso" demais, precisando ser cutucado para se revelar. Por isso é tão importante que o ambiente formativo seja de segurança e de confiança, pois isso ajudará o indivíduo a ser menos defensivo; uma fofoca a seu respeito, ouvir de outros algo que ele falou para uma só pessoa, por exemplo, são coisas que o farão se fechar novamente, e poderá levar anos até que se arrisque a se abrir novamente. Confiança traída é algo terrível e muito danoso. Não é à toa que o Papa Francisco fala repetidamente do pecado grave da fofoca.

As assim chamadas "resistências", que podem dificultar a percepção dos sentimentos, fazem com que, por um lado, embora a pessoa queira conhecer-se e adentrar em si mesma (é o que ela diz), por outro, vai resistir a isso (por causa do medo subconsciente de "encontrar algo" ou de "perder algo").

Entre as muitas possíveis formas de resistência, menciono três: a queda de braço, o medo da vulnerabilidade e atribuir o próprio mal-estar a outros. Por queda de braço entendo dizer que o indivíduo, no fundo e menos conscientemente, segue a seguinte lógica: "Foram outras pessoas e situações no início da minha vida que fizeram com que esses sentimentos se fixassem em mim, e agora sou eu que devo tomar responsabilidade por eles? Jamais!". É a tentativa de "tirar o corpo fora", atribuindo os próprios desgostos a pessoas e situações do passado, em que o sujeito fica preso e contra as quais continua rebelando-se, sem, consequentemente, pegar o volante da vida nas próprias mãos, uma vez que ele é o único neste mundo que pode aprender a lidar com aquilo que está dentro de si mesmo.

Outro motivo de sabotar a si mesmo e manter inconscientemente o pé no freio, para que os sentimentos não venham à tona, é o medo de se sentir fraco, derrotado, vulnerável, esquecendo-se de que, por um lado, o ser humano de fato é vulnerável e, por outro, que o contrário é verdadeiro: quanto mais a pessoa tem a "esconder", mais se deve defender. E é exatamente essa defesa que a faz vulnerável, porque deve vigiar constantemente para que os seus "segredos" não sejam descobertos, algo que gasta muita energia. Na verdade, quando o segredo não é mais segredo nem para si mesma nem para uma ou algumas poucas pessoas às quais ela se confiou, não há mais sentido em se defender, o que a faz ser mais forte. A pessoa sem segredos pode ser bem menos atingida pelos imaginados e temidos ataques, julgamentos e condenações (retiro do afeto ou humilhação imaginada, por exemplo) de outros, porque, se ela se aceita como é, não interessa mais (tanto) o que os outros dizem; ela não *depende* mais daquilo que os outros falam. Há um princípio que diz o seguinte: "outros não podem ver em mim aquilo que eu ainda não aceitei". Manipulando conscientemente o texto bíblico – pois os exegetas com certeza explicam a expressão de São Paulo de outra maneira –, pergunto-me se é isso que o santo queria dizer também quando afirmou: "Quando sou fraco então é que sou forte" (2Cor 12,10). Monsenhor Stephen J. Rossetti, quando era diretor do Instituto São Lucas, nos EUA, onde são tratadas pessoas com graves desordens, contou, durante uma palestra em Roma, que uma expressão repetida entre os membros da direção do instituto era: "Quanto mais segredos a pessoa tem, mais doente ela é". E, de fato, não há lógica em manter segredos para si mesma, sabendo, porém, que nem sempre é fácil revelá-los. Vale lembrar que, uma vez verbalizado um segredo, mesmo que para uma só pessoa, já não é mais segredo, pois foi colocado para fora. A diferença entre segredo e não segredo é a distância de dez centímetros: a garganta. Mas sei muito bem que estes dez centímetros podem parecer quilômetros.

Na verdade, muitas vezes, aquilo que a pessoa julga ser segredo e teme, ou pelo que se envergonha, *em geral*, não é, objetivamente falando, uma coisa de outro mundo, mas como explicar isso para o subconsciente e, mais ainda, quando se trata de um subconsciente formado com base em moralismos! Contudo, é fato que existem muitas pessoas com histórias terríveis e que só conseguem sobreviver graças à repressão/negação. Isso é algo muito delicado e que não pode ser julgado, mas apenas respeitado. Então, há sentimentos ameaçadores que o próprio inconsciente tenta manter em segredo. Por isso, há sentimentos de fácil acesso, e há os que resistem mais, demorando para serem revelados, e, ainda, há os que jamais serão revelados. Quem já se sentou em frente a um aquário com sistema de oxigenação deve ter observado que há bolinhas de ar que se apressam para chegar à superfície, mas existem outras que demoram e demoram, sem ter pressa alguma para chegar lá em cima. É assim com os sentimentos: alguns são de fácil captura, outros resistem mais para entrar na consciência. Fatores importantes com respeito a isso são o tempo, a paciência e a persistência.

Outra atitude própria do ser humano, que é usada frequente e inconscientemente, para evitar se assumir ou responder por si mesmo (responsabilidade), é atribuir a causa dos próprios sentimentos a outras pessoas e/ou a situações externas: "Fiquei bravo porque ele falou mal de mim"; "Desanimei porque os paroquianos nunca se lembram do meu aniversário!". Novamente, são exemplos simples, que servem apenas para explicar o mecanismo. Um sentimento é experimentado pela pessoa, *ela* sente isso em seu interior. Se outra pessoa fosse a *causa do sentimento*, como então teria saído dessa outra pessoa e passado para mim aquilo que eu sinto? Imagine um piano: o pianista toca numa tecla, que faz bater um martelinho contra uma corda, e, em seguida, sai o som. Faltando a corda correspondente à tecla que foi tocada, não sairá som algum. Ou seja, *grosso modo*, pode-se comparar o funcionamento em relação aos sentimentos com o som do piano: tudo que é percebido ao redor *pode* ser experimentado como o tocar numa tecla da vida da pessoa. Assim, tendo em vista os exemplos acima: "ele falou mal de mim", "os paroquianos esqueceram meu aniversário", tudo vai depender se existe ou não uma corda correspondente contra a qual o martelinho baterá: no primeiro exemplo, pode ser a corda do "humilhado", produzindo o som "braveza (agressividade)"; no segundo, pode ser a corda do "desvalorizado", também produzindo agressividade, mas agora em forma de desânimo. Não existindo dentro da pessoa as "cordas" (sentimentos já existentes) do humilhado ou do desvalorizado, ela não será afetada pelas circunstâncias e não sentirá a agressividade (o "som").

Nos dois exemplos citados, no caso de a pessoa ser afetada, a *causa* não será a atitude dos outros, mas os já existentes sentimentos, nesse caso, de humilhado ou de desvalorizado. As atitudes dos outros são "apenas" *ocasiões*, mas não a causa. A grande dificuldade para muitos é assumir, de fato, esses sentimentos já existentes como sendo algo próprio seu, e "trabalhar" eles, integrando-os. O outro que "falou mal" tinha realmente a intenção de humilhar? Os paroquianos realmente desejavam desvalorizar a pessoa em questão? Em se tratando de agressão ou outro modo de maus-tratos físicos, evidentemente é outra coisa.

Dar nome aos sentimentos

Nesse processo de adentrar o submundo, dar nome aos sentimentos é algo de extrema importância, como nos exemplos acima, os de humilhação e de desvalorização. Sem chegar a esse ponto, a pessoa se contentará em atribuir as causas da sua reação (agressividade) aos outros e, consequentemente, jamais se assumirá. Diziam os padres do deserto: dê um nome aos *logismoi* e eles desaparecerão. Entendemos *logismoi* aqui como aquilo ou aquele que divide, como, por exemplo, uma necessidade (da qual a definição é "falta *sentida*") pedindo ou exigindo satisfação, "puxando" para o lado oposto do valor que a pessoa quer e tenta viver. Sem ter nome, não tem como se endereçar ao sujeito. Mas isso nem sempre se consegue fácil e rapidamente. É preciso "degustar" (sentindo o sentimento) para dar um nome; é como degustar um produto desconhecido e tentar "descobrir" o tempero que percebe haver nele, cujo nome não se consegue lembrar – ainda –, até acertar. Uma vez dado o nome ao sentimento, pode-se conversar consigo mesmo, ou seja, confrontá-lo com a razão e verificar se de fato aquilo que sente está mesmo acontecendo, se é "real". É real que o sentimento existe, mas ele é falso, porque na verdade, olhando a realidade, aquilo que o sentimento diz, em muitíssimos casos, não está em conformidade com a realidade objetiva. A menina do exemplo dado anteriormente deu um nome ao seu sentimento: rejeição. Na verdade, ela nunca foi rejeitada, nem pelo pai, nem pelo namorado, nem por ninguém; trata-se "apenas" de um sentimento.

As fontes da "matéria-prima" dos colóquios

Como começar a tratar os sentimentos, se não sei por onde começar? Como já foi dito anteriormente, é verbalizando que a pessoa vai se entendendo. Pense nos passos a serem dados quando se abre a caixa de um quebra-cabeça: 1) colocar todas as peças na mesa; 2) pegar cada peça na mão e virar com a figura para cima, a fim de poder ver a cor e já ir colocando verde com verde e azul com azul; 3) ir montando o quadro geral, procurando e tentando encaixar as pecinhas; 4) olhar constantemente para a foto da tampa da caixa, a qual serve de guia, de exemplo a ser copiado.

Grosso modo, muitas pessoas vivem apenas o terceiro e o primeiro passos: vão montando a vida com as peças já viradas para cima, ou seja, com aquilo que "está visivelmente na mão", deixando de lado todas as peças viradas para baixo (no subconsciente), sem olhá-las, e, portanto, sem se deixar guiar pela foto da tampa, onde está o exemplo a ser seguido, o ideal. Acham cansativo, chato ou desnecessário ficar virando as peças para cima. A foto na caixa do quebra-cabeça da nossa vida é a pessoa de Jesus Cristo e a vocação através da qual somos chamados a segui-lo. Quem inicia um processo de integração, porém, se dá *o trabalho* de pegar nas mãos também as peças que estavam com a figura para baixo, olhando continuamente para o ideal a ser copiado. É esse confronto que vai abrindo os olhos para que saiba quais áreas (ainda) devem ser trabalhadas.

Nos colóquios, pensa-se em voz alta, verbalizando tudo o que vem à mente, sem se preocupar com presente, futuro ou passado (associação livre), mesmo que muitas vezes tateando, "balbuciando", procurando, superando medos e vergonha, até se familiarizar com a própria vida interior. São muitas as coisas que se passam dentro de uma pessoa, mas nem sempre são levadas a sério por ela, ou até são consideradas sem importância ou desinteressantes, para depois se chegar à conclusão de que tudo dentro dela está interligado. Uma coisa puxa a outra. "Não sei o que falar hoje", às vezes, o indivíduo diz, para em seguida começar a falar e não parar mais. Na verdade, são muitas as fontes com as quais se confrontar para depois verbalizar.

A primeira fonte é o confronto da própria vida com a vida e os valores de Jesus Cristo, através da Sagrada Escritura, da oração pessoal, da contemplação de ícones, da *Lectio divina*, da vida dos santos, da teologia e da espiritualidade da vocação, dos documentos da Igreja, do *Catecismo da Igreja Católica*, dos conteúdos de aulas, leituras e palestras etc., dando tempo e fazendo silêncio interior para que se possa escutar a resposta interna àquilo que "recebeu".

Outra fonte são as pessoas em seu redor: cônjuge, amigos, formadores, filhos, colegas, pais, paroquianos, autoridades eclesiásticas, desconhecidos; pessoas que confrontam, explícita ou implicitamente, direta ou indiretamente, propositalmente ou não, às vezes até somente com a sua presença silenciosa, o sujeito que está atento ao seu redor e se questiona a si mesmo, ou melhor, que permite deixar-se questionar, algo que depende da *docibilitas*, da predisposição de cada um para se olhar no espelho com a coragem de ver também as rugas e as espinhas no rosto. É no outro e com o outro que me vejo.

Uma terceira fonte que serve de instrumento para confrontar-se são as situações da vida, agradáveis ou não. O que essa situação faz comigo? Qual a minha reação? Sabemos que não é, de modo predominante, o ambiente em si, mas sim a nossa reação em relação ao ambiente que vai construir quem e como somos. Uma vez tendo feito a opção fundamental de seguir Jesus Cristo, nessa ou naquela vocação, acredita-se que *tudo* o que vier a acontecer na vida serve para tirar lições, aprofundando a relação com Deus. Nos colóquios trabalha-se muito com exemplos concretos e práticos, porque servem para analisar o que o acontecimento fez/faz com a pessoa e como ela reagiu e integrou dentro de si os fatos, evitando-se, assim, que fique "filosofando".

A última fonte de confronto consigo mesmo é o confronto entre aquilo que a pessoa deseja para si e aquilo que ela é atualmente, realmente, aqui e agora. Eu disse "última fonte", mas, na verdade, é a fonte que perpassa todas as mencionadas anteriormente, porque sempre está em jogo aquilo que a pessoa é e o que deseja ser, viver, fazer. O que pretendo colocar como pergunta de base nessa fonte específica de confronto é como a pessoa, enquanto indivíduo, se relaciona consigo mesma. Sente-se livre, integrada, esperançosa, equilibrada? Ela está "de bem" consigo mesma, com os outros, com o mundo, com Deus?

A terceira lei e o diferencial entre colóquios e direção espiritual

Formandos, às vezes, perguntam qual a diferença entre colóquio e orientação espiritual, porque, na experiência de alguns deles, a direção espiritual não acrescenta muito ao colóquio, ou observam até que há tentativas de menosprezar e desfazer as descobertas "humanas" feitas no colóquio, sem, ao contrário, que se aproveite para colocá-las dentro da perspectiva de fé e numa leitura da própria vida, através dos olhos de Deus.

Ao longo do texto, falamos muito, implícita ou explicitamente, de duas leis: a da razão, através da qual são escolhidos conscientemente os valores que orientam a vida de uma pessoa e onde está o ideal desejado e a ser alcançado por ela (Eu Ideal), e a do subconsciente, onde residem, entre muitas outras coisas, potencialidades, sentimentos/emoções, bem como necessidades, mecanismos de defesa, traumas e limitações desconhecidas (Eu Atual). Mas, na verdade, existe uma terceira lei, e que na ordem de importância passa a ser a primeira: a lei divina, a ação do Espírito Santo. O "discernimento dos espíritos" não acontece apenas no nível da razão, o que seria meramente fazer escolhas e tomar decisões racionais, nem apenas no nível dos sentimentos e/ou emoções, mas é fruto de todo um processo, envolvendo todas as faculdades (e na oração todos os sentidos) da pessoa humana que colabora com a graça divina. O "sentir-se bem" por si só não é o critério para saber se o discernimento foi bem-feito, mas sim a experiência de consolação, de contentamento e de alegria douradora:

> Quando (Sto. Inácio) pensava nas coisas do mundo, ele experimentava muito prazer, mas quando, por cansaço, abandonava esses pensamentos, voltava à aridez e ao descontentamento; quando, ao invés, pensava em ir descalço para Jerusalém e em se alimentar apenas com ervas e praticar todas as austeridades que os santos haviam praticado, ele encontrava consolação não apenas durante o tempo que ficava com esses pensamentos, mas também continuava contente e alegre depois que esses o haviam abandonado. Naquela altura, porém, ele não se deu conta disso e nem parava para avaliar essa diferença; até que um dia os seus olhos se abriram um pouco e ele começou a se admirar com essa diversidade e refletir sobre ela, notando, pela experiência, que, depois de certos pensamentos, ele ficava triste, e depois de outros, alegre; e assim foi conhecendo, pouco a pouco, a diversidade dos espíritos que se mexiam dentro dele: um do demônio, outro de Deus.[32]

Quem tem alguma experiência com a vida espiritual há de concordar que no ser humano existe um nível que não obedece nem à lógica da razão nem à da psicodinâmica, mas que segue

---

[32] Loyola, Santo Inácio de. *Autobiografia: Commento di Maurizio Costa S.J.* Roma: Ed. CVX/CIS, 1991, pp. 54-56.

caminhos próprios, os caminhos da sabedoria de Deus, inescrutáveis para a pessoa. É aquele lugar reservado para Deus, onde ninguém pode entrar, onde habita o Totalmente Outro, a Presença ausente, a Luz inacessível, o Mistério. Assim, pode acontecer que alguém *decida conscientemente* o que fazer, que se *sinta* bem com a própria decisão, mas "em algum lugar" "sabe" que não é isso que deve fazer (não há consolação). Como o contrário também pode acontecer: *sentir-se* mal, não *saber* o que fazer, e, ao mesmo tempo, "saber em algum lugar" que deve passar por aquilo, porque, de uma ou outra maneira, é "bom", "é necessário" (apesar de desagradável); é preciso dar tempo ao tempo. Pode ser a experiência do povo no deserto: durante o dia a nuvem o guiava, indicando a direção da terra prometida, e de noite uma tocha de fogo o iluminava. Quando a nuvem parava, o povo, sem direção e, portanto, sem saber para onde ir, não tinha outra opção a não ser se assentar debaixo da nuvem e esperar o momento em que ela se movimentasse novamente, para poder continuar o caminho. E são tantos os momentos como esse na vida! Se o papel de quem escuta o acompanhado no colóquio é ensinar a pessoa a escutar a si mesma, a fim de levar as descobertas a respeito de si para dentro da relação com Deus, é também papel do diretor ou orientador espiritual ensiná-la a estar atenta aos movimentos daquele "lugar" onde Deus habita e "ouvir" as moções do Espírito Santo (que não é a mesma coisa que sentir as e-moções).

No colóquio trata-se *sobretudo* das coisas da vida e, na direção espiritual, *sobretudo* das coisas da Vida. Os dois estão entrelaçados, são complementares e convidam à integração. Por exemplo: se alguém descobre no colóquio que lá no seu profundo há um desejo sentido de vingança/mágoa antiga, a direção espiritual pode ajudar no processo de perdoar, através da meditação da Palavra e de outros meios espirituais; se alguém descobre que a dinâmica familiar na infância foi muito conturbada, algo que agora influencia negativamente na vivência comunitária, a direção espiritual pode ajudar na compreensão do que venha a ser comunidade cristã e também na convivência nela; em questão de discernimento vocacional, mesmo que o colóquio traga à tona inconsistências e motivações menos puras, é na direção espiritual que é feito o discernimento *espiritual* (a terceira lei, a do mistério) da vocação. Assim, pode acontecer de alguém que comece a se conhecer melhor, através dos colóquios, diga: "Desde a minha infância quero ser padre, mas só agora estou vendo quais as minhas motivações; parece que tudo que eu pensava ser vontade de Deus, não passa de coisas meramente 'humanas', como, por exemplo, fiz tudo para obter reconhecimento". É exatamente aqui que entra a sensibilidade espiritual para descobrir se Deus "usou" ou não essas "coisas humanas" para atrair e seduzir a pessoa a ser padre. A espiritualidade, bem entendida, sempre tem a primazia e a última palavra e, por isso, a eleição vocacional acontece dentro do ambiente e do linguajar teológico-eclesial-espiritual, e não psicológico. Irénée Hausherr, citando São Gregório Nazianzo, nos faz lembrar: "Nada é tão difícil que guiar outros: é a arte das artes e a ciência das ciências".[33]

A relação e a "matéria-prima"

Destacam-se, ainda, como diferenças práticas entre o colóquio e a direção ou orientação espiritual, a relação e a "matéria-prima".

A relação. No colóquio, o acompanhado irá sentar em frente ao acompanhante, sendo que este o ajudará a voltar-se para si e

---

[33] Hausherr, I., sj. *Spiritual Direction in the Early Christian East*. Michigan: Cistercian Publications Kalamazoo, 1990.

sobre si, verbalizando-se em voz alta. Na direção espiritual, no entanto, os dois, figurativamente falando, irão se sentar lado a lado e olhar para a mesma direção, para um mesmo ponto fora dos dois, que é a ação do Espírito Santo, tentando interpretar a vontade de Deus na vida do acompanhado. No colóquio, o acompanhante é "neutro", não *se* envolve no sentido de *se* mostrar, não fala de si, nem emite juízos morais ou opiniões próprias, porque, afinal, um dos objetivos do colóquio é que o acompanhado aprenda a se indagar, relacionar-se consigo mesmo, encontrar as suas próprias respostas. Na direção espiritual, o diretor ou orientador, na tradição oriental chamado de "o velho" ("*gerõn*"), é "médico, conselheiro, intercessor, mediador e padrinho-protetor",[34] e se envolve, ajuda a formar a consciência moral do acompanhado, lança-se, falando, inclusive e quando convém, das próprias experiências espirituais. Com o passar do tempo e à medida que a relação se aprofunda em confiança mútua, e quando o acompanhante percebe que o acompanhado sabe distinguir e respeitar o papel de cada um, os dois tipos de relação se tornarão menos formais, tanto que um processo de autoconhecimento bem-feito, chegando ao seu fim, poderá passar a ser direção espiritual, sendo definido por Waaijman (cap. 9) como a ajuda que um cristão oferece a outro cristão. O que começou como relação pai espiritual-filho espiritual ou mestre-discípulo se torna uma relação de irmãos em Cristo.

A "matéria-prima". Nos colóquios pode ser verbalizado literalmente tudo, de preferência a partir de exemplos concretos e práticos de experiências vividas na vida cotidiana do acompanhado, como ponto de partida para aprofundar e analisar um ou outro aspecto do que foi dito, a fim de ir até os movimentos subjacentes. Na direção espiritual, parte-se, sobretudo, do

---

[34] Ibid.

conteúdo da oração do dirigido. Por isso é muito difícil, senão impossível, assegurar a direção espiritual para quem não reza (medita, contempla, faz *Lectio divina* ou leituras espirituais). O que é chamando de direção espiritual, muitas vezes, é, na verdade, aconselhamento pastoral ou desabafo (nas paróquias, sobretudo), podendo ser tratados assuntos que caberiam melhor na conversa com o reitor ou no colóquio com o formador de integração.

Reconciliação e paz interior

Os dois tipos de acompanhamento: direção espiritual e colóquio de crescimento vocacional, normalmente começam repassando-se toda a história da vida da pessoa. No colóquio faz-se memória de todos os aspectos da vida assim como aconteceram ou como a pessoa se lembra de que ocorreram: é o olhar humano. Na direção espiritual, a mesma história é vista a partir do olhar de Deus, tentando-se colocar os acontecimentos da vida dentro da perspectiva divina; é o tentar encontrar e ler o plano de Deus sempre presente na vida dessa pessoa concreta. São dois trabalhos a serem feitos simultaneamente: por um lado, integrar o Eu Atual com o Eu Ideal (a integração pessoal), e, por outro, sintonizar a vida com a vontade divina, procurando fazer com que a vontade de Deus se torne a minha vontade e crescendo no ter os mesmos sentimentos do Filho (Cencini). Esse processo ativo, sob impulso da ação e orientação do Espírito Santo Guia, pode ser chamado de santificação. Para poder progredir nele, é necessário reconciliar-se com o passado, algo nem sempre fácil, principalmente para quem passou por momentos muito difíceis na vida. Muitas coisas de outras pessoas e, quem sabe, principalmente, de si mesmo hão de ser perdoadas. Perdoar não significa necessariamente esquecer, mas obter paz interior através da aceitação da realidade nua e crua. É entregar-se nas mãos de Deus, confiando nele, assim como Nossa Senhora o fez nas bodas de Caná, em que ela apenas chamou a atenção do Filho para aquilo que estava acontecendo ("eles não têm mais vinho"), sem, porém, pedir que ele fizesse isso ou aquilo. Pois, sabendo que Jesus estava ciente do que se passava, confiou totalmente naquilo que ele iria ou não fazer.

Literatura recomendada para facilitar os colóquios

Baldissera, D. P. *Conhecer-se, um desafio: aspectos do desenvolvimento humano*. São Paulo: Paulinas, 2015.

Grun, A.; Dufner, M. *Espiritualidade a partir de si mesmo*. Petrópolis: Vozes, 2011 (9. ed.).

Powell, J.; Brady, M. S. W. *Arrancar máscaras! Abandonar papéis: a comunicação pessoal em 25 passos*. São Paulo: Ed. Loyola, 1989 (original de 1985).

Viscott, D. *A linguagem dos sentimentos*. São Paulo: Ed. Summus, 1982 (original de 1976).

Literatura recomendada para maior compreensão da direção espiritual

Barry, W. A.; Connolly, W. J. *A prática da direção espiritual*. São Paulo: Loyola, 1982.

Santos, Adelson Araújo dos, sj. *O exame de si mesmo: o autoconhecimento à luz dos Exercícios Espirituais*. São Paulo: Loyola, 2017.

Anexo 1: Critérios para a admissão no Instituto Bovendonk

Vocacionados ao presbiterado

– Solteiro ou viúvo, com idade entre 28 e 48 anos (com possíveis exceções, para idade acima, a serem discernidas caso a caso).

– Ter emprego ou ser autônomo. Ser financeiramente independente e capaz de se sustentar pelo menos até o fim do quarto ano de formação, após o qual iniciará, por tempo integral, o estágio pastoral.

– Ter concluído com bom resultado o ensino médio.

– Ser ativo em uma comunidade (paroquial) e conhecido pelo padre responsável.

– Ter carta de apresentação/recomendação do padre responsável pela comunidade da qual participa.

– Trazer, por escrito, aval do bispo, reitor, ou responsável pela pastoral vocacional da própria diocese ou do superior religioso de uma ordem/congregação.

– Participar do programa de discernimento.

– Participar do programa organizado para vocações adultas na própria diocese ou ordem/congregação;

– Docilidade em deixar-se acompanhar por um diretor espiritual, desde o momento da admissão.

– Colaborar com uma avaliação psicológica, *se* for pedido, num prazo entre a admissão e os dois anos de formação, e comprometer-se em se engajar em todas as atividades formativas do instituto, inclusive em conversas pessoais periódicas, em que o vocacionado/formando se dispõe a fazer-se conhecer (colóquios).

– Caso for admitido, trazer a documentação pedida, inclusive a certidão negativa, e se comprometer com o pagamento das devidas taxas mensais.

Vocacionados ao diaconato permanente

– Casado, viúvo ou solteiro. O homem divorciado ou separado – mesmo com o Matrimônio declarado nulo por um tribunal eclesiástico –, que é pai (independentemente da idade dos filhos), não é considerado solteiro.

– Ter consciência de que, a partir da ordenação diaconal, não mudará mais de estado de vida, ou seja, caso o homem casado enviuvar, não poderá contrair outro Matrimônio, e o solteiro permanecerá nesse estado de vida a partir da Ordenação.

– A partir de 30 anos (devido à idade mínima para Ordenação, que é de 35 anos). A idade máxima para admissão é de 48 anos para as dioceses, onde o futuro diácono será *full-time* e, portanto, remunerado. Em lugares onde será "voluntário", não há idade máxima; o discernimento é feito caso a caso.

– Ter emprego ou ser autônomo. Ser financeiramente independente e capaz de se sustentar. Após a Ordenação, o diácono permanente "voluntário" poderá contar com um auxílio de custo.

– Ser ativo em uma comunidade (paroquial) e conhecido pelo padre responsável.

– Ter carta de apresentação/recomendação do padre responsável pela comunidade da qual participa.

– Apresentar certidão de casamento civil e do Matrimônio religioso.

– Trazer, por escrito, aval do bispo ou responsável pela pastoral vocacional (ou outro, indicado pelo bispo) da própria diocese ou do superior religioso da sua ordem/congregação.

– Participar do programa de discernimento.

– Participar do programa para futuros diáconos permanentes, organizado pela própria diocese ou ordem/congregação.

– Docilidade em se deixar acompanhar por um diretor espiritual, desde o momento de admissão.

– Colaborar com uma avaliação psicológica, *se* for pedido, num prazo entre a admissão e os dois anos de formação, e comprometer-se a se engajar em todas as atividades formativas do instituto, inclusive em conversas pessoais periódicas, em que o vocacionado se dispõe a fazer-se conhecer (colóquios).

– Caso seja admitido, trazer a documentação pedida, inclusive uma certidão negativa, e se comprometer com o pagamento das devidas taxas mensais.

Anexo 2: Conteúdo formativo por área (exemplo)

(Em Bovendonk, o programa está em contínua avaliação e sujeito a atualização e aperfeiçoamento. A tabela a seguir, portanto, pode ter sido alterada.)

Sagrada Escritura	Horas	Teologia prática	Horas	Filosofia	Horas
Introdução à Sagrada Escritura	50	Introdução à teologia pastoral	50	Introdução à filosofia	50
Salmos	50	Construção de comunidades	100	Verdade e linguagem	50
Evangelhos sinóticos	100	Preparação dos sacramentos	50	Metafísica	50
Pentateuco	50	Catequética	100	Bem e mal	50
Paulo	50	Diaconia e pastoral categorial	50	Total	200
João	50	Aconselhamento pastoral e confissão	50		
Profetas	50	Homilética e preparação de homilia	50	**Ciências religiosas**	
Cartas	50	Direito Canônico I e II	100	Fenomenologia das religiões	50
História de Israel	50	Total	550	Islã	50
Total	500			Judaica	50
		Espiritualidade		Total	150
Liturgia		Introdução à espiritualidade	50		
Introdução e Liturgia das horas	50	Abordagem dinâmico-estrutural	50	**Ciências humanas**	
Iniciação	50	Direção espiritual	50	Introdução à psicologia	50
Matrimônio, Unção e Exéquias	50	Textos dos padres (patrística)	50	Psicologia do desenvolvimento	50
Eucaristia: celebrar e adorar	100	Leitura de textos místicos	50	Psicologia pastoral	50
Bênçãos e celebrações da Palavra	50	Vocação como processo	50	Conversas e dinâmica de grupo	50
Música I e II	100	*Lectio divina*	25	Sociologia da paróquia e da diocese	50
Canto litúrgico	50	Tradições	25	Meios de entreajuda na Igreja e na sociedade	50
Practicum liturgia	100	Vivência atual experienciada	25	Língua e literatura	50
Latim prático	100	Total	375	Política e economia	50
Igreja e arte (sacra)	50			Total	400

Total	700	**História da Igreja**			
		Primeira Igreja	50		
Teologia sistemática		Idade Média	50		
Teologia fundamental	50	Novo tempo	50		
Eclesiologia	150	Séculos XIX e XX	50		
Criação, pecado, graça	50	Brasil	50	**Formação pessoal e pastoral prática**	
Cristologia	50	Total	250	Colóquios	80
Escatologia	50			Preparação ao estágio	15
Soteriologia	50	**Matérias interdisciplinares**		Estágio	1600
Teologia sacramental	100	Metodologia/estudo dos Documentos da Igreja	50	Acompanhamento teológico-pastoral do estágio	120
Deus Uno e Trino	100	Antropologia da vocação cristã	50	Supervisão durante o estágio	120
Teologia, espiritualidade e liturgia do ministério ordenado	50	Celibato, vida afetiva e Matrimônio	50	Programa da própria diocese (todos os 6 anos)	680
Introdução à ética cristã	50	Expressão corporal: apresentar-se e uso da voz	50	Voluntariado (participar, sob orientação, ativamente da própria comunidade de fé)	260
Ética cristã das relações humanas	50	9 x 25 blocos de integração	225	Total	2835
Ética social	50	Fim de semana temático: Comunicação e mídia	25		
Doutrina Social da Igreja	50	Fim de semana temático: Trabalhar em equipe e liderar	25		
Reflexão ética e pastoral	50	Fim de semana temático: tema atual	25		
Ecumenismo	50	Fim de semana temático: Governar e administrar	25		
Total	950	Monografia	250		
		Total	775	Carga total da formação integral	7725

Referências

AERDEN, G., ocso. Van innerlijke omvorming tot berouw: beknopte verkenning van de betekenis van Metanoia. *De Kovel, Monastiek Tijdschrift*, n. 62, Leuven, Stichting De Kovel, mar. 2020.

AFONSO, H., sj. *La Vocazione Personale*. Roma: Centrum Ignatianum Spiritualitatis, 1991.

AGOSTINHO, Santo. Tradução Maria Luiza Jardim Amarante. *Confissões*. São Paulo: Paulus, 1984.

APA – AMERICAN PSYCHOLOGICAL ASSOCIATION. In: VandenBos, G. R. (org.). *Dicionário de Psicologia*. Porto Alegre: Artmed, 2010.

ARNOLD, M. B. *Feelings and Emotions; the Loyola symposium*. New York: Academic Press, 1970.

BALDISSERA, Deolino P. *Acompanhamento personalizado*. São Paulo: Paulinas, 2009.

_____. *Conhecer-se, um desafio: aspectos do desenvolvimento humano*. São Paulo: Paulinas, 2015.

BALTHASAR, Hans Urs von. *Gli stati di vita del Cristiano*. Milano: Jaka Book, 1985.

BAN, N.; GASPEROWICZ, K.; GODINHO, F. Estilos de personalidade e oração/direção espiritual. *Revista Tre Dimensioni*, Ancona, ano VII, jan./abr. 2010.

BARRY, W. A.; CONNOLLY, W. J. *A prática da direção espiritual*. São Paulo: Loyola, 1982.

BENTO XVI, Papa. Catequese de Bento XVI sobre São Tomás de Aquino: audiência de 16 de junho de 2010: São Tomás de Aquino (2),| Bento XVI (vatican.va). Acesso em: 12 mar. 2021.

BÍBLIA DE JERUSALÉM. Nova edição revista e ampliada. São Paulo: Paulus, 2002.

BRESCIANI, C. Contratransferência como caminho para Deus: processo terapêutico e integração da dimensão espiritual. In: MANENTI, A.; GUARINELLI, S.; ZOLLNER, H. *Pessoa e formação: reflexões para a prática educativa e psicoterapêutica*. São Paulo: Paulinas, 2011.

CASTILHO, Pereira W. C. *Sofrimento psíquico dos presbíteros: dor institucional*. Petrópolis: Vozes, 2012.

CENCINI, A. *A vida fraterna nos tempos da Nova Evangelização. A dinâmica psicológica da comunicação; considerações operativas*. São Paulo: Paulinas, 1998.

_____. *O respiro da vida: a graça da formação permanente*. São Paulo: Paulinas, 2010.

_____. *Per Amore: libertà e maturità affettiva nel celibato consacrato* (v. 1, partes I e II), *Con Amore: libertà e maturità affettiva nel celibato consacrato* (v. 2, parte III), *Nell'Amore: libertà e maturità affettiva nel celibato consacrato* (v. 3, parte IV). Bologna, EDB, 1994 (v. 1 e 2) e 1995 (v. 3).

_____. *Vida Consagrada; itinerário formativo no caminho de Emaús*. São Paulo: Paulus, 1994.

_____. *Os sentimentos do Filho; caminho formativo na vida consagrada*. 2. ed. São Paulo: Paulinas, 2005.

_____. *A árvore da vida: proposta de modelo de formação inicial e permanente*. São Paulo: Paulinas, 2007.

_____. *Virgindade e celibato hoje: para uma sexualidade pascal.* São Paulo: Paulinas, 2012.

_____. "Formação como itinerário rumo à verdade: a atenção educativa em relação aos jovens." Aula administrada durante o curso para formadores. Curitiba, 27-29 de junho de 2017.

_____; MANENTI, A. *Psicologia e formação: estruturas e dinamismos.* São Paulo: Paulinas, 1987.

CARLA, Monise. Sistemas de gestão: complicado ou complexo? 1º dez. 2016. Disponível em: <https://blogdaqualidade.com.br/sistemas-de-gestao-complicado-ou-complexo>. Acesso em: 14 nov. 2019.

CNBB. *Vida e ministério do presbítero pastoral vocacional. Diretrizes básicas,* doc. n. 20. São Paulo: Paulinas, 1981.

_____. *Formação de presbíteros da Igreja do Brasil. Diretrizes básicas.* Documento n. 30. São Paulo: Paulinas, 1984.

_____. *Compêndio do Vaticano II: Constituições, Decretos e Declarações.* 21. ed. Petrópolis: Vozes, 1991.

CODINA, V. Acompañar, discernir e integrar la gragilidad (El capitulo VIII de La alegria del amor). *Revista Latinoamericana de Teología,* San Salvador, n. 99, 2016.

CONGREGAÇÃO PARA O CLERO. *O dom da vocação presbiteral: Ratio Fundamentalis Institutiones Sacerdotalis,* doc. n. 32. São Paulo: Paulinas, 2017.

CONGREGAÇÃO PARA O CULTO DIVINO. *Missal romano.* 12. ed. São Paulo: Paulus, 1997.

COSTELLO, T. A integração dos papéis formativos. In: MANENTI, A.; GUARINELLI, S.; ZOLLNER, H. *Pessoa e formação: reflexões para a prática educativa e psicoterapêutica*. São Paulo: Paulinas, 2011.

CREA, G. Vida religiosa e dependência sexual na internet. *Vita Consacrata*, 40, 2004/2.

D'AMATO, M. *Ci siamo persi i bambini. Perché l'infanzia scompare*. Roma-Bari: Laterza, 2014.

DELLEPOORT, J. J. *De Priesterroepingen in Nederland. Proeve van een statistisch-sociografische analyse* apud STRATUM, J. van. In: *Berna ut Lucerna: De abdij van Berne 1857-2007*. (cap. 11: "Berne en de Latijnse School van Gemert").

DELMONICO, Davis L.; GRIFFIN, Elizabeth J. *Dependência de internet*. Porto Alegre: Artmed, 2011.

DOCUMENTO FINAL DO CONGRESSO VOCACIONAL EUROPEU. *Nieuwe roepingen voor een nieuw Europa*, Kerkelijke Documentatie 121, 1/1999.

DOLPHIN, B.; GARVIN, M. P.; O'DWYER, C. A. Liderança na vida religiosa hoje. In: MANENTI, A.; GUARINELLI, S.; ZOLLNER, H. *Pessoa e formação: reflexões para a prática educativa e psicoterapêutica*. São Paulo: Paulinas, 2011.

ESTRANHO fenômeno no oceano faria embarcações navegar em círculos no Atlântico, 5 jun. 2020. Disponível em: <https://br.sputniknews.com/ciencia_tecnologia/20200605156633333-estranho-fenomeno-no-oceano-faria-embarcacoes-navegar-em-circulos-no-atlantico/>. Acesso em: 6 jun. 2020.

FOWLER, James W. *Stages of Faith: The psychology of human development and the quest for meaning*. San Francisco: Harper Collins, 1995 (1. ed.,1981).

FRANCISCO, Papa. Audiência Geral, de 15 de abril de 2020. Disponível em: <https://www.vaticannews.va/pt/papa-francisco/audiencias-papal/2020-04/audiencia-geral-15-abril-2020.html>. Acesso em: 18 abr. 2020.

FRITZEN, Silvino José. *Janela de Johari: exercícios vivenciais de dinâmica de grupo, relações humanas e de sensibilidade*. 25. ed. Petrópolis: Vozes, 2013.

GRUN, A.; DUFNER, M. *Espiritualidade a partir de si mesmo*. 9. ed. Petrópolis: Vozes, 2011.

GUARINELLI, S. *Il celibato dei preti: Perché sceglierlo ancora?* 3. ed. Milano: Paoline, 2019.

HAGIORITE, N. What is Nepsis? 5 jul. 2015. Disponível em: <https://www.youtube.com/watch?v=uJhf4idF0EY>. Acesso em: 10 set. 2019.

HALL, C. S.; LINDZEY, G.; ERIK, H. *Erikson. Theories in Personality*. 3. ed. New York: John Wiley & Sons, 1957.

_____; CAMPBELL, J. B. *Teorias da personalidade*. 4. ed. Porto Alegre: Artmed, 2000.

HAM, M. *Laat heb ik U liefgekregen; Priesteropleiding van volwassenen in deeltijd psychospirituele aspecten*. Kampen: Ten Have, 2007.

HAUSHERR, I., sj. *Spiritual Direction in the Early Christian East*. Michigan: Cistercian Publications Kalamazoo, 1990.

HEALY, T., sj. The challenge of Self-transcendence: Anthropology of the Christian Vocation and Bernard Lonergan. In: IMODA, F., sj. (ed.). *A journey to freedom*. Leuven: Peeters, 2000.

HOLLIS, J. *A passagem do meio: da miséria ao significado da meia-idade*. São Paulo: Paulus, 1995.

IGNAZIO DI LOYOLA, Santo. *Autobiografia. Commento di Maurizio Costa S.J.* Roma: Editrice CVX/CIS, 1991.

_____. *Exercícios espirituais.* São Paulo: Loyola, 1985.

IMODA, F. *Psicologia e mistério: o desenvolvimento humano.* São Paulo: Paulinas, 1996.

JOÃO PAULO II, Papa. *Catecismo da Igreja Católica.* Belém-PA: Gráfica Coimbra, 1983.

_____. *Código de Direto Canônico.* Tradução Conferência Nacional dos Bispos do Brasil. São Paulo: Loyola, 1983.

_____. Aos membros da Rota Romana, 5/02/1987. *AAS* 79, 1987.

_____. Exortação pós-sinodal *Pastores Dabo Vobis*: sobre a formação dos sacerdotes. São Paulo: Paulinas, 1992.

KEATING, J. (ed.). *The Deacon Reader.* Herefordshire: Gracewing, 2006.

KIELY, B. M., sj. *Psychology and Moral Theology.* Rome: Gregorian University Press, 1980.

KOHLBERG, L. Development of Moral Character and Moral Ideology. In: HOFFMAN, M. L.; HOFFMAN, L. W. (org.). *Review of Child Development Research*, New York, Russell Sage Foundation, 1964.

LORO, D. Formare gli adulto in um tempo "senza adulti". *Tredimensioni* 15 (2018), Modena, Associazione Educare.

MAFFEI, L. *Elogio dela lenteza.* Bologna: Il Mulino, 2014.

MAHLER, M. S. *O nascimento psicológico da criança, simbiose e individuação.* Porto Alegre: Artmed, 2002.

MANENTI, A. *Viver em comunidade: aspectos psicológicos.* São Paulo: Paulinas, 1985.

_____. *Coppia e Famiglia Come e Persché: aspetti psicologici.* Bologna: EDB, 1993.

_____. Os fundamentos antropológicos da vocação. *Revista Seminarium*, 1/1996.

_____. Forme di collaborazione dei responsabili della formazzione com gli esperti nelle scienze psicologiche. *Revista Seminarium*, 2-3/2009.

_____. *Comprendere e Accompanhare la Persona Umana: Manuale teórico e pratico per il formatore psico-spirituale.* Bologna: EDB, 2013. (Título em português: *Compreender e acompanhar a pessoa humana: manual teórico e prático para o formador psicoespiritual.* São Paulo: Paulinas, 2021).

_____; CENCINI, A. *Psicologia e Teologia.* Bologna: EDB, 2015.

MANSTEAD, A.; FRIJDA, N.; FISCHER, A. (ed.). *Feelings and Emotions; the Amsterdam Symposium.* London: Cambridge University Press, 2004.

MARCHESINI DE TOMASI, F. L. *Ouro testado no fogo: acompanhamento psicoespiritual entre mistério e seguimento.* São Paulo: Paulinas, 2007.

MARCOLI, A. *Passaggi di vita. Le crisi che ci spingono a crescere.* Milano: Ed. Arnoldo Mondadori, 2009.

MARITAIN, J. *Essai de philosophie pédagogique.* Bruxelles: Desclée de Brouwer, 1927.

MEEHAN, R. The Deacons's Wife: An emerging role. In: KEATING, J. (ed.). *The Deacon Reader.* Herefordshire: Gracewing, 2006.

MESTERS, C. *Deus onde estás? Uma introdução prática à Bíblia.* Petrópolis: Vozes, 2014.

MEZERVILLE, G. de. *Maturidade sacerdotal e religiosa*. São Paulo: Paulus, 2000 (V. I: *A formação para a maturidade* e v. II: *A vivência da maturidade*).

MICHAELDAVIDE, Frei; *Etty Hillesum. humanidade enraizada em Deus*. São Paulo: Paulinas, 2019.

MORAES, R. J. de. *As chaves do inconsciente*. 2. ed. Rio de Janeiro: Agir, 1985.

MULLER, O., sj. *O primado da caridade*. São Leopoldo: Centro de Espiritualidade Cristo Rei, 1984.

OS LOGISMOI, 29 maio 2016. Disponível em: <https://vcrista.blogspot.com/2013/05/os.html>. Acesso em: 18 fev. 2019.

PAVONE, D. Sulla formazione degli adulti. *Tredimensioni* 9 (2012), Modena, Associazione Educare.

PAULO VI, Papa. Discurso do Papa Paulo VI na Sede da ONU. 4 out. 1965. Disponível em: <https://w2.vatican.va/content/paul-vi/pt/speeches/1965/documents/hf_p-vi_spe_19651004_united-nations.html>. Acesso em: 20 ago. 2019.

POWELL, J.; BRADY, M. S. W. *Arrancar máscaras! Abandonar papéis: a comunicação pessoal em 25 passos*. São Paulo: Loyola, 1989.

RIZZUTO, A.-M. *O nascimento do Deus vivo: um estudo psicanalítico*. São Leopoldo: Sinodal, 2006.

ROCHA, Maria Regina. Noblesse oblige, 14 jan. 2005. Disponível em: <https://ciberduvidas.iscte-iul.pt/consultorio/perguntas/noblesse-oblige/13583>. Acesso em: 3 mar. 2020.

ROSSETTI, S. Palestra pública: "From Anger to Gratitude – Becoming a Eucharistic People". Roma: PUG, 26 mar. 2004.

RULLA, L. M., sj. *Depth psychology and Vocation: a psycho-social perspective*. Chicago: Gregorian University Press, 1971.

_____. *Psicologia do profundo e vocação: a pessoa*. São Paulo: Paulinas, 1986.

_____. *Antropologia da vocação cristã: bases interdisciplinares*. São Paulo: Paulinas, 1987.

_____. *Entering and Leaving Vocation: Intrapsychic dynamics*. Roma: PUG, 1988.

_____; RIDICK, J., ssc; IMODA, F., sj. *Anthropology of the Christian Vocation*. Roma: GUPress, 1989 (V. II: *Existential Confirmation*).

SANTOS, Adelson Araújo dos, sj. *O exame de si mesmo: o autoconhecimento à luz dos Exercícios espirituais*. São Paulo: Loyola, 2017.

SANTOS, José Carlos dos. *Psicologia e desenvolvimento moral da pessoa*. Mariana: Gráfica e Editora Dom Viçoso, 2018.

SAWREY, J. M.; TELFORD, C. W. *Psicologia do ajustamento*. São Paulo: Ed. Cultrix, 1974.

SECONDIN, B.; GOFFI, T., red. *Corso di Spiritualità: esperienza-sistematica-proiezione*. Brescia: Queriniana, 1989.

SPIEGEL, J. P. The resolution of role conflict within the family. In: GREENBLATT, M.; LEVINSON, D. J.; WILLIAMS, R. H. *The Patient and the Mental Hospital*. New York: Free Press, 1957.

STINISSEN, W., O. Carm. *Maria in de Bijbel, in ons leven*. Gent: Carmelitana, 1983.

TORFS, R. *De Kerk is fantastisch*. Utrecht: KokBoekencentrum, 2020.

UNDERHILL, E. *Mysticism: a study in the nature and development of man's spiritual consciousness*. WPC 1955, reed. Ontário: Meridian, 1974.

VÁZQUEZ, J. A. Espiritualidad Cisterciense, 31 jan. 2011. Disponível em: <http://wwwespiritualidadcisterciense.blogspot.com/2011/01/el-combate-contra-los-logismoi.html>. Acesso em: 2 out. 2019.

VERSALDI, G. As origens do Instituto de Psicologia: uma nota histórica. In: MANENTI, A.; GUARINELLI, S.; ZOLLNER, H. *Pessoa e formação: reflexões para a prática educativa e psicoterapêutica*. São Paulo: Paulinas, 2011.

VISCOTT, D. *A linguagem dos sentimentos*. São Paulo: Summus, 1982.

WAAIJMAN, K. O. Carm. *Spiritualiteit: Vormen, Grondslagen, Methoden*. Gent/Kampen: Carmelitana/Kok, 2000.

WINNICOTT, D. W. *O ambiente e os processos de maturação: estudos sobre a teoria do desenvolvimento emocional*. Porto Alegre: Artmed, 1982.

Rua Dona Inácia Uchoa, 62
04110-020 – São Paulo – SP (Brasil)
Tel.: (11) 2125-3500
http://www.paulinas.com.br – editora@paulinas.com.br
Telemarketing e SAC: 0800-7010081